ALMAS
FERIDAS

pelo espírito **Helena**

ALMAS FERIDAS

psicografia de
Maria Nazareth Dória

LÚMEN
EDITORIAL

Almas feridas
pelo espírito Helena
psicografia de Maria Nazareth Dória
Copyright © 2017 by
Lúmen Editorial Ltda.

4ª edição – maio de 2019

Coordenação editorial: *Ronaldo A. Sperdutti*
Preparação de originais e revisão: *Celso Maiellari*
Projeto gráfico e arte da capa: *Ricardo Brito* | *Estúdio Design do
Livro* Imagem da capa: *Janifest* | *Dreamstime.com*
Impressão: *Expressão & Arte Editora e Gráfica*

Dados Internacionais de Catalogação na Publicação (CIP)
(Câmara Brasileira do Livro, SP, Brasil)

Helena (Espírito).
   Almas feridas / pelo espírito Helena ; psicografia de Maria Nazareth
Dória. – São Paulo : Lúmen Editorial, 2017.

   ISBN 978-85-7813-180-7

   1. Espiritismo 2. Psicografia 3. Romance brasileiro I. Dória, Maria
Nazareth. II. Título.

17-03599   CDD-133.93

Índice para catálogo sistemático:
1. Romance mediúnico psicografado : Espiritismo   133.93

LÚMEN
EDITORIAL

Rua dos Ingleses, 150 – Morro dos Ingleses
CEP 01329-000 – São Paulo – SP
Fone: (0xx11) 3207-1353

visite nosso site: www.lumeneditorial.com.br
fale com a Lúmen: atendimento@lumeneditorial.com.br
departamento de vendas: comercial@lumeneditorial.com.br
contato editorial: editorial@lumeneditorial.com.br siga-nos
no twitter: @lumeneditorial

2017

Impresso no Brasil – *Printed in Brazil*
4-5-19-2.000-9.050

Dedicatória

Dedico este livro às minhas filhas, Eliane e Carla, e aos meus amados netos, Lya e Otávio.

Minha eterna gratidão à Lúmen Editorial pela oportunidade oferecida aos autores da psicografia, contribuindo na divulgação da Doutrina Espírita.

Sumário

Introdução

Em qualquer lugar e em várias situações de nossas vidas, estando aqui ou acolá, precisamos de alguém que nos conduza, que nos inspire confiança.

Como médiuns, recebemos diariamente muito apoio e muita força para prosseguirmos. Seria impossível para um médium dizer que não sabe por onde começar a tomar atitudes em sua vida.

Aprendemos com nossos mentores espirituais o poder da solidariedade espiritual. Os espíritos se ajudam entre si, se apoiam entre si, e nós nem sempre seguimos os seus exemplos. Por isso, às vezes, não temos em quem confiar. Se não temos em quem confiar, com quem vamos nos orientar?

Somente a humildade nos permite enxergar o grande amor da espiritualidade por nós, espíritos encarnados, em nossa caminhada dolorosa. Muitas e muitas vezes sofremos calados, quando poderíamos estar dividindo nossas angústias com alguém que trabalhasse com a mesma solidariedade espiritual: saber ouvir e calar, instruir sem cobrar, sem condenar.

Diante da espiritualidade, quando erramos, somos instruídos, advertidos, mas nunca abandonados. Quando acertamos, somos animados a prosseguir, e também somos alertados para não nos perdermos nos caminhos do orgulho e da vaidade.

Lado a lado com os solidários irmãos da espiritualidade, caminhamos todos os dias. Quando tropeçamos e machucamos um pé, muitas vezes ficamos frustrados. No nosso inconsciente, nos julgamos quase que abandonados pela espiritualidade. O que não percebemos é que esse pé machucado nos livrou de algo muito pior.

Quando perdemos coisas ou pessoas importantes, ficamos magoados, revoltados com Deus e com toda a espiritualidade que nos dá suporte. Não seria melhor erguer os olhos para o Pai e pedir ajuda?

Meus queridos irmãos, nós devemos fazer o melhor possível para compreender as leis do Pai, cuidar bem do nosso corpo físico, nos aplicar nos estudos espirituais e firmarmo-nos em uma base de sustentação através da fé. Só assim vamos entender, compreender e aceitar as leis que foram criadas por um só Deus para todos os Seus filhos.

Temos por obrigação ser honestos. Honestidade não é uma virtude do homem: é uma obrigação de todos. Esforçar-se para se desenvolver como pessoa no plano físico, ter uma profissão, trabalhar, viver dignamente com o fruto do seu trabalho e formar uma família. Não é tarefa fácil para ninguém, mas devemos tentar e progredir.

Devemos criar hábitos de solidariedade como, por exemplo, visitar hospitais, asilos, orfanatos, escolas públicas e creches (onde dezenas de mães carentes deixam seus filhos por até doze horas fora de suas casas). Isso é ser solidário com Deus.

Desenvolver programas que possam oferecer às famílias carentes oportunidades de trabalho, gerando recursos para melhorar a vida de cada um, criar grupos de estudos e promover palestras educativas, trazendo ajuda e auxílio para os mais necessitados, tudo isso é o que nós recebemos diariamente dos nossos mentores espirituais. Se, de fato, estamos aprendendo as lições do Altíssimo, devemos repassar adiante todas as lições recebidas.

Neste livro, vamos poder testemunhar como a solidariedade pode mudar a vida das pessoas e dos espíritos. A leitura também é um aprendizado a ser repassado...

MARIA NAZARETH DÓRIA

CAPÍTULO I

Uma nova vida para dois primos

No portão de desembarque internacional do aeroporto de uma grande metrópole havia muito movimento, um entra e sai de pessoas e funcionários que deixava qualquer um tenso.

Um elegante rapaz, demonstrando inquietação, examinava o relógio. Andava de um lado para o outro e pensava: "Estes aeroportos estão sempre lotados. É uma loucura, embarca e desembarca gente de um país para o outro o tempo todo".

No saguão, o painel eletrônico confirmava a aterrissagem de um voo. Neste avião, deveriam estar chegando muitos passageiros importantes. Entre eles, um jovem recém-formado na Suíça, cheio de saúde, alegria, disposição e muitas pretensões.

Ele estava estudando fora do Brasil havia alguns anos. Acompanhava o progresso do seu país através dos noticiários e de seu sócio, que também era seu primo/irmão. Cresceram juntos desde que os pais de ambos morreram e foram criados pelo avô. "Que falta faz o vovô", pensava o jovem, observando a paisagem de sua terra natal. Seu avô havia falecido, mas deixara uma herança considerável para os dois netos. Ele voltava agora para assumir o que era seu.

Vítor formou-se, casou-se e tomou a frente dos negócios esperando o primo concluir os estudos no exterior e vir apossar-se de sua parte na herança. Parecia contrariado, enquanto ouvia a mensagem da chegada dos passageiros. Imaginava como estaria seu primo.

No corredor de espera, ele secava a testa molhada de suor e dizia consigo mesmo: "Tomara que não demorem muito em despachar essas bagagens, estou louco para sair daqui". Ele pensava e olhava ansiosamente para o portão de saída dos passageiros.

Depois de alguns minutos, que mais pareceram horas, os primeiros passageiros começaram a aparecer no portão de saída. Erguendo a mão, o jovem recém-chegado acenava para Vítor, que esboçou um sorriso cordial. Era Leonardo, que finalmente retornava ao Brasil...

Trocaram um abraço de boas-vindas. O elegante jovem Vítor, colocando um braço sobre os ombros de Leonardo, confessou:

— Estou muito feliz em tê-lo comigo, primo! Somos o que sobrou de nossa família, mas, em breve, ela vai aumentar, pois a Camila vai ter um filho meu.

Leonardo respondeu em tom de surpresa:

— Vítor, essa foi a melhor notícia que você me deu nos últimos tempos! E pode contar comigo, se depender de mim, nossa família vai ter mesmo que aumentar. Já me formei, agora vou pegar firme no trabalho e pretendo fazer como você: casar e ter muitos filhos.

— Isso me deixa mais tranquilo. Agora posso contar com você para tocarmos nossas empresas, não podemos deixar cair o que nosso avô ergueu com tanto sacrifício. Por enquanto, você só usufruiu de tudo, assim como eu também. Não estou lhe cobrando, não! Porque eu também fui estudar fora e, na verdade, comecei a trabalhar mais tarde do que você, que já está voltando comprometido com suas tarefas.

— Pôxa, Vítor! Eu mal acabei de chegar e você já quer me passar trabalho? — disse o rapaz rindo.

— Tem razão, Leonardo! Como você pode ver, não tenho mais assuntos para conversar a não ser sobre trabalho, negócios, navios, viagens, reuniões, alta das bolsas e cotações. Os meus assuntos giram em torno disso. Mas isso vai mudar com a sua chegada, doutor Leonardo!

O motorista já tinha guardado as malas no carro e, abrindo as portas, aguardava a entrada dos dois.

No caminho, foram conversando sobre assuntos variados. Leonardo contava os avanços que a tecnologia suíça estava imprimindo aos mercados internacionais. Vítor demonstrava interesse em tudo que ouvia.

Em casa, Camila verificava se tudo estava em ordem e de acordo para receber o jovem Leo, como era chamado pelo marido.

Leonardo também era herdeiro da mansão em que viviam. Enquanto ajeitava os pequenos detalhes aqui e ali, Camila pensava: "Tomara que ele seja diferente do meu marido, que não é nada caseiro. Quem sabe com a presença dele aqui, o Vítor não pare um pouco mais em casa", sonhava ela.

Parada na janela, olhava para o jardim, que estava repleto de flores, com os olhos fixos em um beija-flor e lembrava como havia conhecido seu marido.

Camila se apaixonou por Vítor assim que o viu pela primeira vez. Ele era alto, elegante e determinado, falava com firmeza e tinha um poder de sedução muito grande. Vivia rodeado de belas mulheres. Ela o amava e cada dia que se passava o amava mais ainda. Estava casada há mais de dois anos, mas, no entanto, ainda não o conhecia o suficiente, foi amor à primeira vista. Desde que o conhecera, nada mais era importante em sua vida, a não ser Vítor.

Ele mudou muito depois que se casaram. Enquanto eram noivos, ele enviava flores, cartões e alguns presentes. Depois que se casaram, ele foi se distanciando, falava pouco e vivia sempre envolvido com reuniões e viagens. Nunca deixou de receber ligações de mulheres que se diziam ser suas amigas.

Quando ela tentou mostrar contrariedade com essas atitudes, ele ficou uma semana fora de casa e disse-lhe que não iria suportar viver com uma mulher de mente suja e doente, que ela não entendia nada de amor e de respeito ao próximo, e que ele não iria deixar de ser o que sempre foi por causa das loucuras dela.

Ela se sentiu envergonhada, pediu desculpas a ele e passou a suportar, calada, tudo que ele fazia. Será que tudo isso só tinha a ver mesmo com a vida profissional? Ou havia mais alguma coisa?

Camila não queria acreditar, mas lá no fundo do coração, ela sabia e sentia que Vítor tinha envolvimentos amorosos com outras mulheres. Ela era a esposa, aquela que ficava dentro de casa cuidando e zelando do patrimônio da família. E fora do lar? O que será que acontecia?

Quando engravidou ficou muito feliz, pensando que ele iria lhe dar um pouco mais de atenção. Puro engano: Vítor a tratava bem, mas nada mudou em relação ao seu comportamento. Ao receber a notícia da paternidade, ficou parado, mas logo após respondeu, sem muita euforia: "Um filho é sempre um filho, fico feliz, nossa família vai aumentar".

Eles pouco conversavam sobre a gravidez. A barriga já estava crescida e ele nunca havia passado a mão para sentir o filho mexendo-se dentro dela.

Camila perdeu o contato com os amigos, tinha a impressão de caminhar sozinha e sem rumo. Largou a faculdade e esqueceu-se de todos os seus sonhos para unir-se a Vítor, que se tornara a razão de sua existência.

Não vivia sem ele, não importa o que acontecesse, sua vida estava realmente voltada para ele, o amava mais que tudo. Porém, cultivava a esperança de que, com a chegada do primo, alguma coisa mudasse...

A velha governanta, arrastando os chinelos, entrou na varanda e chamou Camila para olhar a mesa e dar sua opinião sobre a arrumação e a disposição das flores.

— Tudo está perfeito — observou a anfitriã.

O jardineiro anunciou que os patrões haviam chegado. Vítor levou o jovem Leonardo para o outro lado da mansão aonde ele iria se instalar, pois ali a entrada era independente.

Pouco tempo depois, Vítor entrava na sala e, com um ar cansado, cumprimentou Camila com um beijo no rosto, e foi se retirando:

— Vou tomar um banho, estou transpirando demais, vejo que está tudo em ordem para receber o nosso parente.

— Está tudo bem com o Leonardo? — perguntou Camila.

— Sim, está tudo bem. Ele vai tomar um banho, trocar de roupa e virá para almoçarmos.

Saiu, deixando Camila pensativa.

Quando Vítor entrava no banho, costumava demorar quarenta minutos ou mais. Camila desistia de esperar por ele, quando entrava no banho, esquecia-se do mundo.

Ela ficou folheando uma revista, teria que esperar pelo marido e seu primo. Na verdade, ela só conhecia Leonardo por fotos.

O telefone tocou, Camila atendeu. Era Leonardo, que alegremente a cumprimentou pela gravidez e disse que já estava saindo, logo mais estaria chegando.

Camila perguntou se queria que o motorista fosse buscá-lo, e ele gargalhou dizendo:

— Camila, por que será que Deus me deu dois pés? E ainda aproveito para rever esses belíssimos jardins que tanto me alegraram na infância. Não vou perder esta oportunidade, não são horas que vou andar, são apenas minutos...

CAPÍTULO II

Reunião em família

Meia hora depois, ele apontava no jardim, cabelos compridos e desajeitados caíam-lhe na testa, trajava uma calça jeans e uma camiseta branca.

Abraçou o velho jardineiro e lhe deu um beijo no rosto, correu até a velha governanta e a suspendeu nos braços. Os dois ficaram sem jeito, olhando contrariados para os arredores, talvez com medo de que Vítor tivesse presenciado aquelas cenas. Vítor era mais comportado; Leo sempre fora mais peralta.

Leonardo falava alto, e dava para ouvir o que ele dizia aos empregados:

— Vocês dois não ficam velhos? Daqui a pouco tempo, eu estarei careca ou com os cabelos brancos e vocês dois aí, nessa formosura. Eu trouxe uns presentes para vocês, acho que vão gostar, depois vocês vão lá buscar... Estou muito feliz em revê-los.

Com os olhos cheios de lágrimas, a velha governanta respondeu emocionada:

— Oh, meu filho... Quem não mudou foi você. Continua lindo e alegre como sempre foi. Eu nunca pensei que um dia fosse poder cuidar novamente de você, Leo. Estou tão feliz, meu menino, você está de novo entre nós...

— Eu nunca esqueci de vocês dois, principalmente dos seus bolos, Laula...

— Oh! Meu Deus! E ainda me chamou de Laula! — repetiu a governanta mais emocionada ainda.

— Não era assim que eu te chamava quando era pequeno, dona Laura? Foi você quem me contou.

O velho jardineiro enxugava uma lágrima na manga da camisa. Lembrou do pai dele e do tio, eram tão alegres e jovens, morreram sem poder ver seus filhos crescerem.

— Loriau! Lembra-se daquele carrinho que você me deu? Guardo até hoje. Não era assim que eu te chamava, Lourival? Para mim, você era o Loriau. As melhores lembranças de minha infância estão ligadas a vocês dois, Vítor e vovô, que continua sendo o meu grande velho.

— Olha só! — continuou Leonardo apontando para o canteiro das hortênsias. — São as mesmas que vovô plantou, Lourival?

— São sim, Leo. Elas continuam se multiplicando por aí, cresceram do mesmo jeito que você e Vítor cresceram.

— O nosso jardim está igualzinho... — observou o rapaz. — E onde estão os filhotes da Raposa? Vítor me contou que você cria os descendentes da nossa cachorrinha e que ela teve uma ninhada recente. Quero conhecê-los.

— Eles estão do outro lado, no novo canil, são três filhotes desta vez. Eu sempre escolho uma fêmea descendente da nossa Raposa, principalmente a mais parecida com ela, e batizo como Raposa também. Por isso essas novas gerações de filhotes vêm nos acompanhando desde os tempos do seu avô.

Lourival parou, ficou olhando o vazio e se pôs a falar:

— No dia em que encontramos a velha Raposa na estrada, eu estava junto com o seu avô. Ela estava largada no meio do caminho e ele pediu para que eu pegasse a cadela e colocasse dentro do carro. Ainda tentei resistir lembrando a ele que o carro era novo e estava todo limpo, e que a cadela iria sujar o assento. Seu avô só me deu aquela olhada de desaprovação, então desci do carro, peguei e cadela e coloquei no banco de trás. Veio uma tempestade muito forte, com trovão e relâmpagos que rasgavam o céu, a chuva caía como água de torneira. Depois foi amainando e a cachorra lá atrás, com medo. Eu só fiquei danado quando chegamos em casa e ele me pediu para cuidar dela, mas depois me acostumei tanto que não dava mais para deixá-la fora de nossas vidas. Ah, meu filho, seu avô era um grande homem e um ser magnífico! Vocês tiveram a quem puxar.

— Então vamos lá que eu quero ver os filhotes da Raposa! — respondeu Leonardo, se encaminhando para o canil.

— Leo, meu filho — disse a governanta —, deixe para ir depois de almoçar, já estão lhe esperando.

— Dez minutos não vão matar ninguém de fome, mas pode me causar uma hipertensão, estou louco de saudade da Raposa, eu vou é agora! E depois, dona Laura, a senhora lembra-se quando eu lhe dizia que não ia arrumar os meus brinquedos? O que a senhora me respondia?

— Sei, sim senhor: "Não deixe para amanhã o que pode fazer hoje".

— Então! — respondeu ele. — Vou fazer agora o que eu não posso deixar de fazer só depois do almoço.

A velha senhora balançou a cabeça e arrematou baixinho:

— Vai, Lourival, já vi que esse menino só cresceu no tamanho, continua o mesmo moleque teimoso, quando decide uma coisa, ninguém o faz mudar de ideia. Eu vou entrar para ajudar a colocar o almoço na mesa. E você o acompanhe, mas veja se não demoram, pois o Vítor também continua do mesmo jeito: impaciente e estourado.

Camila estava observando o rapaz pela janela, esboçou um sorriso. Leonardo era totalmente diferente do seu marido, era brincalhão e afetuoso. Vítor era seco, ela sabia que o marido gostava do casal que ajudou a criá-los, mas ele não demonstrava os sentimentos.

Laura, subindo as escadas, pensou: "Ainda bem que Vítor demora no banho, é pior que mulher para se arrumar, assim dá tempo dos dois retornarem do canil". Ela lembrava dos dois garotos quando eram pequenos: Vítor era calado, não tinha muitos amigos; já Leo vivia rodeado de coleguinhas e não ficava com a boca fechada um minuto, até aborrecia de tanto que falava. Ela mesma, de vez em quando, pedia que ele ficasse igual o irmão: caladinho... Mas ele, sempre espontâneo, respondia que tinha boca e que ia falar o tanto que quisesse. Laura balançou a cabeça com as lembranças que lhe vinham à mente e riu sozinha...

Vítor e Leonardo entraram ao mesmo tempo na sala.

Riram e falaram juntos se era coincidência ou se haviam combinado a "entrada triunfal".

— Camila, esse é o nosso tão esperado primo! — disse Vítor.

E, virando para Leonardo, completou:

— Primo, essa é a minha esposa Camila.

Leonardo abraçou-a, deu-lhe um beijo no rosto e respondeu para Vítor, com um toque galante:

— Sua esposa é muito mais bonita pessoalmente!

Num ímpeto, Leonardo colocou a mão sobre a barriga dela e o bebê começou a chutar. Ele continuou com a mão lá e começou a rir.

Vítor ficou olhando para Camila com ar de desaprovação, ela quis afastar a mão de Leonardo, mas ele gargalhava. Olhando para o primo, comentou cheio de graça:

— Olha só que beleza esse bebê chutando a minha mão. Vítor, será que seu filho vai ser jogador de futebol? Tem um chute e tanto, hein?

Puxando a cadeira para Camila sentar-se à mesa, Leo virou-se para Vítor, e perguntou:

— Quando você sentiu esse chute pela primeira vez, qual foi sua reação?

Calmamente, Vítor respondeu:

— A mesma emoção de quando dei o meu primeiro chute na barriga da minha mãe!

— Você se lembra disso? Não acredito! — falou Leonardo rindo.

— Um chute como esse a gente nunca esquece, Leo. Você aceita um drinque? — perguntou Vítor dirigindo-se ao bar.

— Eu acho que vou aceitar — respondeu Leonardo dirigindo ao bar também. — Camila, o bom senso me diz que para mulheres grávidas não se oferece bebida alcoólica, mas tem alguma coisa que eu possa preparar para você?

— Obrigado, Leo, você é muito gentil, mas antes da gravidez eu já praticamente não bebia nada, um copo de vinho uma vez ou outra apenas. Eu adoro mesmo é água!

— Quer um copo de água então?

— Não, muito obrigado, nós vamos almoçar e se eu beber agora, não vou conseguir comer nada.

O almoço transcorreu de forma tranquila. Camila havia observado que Vítor parecia outra pessoa, ele havia sido muito atencioso com ela na frente do primo.

Depois do almoço, Vítor carinhosamente disse-lhe para ir descansar, pois eles tinham muitas coisas para conversar.

Ela se levantou, Leonardo correu e pediu:

— Posso colocar a mão novamente na sua barriga? Adorei sentir esse pezinho chutando minha mão.

Vítor não demonstrou desagrado, mas Camila conhecia bem aquele olhar e sabia que, assim que estivessem a sós, ele iria dizer-lhe uma porção de coisas, tais como "você gosta de se exibir", "ninguém iria tocar em sua barriga se você não tivesse dado confiança e liberdade" e por aí vai.

Já em seu quarto, Camila deitou-se em sua cama e, enquanto aguardava as represálias do marido, assim adormeceu. Começou a sonhar que estava em um navio, observava o mar e, de repente, não estava mais sozinha, dois braços rodeavam o seu corpo. Era Leonardo! O céu estava límpido, o sol brilhante iluminava as águas que se balançavam, ora azuladas, ora prateadas. E Leonardo falou bem baixinho em seu ouvido: "Você ainda me ama?" Ela virou-se e, olhando dentro dos seus olhos, respondeu: "Nem este céu, nem este mar tão imenso, é maior do que o amor que sinto por você. Quero me casar com você hoje, agora, se você quiser..."

Camila acordou assustada. Vítor, acendendo a luz, perguntou se ela estava tendo pesadelos, pois estava falando baixinho. E começou com as suas críticas, dizendo que ela não teve a menor consideração com o rapaz e que ele foi embora sem se despedir dela.

— Perdoe-me, Vítor, eu realmente adormeci e só acordei agora com a sua chegada. Depois eu peço desculpas ao Leo. Eu ando com muito sono e me sinto cansada.

— Conheço dezenas de mulheres que ficaram grávidas, trabalharam até o último dia da gravidez e nunca vi nenhuma delas dormindo no trabalho. Eu acredito que gravidez não seja uma doença, mas, em todo caso, é bom ir ao médico. Chame Laura e vá com ela, vou deixar o motorista a sua disposição.

— Vítor, por favor, eu peço desculpas, mas, de fato, eu peguei no sono. Não fique aborrecido comigo.

— Camila, você precisa se cuidar mais. Está gorda demais e inchada. Por que não anda por aí e faz alguma atividade? Você não faz nada! Se movimente! Você é uma das mulheres que, quando der à luz, vai levar um ano para voltar ao peso normal, se é que vai voltar...

Com lágrimas nos olhos, Camila tentou se justificar:

— Vítor, o que está me dizendo? Eu faço caminhada pelos jardins, não paro desde a hora que me levanto. Fui ao médico ontem, ele me pediu para descansar os pés e me disse que não engordei nem um quilo a mais do que o normal.

— Com quantos quilos você está, Camila?

Ela baixou a cabeça, não respondeu nada. Uma lágrima descia pelo seu rosto.

Ele prosseguiu criticando:

— Não me diga que ele lhe disse que você está uma modelo de capa de revista! Faça-me o favor você e este médico, se é que ele lhe disse que não engordou mesmo!

Vítor saiu batendo a porta do quarto. Ela levantou-se foi até o espelho, olhou-se e deu razão ao marido: ela realmente estava gorda e feia, ainda bem que só faltavam um mês e poucos dias para ter o seu filho.

A criança começou a se mexer com força, ela abraçou o ventre com as duas mãos e, chorando, falou em voz alta:

— Meu filho, você é e sempre será a pessoa mais importante da minha vida, me perdoe, me perdoe pelos meus pensamentos injustos. Estou triste, meu filho, eu queria tanto ser amada pelo seu pai, mas acho que ele nunca me amou...

Camila saiu do quarto e foi até a cozinha, encontrou a governanta no caminho e perguntou em voz baixa:

— Laura, você acha que eu estou muito gorda?

— Sinceramente? — vacilou a governanta.

— Por favor, eu preciso da sua sinceridade — implorou Camila, antes que ela pudesse falar.

— A senhora precisa alimentar-se melhor, só tem a barriga e nada mais, eu até comentei com o meu velho que nunca vi uma mulher grávida sem carne nos ossos como a senhora. Mas por que me pergunta isso, senhora?

— Coisas de mulher grávida. Começo a me achar gorda e feia. Obrigada pelas suas palavras de incentivo quanto a minha estética de grávida.

A governanta balançou a cabeça e pensou: "Pobre menina... Ela só está preocupada com seu corpo por causa do Vítor".

Camila também quis saber de Laura se Vítor havia combinado alguma coisa com Leonardo para logo mais à noite. Laura informou que Leonardo havia avisado que não janta nunca, apenas toma um suco, uma sopa ou coisa assim, e que não se preocupassem com ele. Pediu para que uma das meninas fosse ajudá-lo a desfazer as malas. Lourival também foi com ela.

Camila, subitamente, lembrou-se do sonho e deixou uma lágrima descer pelo canto do olho. Laura percebeu e achou que Camila estava passando mal.

— A senhora está bem, dona Camila? Quer um chá ou água? Está sentindo alguma coisa?

— Obrigada, Laura, eu apenas preciso fechar a boca, estou engordando demais!

— Dona Camila, a senhora me perdoe, mas eu já lhe disse o que penso a respeito de sua alimentação. Deve comer um pouco mais, e lembre-se, se conscientize que a senhora carrega outra vida aí dentro, é uma gravidez, dona Camila, e não uma brincadeira. Precisa armazenar forças para depois do parto. Mesmo tendo quem vá lhe ajudar, mãe é mãe, a senhora vai acordar muitas vezes durante a noite.

Camila, pensando no que tinha ouvido do marido, outra vez voltou ao assunto:

— Laura, mais uma vez eu te peço, seja sincera comigo, por favor, você acha que eu mudei muito com a gravidez?

— Mudou o quê, dona Camila? — perguntou a velha governanta.

— Meu corpo, meu rosto, tudo, Laura! — respondeu Camila, já um tanto nervosa.

— Sinceramente, a senhora nem parece que está grávida, em nada mudou, continua linda, meiga e a mesma pessoa.

As duas mulheres pararam de conversar. Vítor descia as escadas, estava bem vestido e perfumado, aproximou-se da governanta e ordenou:

— Laura, eu deixei algumas peças de roupa para serem lavadas, antes de entregar nas mãos dessas desmioladas, separe o que vai para a lavanderia e as que serão lavadas em casa.

— Fique tranquilo, ninguém vai estragar suas roupas, eu vou pessoalmente separar, como sempre fiz, meu filho.

Ele aproximou-se de Camila, beijou o rosto dela e disse-lhe:

— Qualquer coisa que precisar pode me ligar. Marquei uma reunião de negócios e não sei que horas vai terminar, por isso, não me espere para se deitar.

Saiu sem esperar resposta.

Ela foi até a porta, ainda deu tempo de vê-lo entrando no carro, o motorista fechou a porta e Vítor deu partida.

O perfume dele ainda estava na sala, uma tristeza invadiu seu coração. Amava tanto o seu marido e a sensação que tinha é de que ele apenas a suportava.

Dona Laura arrumava os vasos e olhava discretamente para Camila se perguntando: "Será que ela não desconfia de nada mesmo? Acho que Vítor vai é encontrar-se com outra mulher".

CAPÍTULO III

Conversa com Leonardo

As luzes do jardim já estavam acessas e Camila desceu as escadas para caminhar um pouco. Estava perto dos canteiros de gerânios, o perfume suave das flores se espalhava pelo ar.

Lembrava-se do seu sonho e, sem saber o porquê, se sentiu confortada, amada, importante e desejada. Enquanto relembrava, viu Leonardo se aproximando e imediatamente ficou corada.

Leonardo pensou que havia assustado a moça, pegou na mão de Camila e então convidou para tentar se redimir:

— Venha, Camila, sente-se aqui no banco. Meu Deus, como eu sou desastrado! Não quis te assustar! Olha, beba um pouco de água — disse ele abrindo uma garrafa de água que trazia na cintura. — Eu, por onde ando, sempre levo uma garrafa de água, é hábito meu. Carrego uma garrafa de água de um canto para outro e, se vou sair, não sei caminhar sem água. Meu apelido no colégio era "o homem das águas".

Ela tomou uns goles da água e se sentiu protegida por ele.

— Posso sentir o chute do meu priminho em sua barriga?

Ele gargalhava e brincava descontraidamente:

— Não tem nada mais fantástico que sentir o chute de um bebê na barriga da mãe. Eu nem lhe perguntei ainda de quantos meses você está, não é?

— Estou quase chegando ao fim. Logo ele estará nascendo — respondeu Camila com uma certa timidez.

— Eu não acredito! Você já está no final da gravidez, Camila? Nem parece que está grávida, se não prestarmos bem atenção, nem notamos sua barriga. Olhe, Camila, você sabe que eu estou morando aqui, se precisar de alguma coisa, é só me chamar, está bem?

— Desculpe-me, Leonardo, hoje eu subi logo após o almoço e adormeci mesmo, nem te dei atenção. Queira me desculpar — justificou-se a futura mamãe.

— Eu é que peço desculpas por ter dado trabalho a você e ao meu primo. E por falar nele, ele está em casa?

— Não, ele acabou de sair, foi tratar de negócios.

— Fique sossegada, a partir de amanhã eu vou dividir com Vítor as responsabilidades das nossas empresas e ele vai ter mais tempo para você e seu filho.

Ficaram conversando sobre a infância dele e do primo ali nos jardins da mansão que pertenceu ao avô deles por um bom tempo. Camila ficou sabendo de coisas que Vítor nunca havia lhe contado. Como eles eram diferentes! Leo era alegre, divertido, brincalhão e muito atencioso.

Mais de uma hora já havia se passado, a velha governanta espiava pela janela, estava preocupada e ao mesmo tempo aliviada, pelo menos alguém dava atenção para a infeliz menina.

Leonardo se levantou e ficou em frente de Camila, com um sorriso de menino travesso lhe pediu:

— Camila, posso ir tomar um chá com você?

Ela se levantou rindo e respondeu:

— Vamos tomar chá com bolo e biscoitos!

O que o marido nunca fazia, Leonardo fez: estendeu a mão para ela e a ajudou a subir as escadas do jardim, levando-a até a sala.

Camila pediu para dona Laura preparar um chá para eles com tudo o que tivessem direito. Iria comer até se esbaldar, queria se tornar forte para suportar as noites em claro que iria ter com o seu bebê.

— É assim que se fala! — respondeu a governanta. — Essa menina não come nada! E anda com complexo de estar gorda. Repare, Leo, ela está gorda?

— Eu já disse o que acho sobre a gravidez dela, é a grávida mais bonita que eu já vi! Estou até com vontade de arrumar uma noiva e me casar para sentir o chute de um nenê na minha mão.

Leonardo examinava a seleção musical que estava programada no aparelho de som.

— Camila, foi você quem escolheu estas músicas?

— Já sei, você não gostou, não é o seu estilo.

— Pelo contrário, é de muito bom gosto. E aqui estão todas as músicas que eu gosto. Podemos ouvir?

— Claro, Leo! Vamos ouvir, fui eu mesma que escolhi.

A governanta arrumou a mesa e os chamou. Quando ia saindo, Leonardo puxou-a para trás e disse:

— Aonde pensa que vai? Sente-se aqui e tome chá comigo, do mesmo jeito que fazia quando eu ficava com febre e tinha medo de ficar sozinho.

Antes que Laura respondesse alguma coisa, ele a tomou nos braços e sentou-a na cadeira.

— Leo? Você ficou louco, meu filho? Se alguém vê isto, o que vai pensar de mim? — reclamou a governanta, contrariada.

— Que eu sou louco por você... — sussurrou o irreverente rapaz, bem baixinho, no ouvido dela. — Camila, você vai se sentar ou também quer que eu a sente à força? — prosseguiu na brincadeira.

— Laura — disse Leonardo agora com um tom mais sério —, eu nunca esqueci o que você fez por nós. Vou falar com Vítor, você e o Lourival precisam se aposentar. Só que tem uma condição: até o meu casamento, quero vocês dois cuidando de mim. Eu não posso ficar tomando café, almoçando, lanchando, jantando e dando outros tantos trabalhos para o Vítor e a Camila, preciso de você, que já me conhece e sabe o que fazer comigo. Depois que eu me casar, aí você se livra de mim. Por uns dias, enquanto eu estiver na lua-de-mel, é claro...

— Leo, meu filho, primeiro vá tomar conta de suas coisas lá no escritório do seu avô, depois a gente fala sobre isso. Mas eu vou cuidar de você, pode ficar tranquilo. Na semana que vem vamos arrumar alguém para ir lá na sua casa limpar e arrumar tudo. Eu vou acompanhar o serviço, faço questão. Agora eu posso me levantar?

— Nem se atreva! — respondeu ele. — Você fica, toma chá, come bolo e não se faça de difícil.

— Meu filho, eu sou sua governanta, tenho muito amor e orgulho de você, mas eu sou sua governanta. Deixe-me levantar, Leo, eu não me sinto bem sentada nesta mesa.

— Camila, você tem alguma objeção quanto a Laura ficar sentada nesta mesa?

— Absolutamente! Acredito que eu faria o mesmo e estou feliz por você ter tomado essa atitude. Concordo plenamente em aposentá-los, eles precisam passear, se divertir um pouco.

Enquanto tomavam chá e comiam doces, ele contava muitas de suas façanhas no colégio suíço.

Laura contava o que ele aprontava na infância, ele ria e se divertia, pois eram coisas que ele já havia esquecido.

Camila ouvia as histórias e gargalhava. Há quanto tempo não sorria assim.

A velha governanta ajudou a criar os dois meninos, começou a trabalhar na mansão muito cedo, ainda era uma mocinha, e depois se casou com o jardineiro. Ali viviam em plena paz, mas não tiveram filhos, "Deus não quis", dizia sempre dona Laura.

Vítor sempre fora diferente, era ciumento e ambicioso, mas era obediente e comportado. Já o pequeno, como eles chamavam Leonardo, era brincalhão, meigo e bondoso, lembrava a mãe dele, vivia derrubando e quebrado tudo.

O relógio marcava quase dez da noite quando o telefone tocou. Camila atendeu, era Vítor, que a avisava sobre a reunião: iria terminar tarde e que ela não o esperasse para dormir. Vítor estranhou o tom de voz da esposa quando ela respondeu que estava tudo bem. Antes de desligar, ele perguntou:

— O Leo está aí?

— Sim, veio tomar um chá comigo.

Ele desligou, ficou calado e pensativo.

— O que houve, Vítor? — perguntou Zélia, sua amante e confidente.

— Nada, nada demais, apenas uma bobagem passou pela minha cabeça.

— Você não vai me dizer que está com ciúmes de sua mulher? — falou a moça com raiva.

Ele se levantou, pegou suas roupas e começou a vestir-se.

— O que está fazendo? — perguntou Zélia, sem entender.

— Estou me vestindo para sair! Não vou ficar aqui ouvindo suas besteiras!

Enquanto isso, Leonardo se despediu de Camila colocando a mão em seu ventre e dizendo:

— Tchau, moleque, durma bem e deixe sua mãe dormir sossegada.

Antes de sair, parou na porta:

— Camila, se precisar de mim é só chamar. O Vítor te ligou, né? Ele já está chegando?

— Não tão já, a reunião vai demorar. Por quê? Você vai precisar dele?

— Eu não! Mas você precisa dele aqui. Bem, estou indo, se precisar de qualquer coisa, por favor, é só me chamar.

Despediram-se.

Já deitado em sua cama, Leonardo lembrava da barriga de Camila e pensava: "Eu quero me casar como alguém parecido com ela. Meu primo teve muita sorte, ela é linda, educada e meiga e vai lhe dar um filho..."

Leonardo ficou pensando que reunião seria essa que o primo precisava ficar até altas horas da noite. E deixava a esposa naquele estado? Não achava aquilo muito correto.

Camila também divagava em sua cama: "Eu amo tanto meu marido, quem sabe com a presença próxima de Leonardo ele vai parar mais dentro de casa".

No luxuoso quarto de um motel, após ter aceitado as desculpas da amante, Vítor estava deitado dentro de uma banheira de espumas perfumadas, abraçado com Zélia que lhe cobrava uma definição de vida. Foram amantes antes de ele casar-se, se separaram, e depois reataram após seis meses do casamento dele.

Vítor prometeu a ela que, assim que o filho nascesse, resolveria a situação com Camila. Revelou-lhe que o filho não estava em sua programação, foi um descuido, pediu a Zélia que tivesse mais um pouco de paciência.

A amante, a contragosto, deu mais um tempo a Vítor:

— Vou apenas esperar esta criança nascer, não suporto mais dividir você com aquela mosca-morta.

— Vamos mudar de assunto? Estou com outro problema de família, meu primo chegou da Suíça, vai assumir o cargo dele dentro das empresas e preciso tomar muito cuidado com ele. E você, Zélia, não deixe escapar nada do que existe entre nós, sabe como é, eu não o conheço o bastante para confiar a minha vida particular. Se tem algo que não suporto é dividir minhas intimidades com alguém, você sabe disso.

— Você me ofende, Vítor! Acha que sou louca, deixar escapar nossa vida nas mãos de curiosos? Acha que vou falar da minha vida particular dentro da empresa? Até assumirmos nossa situação, prefiro guardar segredo absoluto de tudo, afinal de contas, ocupo um cargo de confiança e não quero dar motivo para falatório.

— Acho ótimo, meu bem, amor de um lado, negócios do outro, não é assim?

— Mas me fale como é esse seu primo... É bonito como você? — provocou a moça.

— Zélia, tome jeito, nada de dar em cima dele ou eu te mato! Ele é cinco anos mais moço do que eu, nós dois somos completamente diferentes, cada um tem seus dons. Nossos pais morreram num acidente enquanto faziam uma excursão. Eu e meu primo ficamos com o nosso avô, que já era viúvo. Foram momentos horríveis, eu tinha doze anos e ele apenas sete. Meu avô perdeu os dois filhos e as duas noras de uma só vez. Crescemos na mansão com o nosso avô, e depois eu fui estudar na Suíça, a terra dele. Quando eu mal tinha me formado e assumido os negócios ao lado do meu avô, ele faleceu. Leonardo continuou os seus estudos na Suíça, conforme a vontade do nosso avô, e agora concluiu seu curso e veio assumir o que lhe pertence.

— Não deixa de ser um bom partido para qualquer moça. Você fique de olho Vítor, para que ele não encontre uma vigarista qualquer que só queira dar um golpe e enfiar a mão no bolso dele. Não se esqueça que é seu dinheiro também.

— Você acha que eu já não pensei nisso? Eu até tenho um plano que, se funcionar, em breve teremos um casamento que poderá aumentar os lucros de nossa empresa.

— E eu posso saber qual é o seu plano? — quis saber a amante com extrema curiosidade.

— Não! Nós não estamos aqui para falar de família ou de negócios, mas sim sobre nós dois.

— Tudo bem. Só espero que eu esteja dentro dos seus planos — observou Zélia com alguma desconfiança.

— Você está dentro dos meus planos sim, meu bem, mas aprenda a esperar.

— Nós vamos dormir aqui hoje? — quis ela saber.

— Bem que eu gostaria, mas não posso. Amanhã cedo tenho que acompanhar meu primo e apresentá-lo no escritório, inclusive vou levá-lo até a sua sala, chefe! Seja discreta e profissional. Hoje preciso voltar para casa.

CAPÍTULO IV

Solidão e a chegada de Cândida

Já passava das três horas da manhã quando Vítor deitou-se bem devagar ao lado de Camila, que fingiu estar dormindo.

Não demorou muito e ele estava ressonando. Ela, de olhos abertos, tentava coordenar as ideias.

Apesar de não acreditar em coisas do "outro mundo", não podia esquecer o que lhe dissera, certa feita, uma mulher cigana. Naquela tarde, ela passeava com uma amiga à beira-mar e encontraram um grupo de mulheres ciganas, que catavam conchinhas na areia. Uma senhora cheia de medalhas e roupas coloridas aproximou-se dela e, antes que pudesse esconder as mãos, a mulher puxou a sua mão direita e disse:

— O destino não se pode mudar, minha filha, ele já vem escrito na palma de nossas mãos. Mas tome cuidado, muito cuidado, em não entregar a sua alma nas mãos de qualquer um. Se eu pudesse mudar o seu destino, levaria você para o outro lado do mundo e tiraria do seu coração a imagem desse homem que vai te levar ao rio das lágrimas, ele vai te levar ao vale da solidão, e depois vai te abandonar a tua própria sorte. Mas, surgirá um anjo que vai te amparar... Muitas lágrimas você vai derramar, são tantas lágrimas que eu vejo, minha filha.

Camila ficou tão assustada que puxou a mão e disse para a mulher:

— Se a senhora quer pedir dinheiro peça, mas não fale tantas besteiras!

— Você não me deve nada, minha filha. Um dia você vai se lembrar do que lhe disse esta velha cigana. Que pena que nós não podemos mudar o destino das pessoas. Se eu pudesse, mudaria o seu, minha filha.

A cigana afastou-se rapidamente e desapareceu.

A amiga lhe disse que aquelas mulheres viviam pelas ruas amedrontando as pessoas, principalmente as mulheres, mas que tudo aquilo era bobagem. Que ela não desse ouvidos a nenhuma palavra. Afinal, que motivos teria Vítor para se casar com ela a não ser por amor? Ele tinha o controle dos negócios da família nas mãos, muitas mulheres viveriam aos pés dele, se ele quisesse; porém, ele queria se casar com ela.

Ainda assustada, Camila concordou.

Realmente, ele era atraente, bonito e envolvente, encantava as mulheres com o seu jeito de falar, tinha um charme todo especial. Havia conhecido Vítor por intermédio de Cândida, sua meia-irmã, que também era bonita, inteligente, rica, cortejada por muitos homens, mas que dizia sempre que casamento não estava nos seus planos de vida.

Contudo, as palavras da cigana martelavam os pensamentos de Camila: "Você vai derramar muitas lágrimas, viverá em plena solidão, até aparecer um anjo que irá ampará-la."

Ainda de olhos abertos na cama, sem conciliar o sono enquanto o marido dormia, Camila pensava na solidão em que havia se transformado sua vida. Vítor afastou todos os seus amigos, ela não recebia e nem visitava ninguém, nenhuma amiga. A única pessoa que ele tolerava era Cândida, sua meia-irmã. Cândida era altiva, decidida e não parava em lugar nenhum, vivia viajando pelos quatro cantos do mundo. Rica e bela, fazia o que bem entendia de sua vida. Ela herdou uma enorme fortuna da mãe, eram filhas do mesmo pai e de mães diferentes. Depois que a mãe de Cândida se separou do pai, casou-se com um milionário que, ao morrer, lhe deixou uma fortuna. Possuíam casas e empregados em muitos países do mundo. Cândida era herdeira de uma rede de hotéis. A empresa de Vítor tinha convênio com os hotéis de Cândida, foi assim que Camila o conheceu, em um luxuoso jantar de contratos e negócios.

A mãe de Camila era professora, o pai morreu de repente e, em menos de um ano, sua mãe também morreu dormindo, todo mundo especulava que ela havia morrido de saudades. Desde a morte do marido que ela havia se fechado, não conversava com ninguém e vivia em pleno silêncio. Até que, num raiar de um novo dia, amanheceu com as duas mãos cruzadas sobre o peito e com uma expressão de felicidade estampada no rosto.

"Cândida me ajudou muito", lembrava Camila. Apesar de não ter tido muito contato com as outras irmãs, com Cândida ela sentia uma afinidade muito grande. A irmã lhe dera um apartamento de presente e uma boa quantia de dinheiro, que foi depositada em uma aplicação financeira. Assim Camila se mantinha, até que conheceu Vítor e se casou.

Ela e sua irmã se viam pouco, pois Cândida não ficava mais de dez dias no mesmo lugar. Na última vez que se falaram, Cândida lhe prometeu que, antes de ela dar à luz, viria vê-la grávida e só voltaria quando o sobrinho tivesse nascido. Depois disso, não teve mais contato com ela.

Por onde andaria sua irmã? Um vazio tomava conta da alma de Camila, não tinha com quem conversar, sorrir ou chorar. "Será que a cigana acertou?", pensava com angústia.

Foi tão bom poder sorrir ouvindo as histórias de Leonardo! Seria ele aquele anjo que veio para ajudá-la a conquistar o amor de seu marido? A imagem da cigana lhe vinha à mente. Será que tudo o que ela havia previsto não estava acontecendo?

Devagar, se virou na cama o olhou o rosto do marido. Ele era tão bonito e charmoso. Estaria amando outra mulher? Demorou muito a dormir, acordou com um barulho vindo do quarto ao lado, olhou para a cama e viu que Vítor já havia se levantado.

Levantou-se também, foi até o banheiro, tomou uma ducha rápida, vestiu-se e arrumou-se. Ouviu barulho no *closet*, Vítor demorava muito para se arrumar, era pior que mulher para decidir o que vestir. Separava uma roupa à noite e acabava saindo com outra de manhã. Era bobagem separar roupas para ele usar no outro dia, ele mudava tudo pela manhã.

Camila desceu e verificou se a mesa do café já estava pronta. Foi quando a governanta lhe cochichou:

— Leonardo está rodando por esse jardim desde às sete horas da manhã. Parece um menino ansioso que vai para escola em seu primeiro dia de aula. Posso chamá-lo para entrar?

— Mas é claro, dona Laura! Inclusive ele pode tomar o seu café sem esperar por ninguém.

Leonardo entrou sorrindo, estava de terno e gravata, os cabelos bem arrumados. Desejou um bom dia para Camila, colocou a mão em sua barriga e, brincando, disse:

— É, priminho, um dia vai ser sua vez de ir até as empresas do seu bisavô e colocar terno, gravata e gel no cabelo. Camila, eu pareço muito bobo desse jeito? — perguntou ele rindo.

— Você está muito bem assim — elogiou ela.

— Laura, sua opinião é mais sincera: como estou? Não minta!

— Filho, você está tão bonito, seu avô teria muito orgulho de ver os dois netos vestidos desse jeito, pena ele não estar mais entre nós.

Vítor descia as escadas e ouviu a pergunta dele e a resposta de Laura. Apertou a mão do primo e deu um beijo na testa da esposa, convidando-os para sentarem-se e tomar café.

— Vejo que você já entendeu o espírito da coisa, primo — disse Vítor. — Você está sendo esperado na empresa e vestido adequadamente para impressionar. Convoquei uma reunião com todos os gerentes para apresentar o novo patrão deles. Na parte da tarde, você vai, acompanhado por um de nossos gerentes, conhecer todos os departamentos da nossa fábrica. Possivelmente voltaremos juntos para casa hoje. Camila e Laura, preparem aquele jantar! Vocês vão receber dois homens famintos!

— Por mim, tudo bem, primo — concordou Leonardo —, eu voltei para assumir as minhas responsabilidades, conto com a sua ajuda, pois não tenho nenhuma experiência.

— Fique tranquilo, você vai pegar logo o fio-da-meada, eu também tive medo quando comecei.

Vítor se despediu da esposa com um beijo no rosto, Leonardo lhe desejou um bom dia e saíram até o carro.

Uma semana havia se passado. Camila estava muito feliz, o seu marido praticamente vinha jantar todos os dias em casa, apesar de que em muitas noites ele saía logo após o jantar, mas ela não ligava, enquanto Vítor estava em casa ele a estava tratando muito bem. Vir jantar em casa já era um avanço na sua felicidade. Agora, aquela casa estava pegando o jeito de um lar! Havia uma família sentando em volta de uma mesa para jantar.

Chegou o primeiro domingo com Leonardo junto de todos. Por sugestão dele, iriam almoçar fora. Reservaram uma mesa em uma churrascaria, as coisas estavam melhorando entre Camila e Vítor, graças ao primo Leonardo. Seria essa a previsão da cigana?

Enquanto ela se arrumava, o telefone tocou em seu quarto, Vítor atendeu e aquela expressão de alegria era bem conhecida para Camila. Só poderia ser Cândida, sua irmã, era o único sorriso feliz que Vítor verdadeiramente expressava. "Se Cândida não fosse minha irmã, daria até para desconfiar se Vítor não era apaixonado por ela", pensava Camila algumas vezes em tom de brincadeira. Após alguns minutos de conversa alegre e cordial, ele passou o telefone para esposa e ficou de lado ouvindo a conversa.

— Camila, eu cheguei ontem à noite, estou louca para ver a sua barrigona! Vítor me convidou para almoçarmos juntos, eu encontro vocês por lá, estou com saudades de você, mana!

Ao desligar o telefone, Camila estava com os olhos marejados de lágrimas. Vítor se aproximou e a abraçou, coisa que nunca mais ele havia feito.

— Fique calma, a gravidez a deixou muito sensível, você se magoa por nada, eu tenho muito medo de machucá-la. Me perdoe se eu a tenho aborrecido com o meu jeito.

Camila encheu-se de felicidade, Vítor lhe pedia desculpas! Então, ele se importava com ela, aquela cigana estava enganada, ela era muito amada pelo seu marido.

Encostou a cabeça no peito dele e disse baixinho:

— Eu te amo, Vítor, só quero ficar assim com você.

Ele ergueu o seu queixo deu-lhe um beijo na testa e pediu:

— Vamos logo! Se arrume, fique bonita para encontrar sua irmã, não podemos nos atrasar.

Leonardo já esperava por eles no jardim, Vítor contou até piadas, observou Camila. Brincaram e conversaram o trajeto todo. Num ambiente privado, as mesas estavam impecavelmente arrumadas esperando por eles.

Vítor e Leonardo pediram seus drinques, Camila pediu um suco de frutas. Meia hora depois, uma linda e charmosa mulher adentrava à churrascaria, todos os olhares masculinos se voltaram para ela. O seu perfume doce ficava no ar, ela era fina e elegante. Cândida havia chegado.

Entre muita festa e alegria, Cândida abraçou Camila por longos segundos e, com emoção, alisou sua barriga e disse que estava muito feliz em ter um sobrinho.

— Nunca pensei que um dia fosse ser titia — brincou.

Pediu também um drinque, depois mais um e mais um, falava e ria ao mesmo tempo. O dia era de comemoração e reencontro.

Já passava das dezesseis horas quando deixaram a churrascaria. Cândida os acompanhou até a mansão, dispensou o motorista e orientou que ligaria para ele no outro dia. Ficaria com sua irmã aquela noite.

As duas moças ficaram trancadas no quarto do bebê olhando o enxoval e Cândida, já exigindo que saíssem para comprar o que faltava, queria do bom e do melhor para seu sobrinho.

Os dois primos foram andar pelos jardins. Vítor, batendo de leve no ombro de Leonardo, perguntou à queima-roupa:

— Primo, o que achou da minha cunhada?

— Uma belíssima mulher, sem dúvida. Daquelas de dar medo a qualquer homem. Por onde passa, chama atenção e deve deixar um peso de preocupação em quem está do seu lado. Notei que ela é bem diferente da Camila. E, pelo visto, não fica parada em nenhum lugar, não é mesmo? Segundo ela mesma me disse, cada mês fica em um país. É uma mulher e tanto.

— Pois é, Leonardo! Você é um grande administrador, poderia administrar bem os negócios da minha cunhada casando-se com ela.

Leonardo fez menção de responder, mas Vítor o interrompeu:

— Antes de você me responder qualquer coisa, ouça-me, por favor. Hoje eu tenho uma grande preocupação com essa moça, ela não tem mais ninguém a não ser nós, ela vive cercada de aproveitadores, segundo algumas fontes verdadeiras, e eu mesmo vi com os meus olhos, ela anda bebendo muito. Isso se chama carência de família. A mãe deixou uma fortuna imensa, fortuna esta que ela não está sabendo administrar sozinha. Assim como o nosso avô nos deixou uma pequena fortuna e nós administramos bem, eu me preocupo em preservar os bens de Cândida, afinal de contas ela é da nossa família. Você, primo, mataria dois coelhos com uma cajadada só. Casaria com uma linda mulher, se tornaria um milionário e nos daria uma imensa alegria, unindo nossa família, assim como fizeram nossos pais. Pense no que eu estou lhe dizendo, descubra nela outras qualidades. Além de bonita, ela é inteligente e muito sincera.

— Vítor, eu quero me casar por amor como você se casou e não por interesse. Eu e Cândida somos pessoas diferentes.

— Aí é que está! São essas diferenças que vão ajudá-los. Se vocês fossem parecidos, não daria certo. São as diferenças que nos atraem e nos aproximam um do outro. Veja eu e a Camila, somos completamente diferentes! É por isso que somos felizes, e olhe que eu me casei com a Camila sem qualquer pretensão, o fato de ser irmã de Cândida não influenciou em nada no nosso casamento. Se você casar com Cândida, a fortuna dela ficará bem guardada em nossas mãos para nossos filhos. Eu vou ser pai, começo a me preocupar com o futuro do meu filho. E, por outro lado, já me preocupo também com você. Não quero vê-lo caindo nas mãos de uma mulher qualquer e jogando fora o que os nossos pais e o nosso avô deixaram em nossas mãos. Repare no benefício que o seu casamento com Cândida traria para todos nós, especialmente para uma pessoa: a Camila. Ela adora esta irmã, e não é o fator dinheiro não, se ela fosse ambiciosa, estaria ao lado da irmã aproveitando a vida. No entanto, está aí, com esta barrigona esperando um filho meu.

— Tudo bem, Vítor, você acha que essa mulher que não para em lugar nenhum do mundo vai sequer olhar para mim? Vai se apaixonar pelos meus belos olhos verdes?

— Leonardo, será que eu preciso lhe ensinar a conquistar uma mulher? Você tem charme, elegância e uma formação respeitada. Use o seu charme e invista tudo em cima dela. Não existe mulher difícil, existem homens incapazes. Eu vou lhe dar uma mãozinha na conquista da fera, eu me dou muito bem com ela. Antes de conhecer Camila, conheci Cândida, foi nosso avô quem me apresentou a ela e, desde o nosso primeiro encontro, nos demos muito bem, naturalmente nos negócios.

— Posso lhe fazer uma pergunta, Vítor?

— Claro, pode fazer.

— Você nunca quis namorar a Cândida?

— Leo, se eu te falar que nunca quis namorar a Cândida, seria um mentiroso, e lhe digo o porquê: eu quis namorar a Cândida porque todos os homens desejavam namorar a Cândida! Mas, duvido que algum tenha tido coragem de dizer isso a ela. Principalmente os que eram empresários. Entre a assinatura dela em um contrato e uma ou duas noites de amor, vencia sempre assinatura nos contratos. Porém, eu tive uma chance do destino de me tornar seu cunhado. Isto me rende muitos créditos, se eu fosse um aproveitador viveria às custas desta posição. Quando conheci Camila em um dos jantares empresariais oferecidos a Cândida, eu nem desconfiava que as duas fossem irmãs, qual não foi o meu susto quando descobri. Houve até comentários maldosos que eu me casei com Camila apenas com segundas intenções, e isso não é verdade! Vamos nos reunir esta noite em casa, vamos ser uma família, nós estamos precisando deste clima: família. Nada de sair para jantar fora, temos tudo em casa para nos divertirmos e assim você terá a chance de conhecer, de perto, esta excêntrica boa moça. Se amanhã quiser lhe mandar flores com um cartão, eu te ajudo. Que tal escrever frases com coisas da alma, coisas do outro mundo? As mulheres adoram essas coisas de outras vidas, destinos que já estão escritos nas estrelas, almas gêmeas e assim por diante.

Os dois gargalharam, Leonardo tinha a imagem de Camila dentro dos pensamentos, realmente seria bom ter sempre Camila perto dele.

— Vou lhe comprar uns livros amanhã, livros que falam sobre isso. E você vai fazer tudo para trazer essa moça ao nosso convívio, eu quero vê-la morando em uma casa, tendo uma vida como a nossa. Olha, Leonardo, sinceramente só quero ter a minha família perto de mim.

— Vítor, eu não sei se isso pode dar certo. Também contam os nossos sentimentos, eu jamais me casaria com ela sem ter um sentimento de amor verdadeiro. Eu não vou dizer a você que ela não é atraente e bela, mas não foi amor à primeira vista, como você me disse que sentiu no momento em que conheceu Camila.

— Você deixou alguém na Suíça te esperando, Leonardo? Está apaixonado, amando alguém?

— Não, eu não tenho ninguém. Só tive minhas aventuras, como você deixou lá as suas, e olhe que as suas não foram poucas. Sabia que até hoje você é muito procurado?

Ambos caíram na risada.

— Então, não custa nada você tentar unir uma família, irmã com irmã, primos com primos, e nós dois, primos que vamos continuar juntos lutando pela nossa família.

"Nesse sentido, você tem razão", Leonardo pensava em Camila. "Ah, se Cândida fosse igual a Camila... Tudo seria realmente maravilhoso." Ele não sabia explicar o que era, mas nutria um sentimento todo especial por Camila, ela era pura, tinha uns olhos iluminados.

Antes de despedir-se do primo, Vítor combinou:

— Te espero logo mais, e trate de jogar esse charme em cima da minha cunhada, quero ser o padrinho desse casamento, custe o que custar.

CAPÍTULO V

Um plano em ação

Leonardo andava pelo jardim tentando lembrar-se da fisionomia de Cândida, mas só Camila aparecia em seus pensamentos.

— Meu primo tem razão, se eu me casar com a irmã de Camila, as duas vão ficar mais perto, nossos filhos também. Seremos mais que uma família, vamos todos ter um só sangue. Meus filhos terão o sangue de Camila...

Vítor convenceu facilmente Camila a não aceitar qualquer convite da irmã para sair à noite. Pediu que inventasse uma desculpa, que estava cansada, pois seria muito importante que a família permanecesse em casa logo mais.

Camila estava transbordando de alegria, Vítor estava amável, afetuoso, muito gentil com ela e, acima de tudo, queria ficar em casa com a família!

Foi difícil convencer Cândida para ficar em casa, ela insistia que Camila saísse com ela, pois, em breve, teria que ficar mais tempo com o bebê, se recuperando do parto e afastada das noites e jantares.

Por fim, a própria Camila mostrou a ela que, mais tarde, mesmo estando dentro de casa, não poderia dar tanta atenção para a família, teria que ficar mais tempo com o bebê.

Cândida cedeu e resolveu preparar-se para um jantar em família. E ele foi servido com todo o requinte, todos estavam animados, cada um contava suas histórias.

Leonardo contou que, certa vez, participou de um baile a fantasia e ele estava vestido de Zorro. Em pleno baile, se aproximou de uma moça fantasiada de bailarina e com uma máscara. Lá pelas duas da manhã, ambos já um tanto embriagados, ela tirou a máscara da moça e ficou estarrecido, sem fala: era a sua recatada professora de matemática! Foram só gargalhadas.

Cândida, animada, confessou que, há alguns anos, havia participado de um baile de máscaras, e continuou namorando o mascarado por mais alguns dias por correio eletrônico. Só não sabia dizer como o mascarado descobrira o seu endereço: ele mandava flores e cartões apaixonados, insistindo em vê-la pessoalmente novamente. Ela precisou ser sincera com o sujeito e lhe dizer, abertamente, que tudo não passou de uma festa, de umas mensagens e nada mais. De fato, fosse ele quem fosse, para ela nada significou. Enfim, ele a deixou em paz, o sujeito era um desses tipos que se desmancha em charme quando quer agradar uma mulher, mas com ela não deu certo.

— E você, Vítor? Nunca participou de um baile de máscaras? A Camila não vai se importar, conte para nós os seus segredos — pediu Leonardo, provocando.

Vítor, rindo, pediu para mudarem de assunto, animava a reunião, colocava música, puxava Camila para dançar bem devagar, coisa que ele não fazia há muito tempo. Puxava Cândida propositadamente e depois a entregava nos braços do primo. Com muita malícia, ele criava um clima envolvente.

A governanta ficava olhando e tentava entender o que se passava na cabeça de Vítor. Alguma coisa ele estava planejando e, depois, ela entendeu: ele queria empurrar a irmã de Camila para os braços de Leonardo. "Santo Cristo!", ela pensou, "como é que as pessoas podem inventar amor se apenas Deus é o criador dele? Nada tenho contra essa moça, mas vejo que ela é bem diferente de Camila. Tomara que eu esteja errada, o Leo não merece ser infeliz. Essa dona Cândida não é mulher para se casar com ele, ela não para em nenhum lugar."

Leonardo tomou alguns drinques a mais e se divertia com Cândida. Ela, em sua vaidade feminina, ficou deslumbrada, encantava aquele belo rapaz, ele era bonito, atraente e inexperiente, e isso a agradava.

Já passava das duas da manhã quando Vítor subiu com Camila e piscou para o primo. Alegou que precisava acompanhar a esposa e que os dois ficassem à vontade.

Leonardo e Cândida beberam além do que poderiam suportar e, horas depois, saíram abraçados e tropeçando pelo jardim. Ela acompanhava Leonardo.

Vítor gentilmente animou a esposa a deitar-se, ele sentou-se em uma poltrona e, da janela, viu o casal atravessando o jardim, abraçadinhos, se dirigindo aos aposentos do primo.

Vítor desceu, foi até o bar, tomou um drinque, pegou um charuto e acendeu, ficou na janela da sala só imaginando o que deveria estar acontecendo com os dois.

Camila dormia tranquilamente, sem desconfiar que ali, bem pertinho dela, alguém tramava algo que ela nem desconfiava o que pudesse ser. Apertando o charuto entre os dedos, Vítor falava consigo mesmo: "Pois é, bela Cândida, o seu dia está chegando. Você vai me implorar, e eu vou te lembrar o dia em que você me esnobou, me humilhou. Mas a minha vingança está mais próxima do que você imagina, bela Cândida. Quanto a você, primo, sinto muito ter de usá-lo como isca, infelizmente na vida temos que nos valer de alguns meios para alcançar nossos objetivos."

Camila, pobre menina, como era tola, acreditando que Vítor se apaixonara por ela loucamente! Como vinha sendo insuportável conviver com alguém sem amor. Ele planejara aquele encontro daquela noite que pareceu tão inocente e familiar. Na verdade, até o seu casamento fora muito bem planejado, sim, e Cândida, agora, estava caindo em sua armadilha, sem desconfiar que iria pagar um preço muito alto. Camila era apenas uma boa menina, ingênua e inconveniente, pois Vítor amava mesmo era sua irmã. E agora também a odiava, sua vingança já estava em curso.

Vítor, pensando no casal e no que eles estavam fazendo, preocupou-se com o dia seguinte: "Amanhã ela pode não querer mais olhar na cara de Leonardo e isso não pode acontecer, eu preciso fazer alguma coisa. O meu plano não pode falhar, quero Cândida perto de mim."

No outro dia, logo cedo, Vítor entrou em uma livraria e pediu para a balconista todos os bons livros espíritas que falassem de amor, de vidas passadas e de outras vidas. A balconista achou aquele pedido estranho e tentou ajudá-lo.

— O senhor já leu algum livro espírita? Tem preferência por algum autor?

— Bem, mocinha, na verdade este livro não é para mim, é presente para uma pessoa que está precisando aprender essas coisas de alma, de espíritos, entendeu? Você tem alguma coisa do gênero? — perguntou ele.

— Temos muitas opções, eu aconselho o senhor levar *O Evangelho Segundo o Espiritismo*, de Allan Kardec, e alguns livros de Chico Xavier. O senhor já ouviu falar deles?

— Não, não sei quem são esses autores, mas não importa, se você diz que os livros deles são bons, eu vou levar. Por favor, eu estou com um pouco de pressa, você nem precisa embrulhar, separe apenas, me fale quanto custa e coloque em uma sacola. É só disso que eu preciso. Ah, entre esses livros de espíritos também têm romances?

— Sim, temos vários romances! Como o senhor não conhece a Doutrina Espírita e nem os autores destas obras aqui expostas, sugiro que o senhor escolha pela simpatia da capa e o nome do livro — disse a vendedora.

— Tudo bem, as capas e os nomes destes aqui me agradaram, pode acrescentar.

— Perfeito, então aqui estão os seus livros, boa sorte e volte sempre.

A balconista ficou olhando aquele elegante senhor sair com uma sacola cheia de bons livros espíritas. Seria um bom gesto ele dar de presente para quem estava interessado em aprender, quem sabe iria mostrar ao presenteado o que, de fato, era a Doutrina Espírita.

Chegando ao trabalho, Vítor foi até a sala de Leonardo e deixou em cima da mesa a sacola com os livros, acompanhada de um bilhete: "Acho que para começar, dá para você se espiritualizar um bocado!" No rodapé do bilhete estava escrito: "Enviei flores para Cândida em seu nome, você está muito devagar, rapaz."

Mais tarde, Cândida, recebeu as flores e ficou espantada, será que eram para ela mesma? Quem poderia estar lhe mandando flores?

Quando abriu o cartão, começou a gargalhar.

— Não acredito! — disse ela para sua irmã. — O seu cunhado Leonardo me mandou flores, agradecendo pela noite que passamos juntos! Ele é um verdadeiro cavalheiro.

— Você passou a noite com Leonardo? — perguntou Camila, espantada.

— Sim, passei a noite com ele, voltei da casa dele há pouco tempo, ele foi maravilhoso comigo, e veja só! Qual é o homem, hoje, que manda flores para a mulher que ficou com ele uma noite?

— Você está gostando dele, Cândida? — quis saber a irmã.

— Eu gosto dele, mas isso não quer dizer que eu vou me casar com ele, dona Camila!

Cândida insistiu com a irmã, queria sair para irem ao shopping fazer compras, ela queria terminar de comprar tudo o que faltava para o sobrinho.

— Tudo bem, mana, eu vou ligar para o Vítor e avisá-lo que vamos sair.

Vítor achou a ideia maravilhosa e fez um convite: por volta das treze horas, iria encontrar as duas para almoçarem juntos. Camila ficou radiante, era felicidade em dose dupla, Leonardo e Cândida estavam mudando sua vida.

As duas se divertiram pelas lojas do shopping, já passava de meio-dia e meia quando o telefone tocou: era Vítor dizendo que, infelizmente, não poderia comparecer, pois havia acontecido um imprevisto, mas que Leonardo acompanharia as duas moças no almoço. Ele estava com a tarde livre para acompanhá-las, e aproveitou para aconselhar Camila a voltar para casa e descansar. Quanto a Cândida e Leonardo, poderiam aproveitar a tarde juntos e sozinhos.

Assim fizeram. Almoçaram e, em seguida, Camila pediu licença para retornar e descansar, não podia abusar, mas que ambos aproveitassem o dia. Camila obedecia fielmente todas as sugestões do marido.

A princípio, Cândida ficou em dúvida, afinal, seria melhor estar ao lado da irmã dando assistência a ela do que passear com Leonardo; mas, por outro lado, também seria interessante sair e se divertir em pouco mais com ele.

As coisas corriam como Vítor havia planejado. Agora, quase todo dia, Leonardo se encontrava com Cândida e ela, invariavelmente, dormia com ele na mansão.

Vítor já fazia mais planos, agora tudo tinha que dar certo. Zélia lhe infernizava a vida, já não suportava mais a companhia dela. Até que ele deu um jeito de transferi-la para a fábrica, retirando-a do escritório, e jogou a culpa no primo, dizendo que estava sendo pressionado por ele para tomar essa decisão.

CAPÍTULO VI

Nasce um sentimento

Dias depois, Vítor observou que os livros que ele havia comprado ainda estavam no mesmo lugar na mesa de Leonardo.

— Leo, você nem abriu a sacola?

— Para você ver, primo, os drinques, os abraços, os beijos, e sem contar com as flores que você manda todos os dias em meu nome, tem dado tão certo, que nem me lembrei de apelar para as almas do outro mundo. Você quer saber como vão os avanços do meu romance com sua cunhada? Pois estamos tendo um caso, ela é maluca de pai e mãe, mas tudo bem. Estou me divertindo com ela.

— Maluca como? — perguntou Vítor interessado.

— Não leva nada a sério, diz que quer viver e aproveitar cada momento de sua vida ao meu lado, mas, quando o sobrinho nascer, ela vai embora.

— Isso é o que nós vamos ver, até lá você deve domar essa fera, se vire, faça tudo o que outros homens ainda não fizeram com ela. Este é o caminho pelo qual você vai levá-la ao altar.

— Vítor, às vezes eu fico assustado com algumas de suas atitudes. Concordo com você que será muito bom unir nossas famílias, mas não a ponto de cometermos loucuras. Eu estou começando a gostar de Cândida, gostaria que ela também ficasse comigo por amor, mas não por conveniência.

— Tolice minha, é uma forma bruta de falar, tudo o que eu quero é que vocês se entendam e que possamos ficar juntos numa mesma família. Sabe, Leo, quando nossos pais morreram você ainda era bem pequeno, eu estava entrando numa fase boa de minha vida, mas nunca me recuperei psicologicamente de ficar sem família. Vovô fez de tudo para nos amparar e nos preparar para a vida, mas, no fundo, tanto eu quanto você, somos carentes de família, de pai e mãe.

— Vítor, daqui a pouco sua família vai aumentar e você está se queixando? Você tem uma esposa maravilhosa. Eu estou mesmo é interessado em trabalhar. E, caso não aconteça nada entre eu e Cândida, não quero vê-lo aborrecido, fica combinado assim?

— Eu sinceramente não vou ficar feliz, mas saberei entender se nada der certo, desde que você tenha se esforçado ao máximo e eu ver que sua luta foi, de fato, para valer.

— Vítor, eu posso te fazer uma pergunta?

— Todas.

— É só pensando na família que você quer tanto me ver casado com Cândida?

— Leo, que outro motivo eu teria? Veja bem o que eu vou lhe dizer: eu me apaixonei por Camila, por isso me casei com ela. E, se você quer saber, sempre tive muitas mulheres a minha volta, porém Camila me prendeu, com o seu jeito doce e sereno. Eu amo a minha esposa, não me casei por outros interesses, e vejo o quanto ela sofre por viver longe da única irmã, além de saber da vida desregrada que ela leva. Camila nunca teve dinheiro, as duas irmãs são filhas de mães diferentes, eu já te contei essa história, mas vou repetir mais uma vez para você entender. O pai delas não tinha onde cair morto, a mãe de Cândida é que se casou com um milionário e se deu bem, Camila estudou e se manteve antes de se casar comigo às custas da irmã. Assim que nos casamos, fiz questão de dispensar a ajuda dela. Camila tem um bom apartamento alugado e uma certa quantia aplicada, que não permito que ela tire um tostão. Será que você ainda acha que eu tenho interesse em trazer Cândida para a família só pelo dinheiro?

— Desculpe-me, Vítor, eu errei feio com você, vejo que as minhas desconfianças são absurdas. Desculpe-me, tenho muitas coisas para aprender com você.

— Quer saber, Leonardo? Não vou mais bancar o seu cupido, se forem se casar me convide! Espero e torço que isto aconteça, pelos nossos filhos. Ah, eu vou pegar estes livros, já que você não está lendo mesmo, e vou levar para a Camila, ela gosta dessas coisas de almas e de espíritos.

— Pode levar, talvez ela goste e acredite, eu ainda não posso dizer que sou espiritualista, mas, quem sabe um dia... Nunca sabemos o dia de amanhã.

Vítor pegou a sacola com os livros e pediu ao motorista que levasse até o carro, não queria aquilo na sua sala, pois poderia chamar atenção de outras pessoas.

Mal ele sentou-se em sua cadeira, o telefone tocou. Era Zélia, cobrava a presença dele, ela estava transtornada, o ameaçou dizendo que iria procurar Camila e contar tudo. Estava desconfiada de que ele a estivesse trocando por outra mulher, e que, se fosse isso, iria fazer da vida dele um inferno!

Ele desculpou-se como pôde, acertou um encontro com ela naquela tarde. Após desligar o telefone, ficou encostado na cadeira pensando em um jeito de livrar-se definitivamente dela. Vinham mantendo aquele romance há dois anos, não sabia onde estava com a cabeça quando reatou com ela.

De repente, olhou a foto que estava em cima de sua mesa e teve uma ideia.

— Sim! É isso! Vou mandar Zélia fazer uma viagem para fora do Brasil. Ela vai fazer uma viagem de lua-de-mel comigo. Aí estará a minha grande chance de livrar-me dela!

Apertou um botão e sua secretária apareceu:

— O senhor me chamou?

— Anita, por favor, localize urgente o capitão Edward, quero falar com ele o mais rápido possível.

— Pois não, senhor, vou localizá-lo.

Depois de uns cinco minutos, a secretária avisava que o capitão estava na linha.

— Edward, qual é a próxima partida de qualquer um dos nossos navios cargueiros para o Oriente?

— Por sorte, nestes próximos quinze dias temos um navio partindo, estamos apenas aguardando os documentos de praxe.

— Ótimo, amanhã logo cedo você esteja aqui para falar comigo.

— Sim senhor, estarei aí.

Encostado em sua cadeira, Vítor suspirou aliviado. "Sinto muito, Zélia, mas você irá fazer uma viagem de trabalho e nunca mais voltará. Devo arrumar tudo com muito jeito, ela deve acreditar que está despistando os curiosos, que eu vou ao seu encontro logo depois que o meu filho nascer", arquitetava maquiavelicamente o empresário.

Assim, naquela tarde, ele, falsamente, caiu nos braços de Zélia, quase chorando, e comunicou que já havia tomado uma decisão: ficaria ao lado dela para sempre! Ninguém iria desconfiar, ele não suportava mais a convivência em casa e nem com o primo, confessou ter uma quantia suficiente fora do país, era o bastante para serem felizes.

Zélia ficou radiante, o seu sonho estava prestes a ser realizado, ficar ao lado do homem amado e longe dos obstáculos que os separavam. Tudo estava a caminho de ser consumado...

*

Enquanto isso, Cândida e Leonardo se viam todos dias e algo diferente tocava o coração da moça. Ele era amigo, companheiro e não vivia lhe cobrando nada. Cândida passou até a considerar que, se realmente fosse casar, ele seria o marido ideal.

Leonardo muitas vezes se pegou rindo e vendo em Cândida a própria Camila. Logo desviava o pensamento, ela era a esposa do seu primo, ele não podia ter esses sentimentos, talvez fosse a gravidez dela que tivesse mexido com ele, era algo diferente, ele nunca tinha estado tão perto de uma mulher grávida.

Camila se sentia cansada, porém estava mais tranquila a respeito do seu casamento, e via com bons olhos o romance entre o cunhado e a irmã. Só tinha um receio: as reações de Cândida, pois ela nunca se prendia a ninguém e, a qualquer momento, poderia simplesmente ir embora e deixar Leo sozinho. Esse temperamento da irmã a deixava insegura.

Uma noite, chovia forte e relâmpagos cortavam o céu. Camila andava de um lado para o outro, Vítor dormia tranquilo. Ela começou a sentir as contrações, que foram se tornando mais fortes. O dia clareava quando a bolsa do líquido amniótico rebentou em pleno chão da cozinha.

Dona Laura, a velha governanta, estava de plantão nos últimos dias e, vendo aquilo, agitou-se sem demora:

— Vou chamar todos imediatamente, chegou a sua hora, filha, e você fique quieta. Temos que sair correndo ou esse nenê nascerá dentro do carro!

A mala de Camila já estava arrumada e todos saíram às pressas.

Tudo acabou correndo bem e, antes das nove horas da manhã, um belo menino estava sendo recebido nos braços do médico, que o apresentou à mãe, dizendo que ela havia ganho um lindo e perfeito presente de Deus.

Camila chorou emocionada, tocou no rosto do filho e sentiu vontade de abraçar o marido e dizer: "Olhe, Vítor, que lindo é o nosso filho!"

Cândida, debruçada na cabeceira da cama de sua irmã, chorava de emoção, não sabia explicar o porquê, mas o nascimento de Pedro lhe trouxe muita sensibilidade.

Leo olhava para a cunhada e ela lhe parecia mais bela do que nunca. Sentiu um aperto no coração, como seria bom se aquele filho fosse seu.

Vítor corria de um lado para o outro. Justo naquela manhã, Zélia estava embarcando, ele prometera que a levaria até o porto, agora estava ali naquele momento todo complicado. Tentou explicar para Zélia por telefone, mas a moça ameaçou não embarcar sem a presença dele.

Vítor pediu ao capitão que atrasasse o embarque. Ele chamou Leonardo e implorou:

— Eu sei que hoje é um dia mais do que especial para todos nós, porém eu preciso me ausentar, só voltarei à noite, quero pedir que fique com Camila, peça também a Cândida para lhe fazer companhia.

— Vítor, por que você não fica com sua esposa e seu filho hoje e me deixa ir a esta reunião? Não acredita em minha capacidade profissional? Você não deve ausentar-se dos dois neste momento.

— Leo, infelizmente esta reunião não é de negócios e sim, um dos meus casos que ficou mal terminado. Eu marquei de levar a moça até o navio para embarcá-la e por um fim em tudo isso. Por isso, peço a sua ajuda e compreensão.

— Tudo bem, Vítor, eu fico, só não sei o que vou dizer para sua esposa.

— Camila é compreensiva, você dirá a ela que precisei me ausentar por algumas horas, mas que você e Cândida ficarão com ela até a minha volta.

Com os olhos marejados de lágrimas, Camila assentiu com a cabeça, ouvindo a explicação do marido sobre a necessidade de ficar fora algumas horas.

Vítor saiu voando. Cândida chamou Leonardo até a lanchonete para tomarem um café e, ainda no corredor, ela explodiu:

— Eu acho esse meu cunhado um tanto folgado como marido! Onde já se viu? A mulher acabou de dar à luz e ele já se afasta? Por que você não foi no lugar dele? Eu não sou tola como a minha irmã, tenho certeza de que tem mulher envolvida nessa história. Eu notei que Camila não é feliz, ele é bruto, estúpido e a trata com frieza, está tentando mostrar para mim e para você que é um bom marido, mas eu tenho certeza de que ele faz minha irmã muito infeliz.

— Cândida, você não está se precipitando em seu julgamento? Ao que me parece, Vítor tinha mil mulheres aos pés dele, por que iria escolher Camila como esposa? Ele me confessou que a ama muito.

— Sim, isso é verdade. Só não consigo entender o porquê de ele ter escolhido a Camila para se casar, já que ele poderia ter escolhido uma outra qualquer para isso.

Passadas algumas horas, Vítor chegou e acompanhou Zélia até o porto, jurou e prometeu que logo mais estaria indo ao seu encontro. Mal sabia ela que sua passagem era apenas de ida, sem volta.

Já passava das oito da noite quando Vítor retornou ao hospital. Cândida fulminou um olhar de desagrado e disse ao cunhado:

— Acho que você deveria ir até sua casa tomar um banho e trocar de roupa. Nós esperaremos por você aqui, não é mesmo, Leonardo?

Camila ficou feliz em ver o marido e, ingenuamente, perguntou:

— Pelo menos deu certo o que você ia fazer, amor?

— Sim, deu certo. Hoje é o meu dia de sorte.

— Então faça como Cândida sugeriu, vá até em casa, tome um banho, troque de roupa e venha depois, eu estou bem e o nosso filho também.

Ele ia saindo quando Camila o chamou.

— Vítor, por favor, você pode trazer aqueles livros que você me deu e eu não tive tempo de olhar?

— Você quer todos?

— Se você não se importar de trazer, eu quero ver todos e escolher o que vou ler.

— Que livros são esses, Camila? — perguntou Cândida, curiosa.

— São livros espíritas, uma vez li alguma coisa a respeito e achei muito interessante.

Assim Vítor fez. Foi em casa e, na volta, trouxe a sacola com os livros. Cândida decidiu passar a noite com a irmã, Leonardo e Vítor também. Eles saíram para a lanchonete, Cândida abriu *O Livro dos Médiuns* e Camila pegou *O Evangelho Segundo o Espiritismo*, ambos de Allan Kardec. Um silêncio se fez presente, cada uma delas absorvia o que estava escrito nas obras.

Quando os dois voltaram, Cândida pediu para Camila:

— Posso ficar com esse para continuar lendo?

— Claro! Leia este aí, eu esse aqui, depois temos o que discutir. Eu estou adorando o que li, parece que esse livro é o outro lado de cada um de nós.

— Interessante, Camila, eu pensei a mesma coisa lendo este livro aqui.

Os dois primos se entreolharam. Será que esses livros, de fato, mexiam com a cabeça das mulheres?

— Leo — chamou Cândida —, vou descansar um pouco no apartamento ao lado, quando desejar relaxar um pouco, pode ir, vou deixar a porta só encostada.

Sentados na sala da recepção do hospital, os dois primos conversavam.

Leonardo perguntou:

— Resolveu a sua situação com a moça, primo?

— Nem me fale! Graças a Deus, ela entendeu e partiu da minha vida sem grandes problemas. Eu tive um caso com essa moça antes de casar, ela estava fora do país. Quando retornou, ficou insistindo comigo, queria me ver, eu fui tolo, caí na armadilha dela, minha vida tem sido um inferno.

— Pois é, primo, você tem uma esposa que sinceramente não merece ser magoada por nada, e agora ela o presenteou com um filho. Faça o possível para não cair em novas armadilhas. Vamos colocar um ponto final nessa história.

— Você tem razão, Leo, quero viver para minha família agora. Mas, falando em nossa família, vejo que você está fazendo milagres com Cândida, eu a ouvi dando uma satisfação a você. Pensei que não tinha escutado direito, mas afinei bem o ouvido e ouvi bem quando ela disse: "Vou deixar a porta só encostada..."

— Sinceramente, Vítor? Eu acho que estou começando a gostar de Cândida, e, no fundo, ela não é aquela moça desequilibrada como pensávamos. Ela tem os pés no chão, uma visão boa diante dos problemas do cotidiano. Eu estou descobrindo nela uma grande amiga e companheira, e estou retribuindo da mesma forma, com muita sinceridade.

— Fico emocionado em ouvir você falar isso da minha cunhada. Já vejo crianças correndo por estes jardins como nós fazíamos, lembra-se? Quero ver muitos primos dividindo esta casa conosco, duas irmãs e dois primos irmãos, esta é nossa família.

— Vítor, eu não disse que vou me casar com Cândida, e, se isso vier a acontecer, também não posso lhe dizer que vamos morar aqui. Por enquanto, isso fica apenas no sonho.

— Tudo bem, Leonardo, eu tenho o direito de sonhar, mas quem sabe se o meu sonho não vira realidade?

— O assunto está bom, mas amanhã cedo eu vou para empresa e você fique com sua esposa e seu filho, vou dormir um pouco.

Leonardo se despediu com estas palavras.

Vítor entrou no apartamento, deitou-se bem devagar em sua cama. Camila dormia tranquila, enquanto o marido a observava e pensava: "Sinto tanto, Camila, ter de machucar você. Eu sei que você me ama e, se eu pudesse amar outra pessoa, acho que amaria você. Vou cuidar bem do nosso filho, isso eu posso garantir. Farei pelo nosso filho aquilo que não consigo fazer por nós dois. Me desculpe."

Assim adormeceu, envolto em seus pensamentos.

CAPÍTULO VII

Artimanhas do destino

Os negócios iam bem, Vítor respirava aliviado, Zélia estava longe e ele nem por sonho pensava em cumprir o que prometeu. A esta altura da vida, ela já tinha caído em si, ela era ambiciosa, o dinheiro que ele transferiu em seu nome iria consolá-la.

Cândida e Camila leram todos os livros e discutiam entre si o que entenderam e o que não haviam entendido.

Dois meses haviam se passado, os amigos e conhecidos de Cândida estavam com medo de que ela estivesse doente. Nunca havia parado tanto tempo em um lugar só. Contudo, estava cada dia mais ao lado de Leonardo, os dois se tornaram inseparáveis.

De surpresa, Leo a pediu em casamento. Ela relutou bastante em dar uma resposta, pediu uns dias para pensar. Por fim, após um breve balanço de sua existência, respondeu que já vinha refletindo muito sobre o que era a vida e descobriu que estava errando em tudo o que vinha fazendo. Não tinha certeza se casar seria o melhor caminho para começar um novo destino, mas gostava dele. Se isso bastasse, ela aceitava o seu pedido.

Leonardo, erguendo o queixo dela, a olhou dentro dos olhos e falou em tom romântico:

— Gostar não é o bastante, mas já é o suficiente para começarmos uma história de amor. Vamos marcar o nosso casamento e ter nossos filhos?

Cândida, com ar apaixonado, brincou:

— Nosso casamento nós podemos marcar agora, quanto a ter nossos filhos, vamos esperar ao menos nos casarmos.

Eles anunciaram o noivado. Camila não se continha de alegria, era felicidade demais. Em volta de toda essa alegria, surgiu a imagem daquela cigana, lhe dizendo: "Serás abandonada a tua própria sorte..." Ela fez uma oração e logo ficou mais tranquila. Como estava aprendendo coisas maravilhosas com aqueles livros espíritas!

Vítor fez questão de organizar uma festa para anunciar à sociedade o grande acontecimento envolvendo a bela e rica Cândida com o seu primo Leonardo.

Os preparativos para o casamento estavam sendo programados pela família. Cândida precisava viajar a fim de resolver alguns negócios pendentes e depois retornar para o grande evento.

Vítor insistiu com os dois para morarem na mansão. Cândida, porém, achou melhor que eles adquirissem uma outra mansão que estava à venda ali nas proximidades. Afinal, para que servia o dinheiro?

Seis meses se passaram, Camila já nem sentia tanto a ausência do marido, tinha o seu filho para amar e lhe fazer companhia. Vítor, como sempre, vivia ausente de casa.

Leonardo olhava para mãe e filho brincando no jardim e sentia um aperto no coração. Ele amava Camila, não era simplesmente um desejo físico, era um amor puro e verdadeiro. Cada vez que olhava para ela, era como se algo lhe pedisse para protegê-la.

O tempo correu célere...

Chegara o grande dia do casamento de Cândida com Leonardo. Vítor e Camila eram os padrinhos. Tudo estava maravilhoso, foi uma linda festa e o casal parecia muito feliz.

A família continuou unida, apesar de que, muitas e muitas vezes, Leonardo desabafou com Cândida sobre o comportamento do primo. Vítor, segundo Leo achava, deveria guardar alguns segredos que, com certeza, lhe comprometiam a conduta. Cândida, por sua vez, também lamentava a infelicidade de sua irmã. Vítor vivia rodeado de mulheres e vivia metido em aventuras amorosas. Mas, enfim, somente Camila poderia tomar uma posição quanto a isso. Era um problema do casal.

A empresa crescia graças ao empenho dos sócios. Os negócios de Cândida foram incorporados ao controle do marido. O moderno avião comprado pela empresa dos primos estava pronto para decolar. Eles iam passar uma semana na fazenda, as duas irmãs não se continham de alegria.

Cândida comentou com Camila que teve um sonho muito estranho, elas duas estavam em um lugar muito escuro e que não havia saída. De repente, se separaram e ela ouvia os gritos de Camila, sem nada poder fazer.

Enquanto lutava para sair daquele lugar escuro, ouviu uma gargalhada e alguém falando: "Jamais vocês poderão sair daqui..." Ela acordou assustada, Leonardo lhe disse que fora apenas um pesadelo, mas Cândida sentia que algo parecia ter ficado gravado em sua mente.

Camila sentiu um arrepio percorrer o corpo e comentou que sonhos eram apenas sonhos. De qualquer forma, quis fazer uma oração, como ensinava *O Evangelho Segundo o Espiritismo*.

No outro dia, Cândida já nem se lembrava mais daquele sonho. Com ajuda de uma de suas empregadas, arrumava as malas, brincava com a moça dizendo-lhe que não sabia o que iria vestir na fazenda, pois só possuía roupas de festa.

Camila, por sua vez, arrumava sua bagagem e, olhando para o pequeno Pedro, sentiu uma angústia que lhe apertava o coração. Largou as malas e abraçou-se ao filho. Sem saber o porquê daquele sentimento repentino, começou a chorar.

A governanta então lhe perguntou, sem saber o que acontecia com ela:

— O que foi, dona Camila? A senhora não quer ir? Parece triste.

— Não é que eu não queira ir, Laura, mas, de repente, me deu uma aflição! Só de pensar em ficar sem o meu filho, eu fico assim nesse estado.

— Mas a senhora vai levar seu filho. Deus me livre, nada de ruim vai acontecer ao Pedrinho.

— Laura, por que a senhora não vem conosco? — perguntou Camila com os olhos cheios de lágrimas. Ela se sentia protegida e segura com a presença da bondosa governanta.

— Minha filha, eu vou ficar cuidando de sua casa, vocês vão ficar bem. Dona Cândida e Leo vão estar juntos de vocês, eu fico bem tranquila com a presença deles.

Enquanto dobrava as roupas de Pedro, a governanta mudou de assunto:

— Sabe, dona Camila, eu confesso que tive muito medo quando percebi que o Leo estava se envolvendo com a dona Cândida. Ela era uma moça que não parava dentro de casa, rica e cheia de mimos. Aí eu pensei: "Pobre Leo, vai sofrer muito nas mãos dela." E me enganei. Graças a Deus! Dona Cândida é ouro em pó, Leo teve muita sorte, assim como Vítor teve em casar com você, minha filha.

— A sua preocupação não foi errada, Laura. Cândida, de fato, não tinha uma casa, a casa dela era um avião e um quarto de hotel. Graças a Deus Leonardo apareceu e mudou a vida dela, ele só trouxe felicidade para nós. Minha irmã é uma pessoa feliz e foi o Leo quem a ajudou a enxergar tudo isso.

A babá veio buscar Pedro para tomar banho e as duas mulheres continuaram arrumando as malas.

— Dona Camila, fique tranquila, vai dar tudo certo na sua viagem — tentou animá-la dona Laura.

À noite, Leonardo e Cândida vieram jantar na casa de Vítor. Ele abriu uma garrafa de vinho francês e fez um brinde à família. Na sala de música, ele abriu uma pasta e pediu para Cândida assinar alguns papéis que precisava deixar no escritório para serem tomadas algumas providências. Ele queria viajar e ficar aquela semana só aproveitando a vida em família. Estendeu o documento, pediu que ela o lesse e, se estivesse de acordo, assinasse.

— Eu nem vou ler, se você diz que é para assinar, deixe-me assinar logo — confiou Cândida.

Voltando-se para Leonardo, Vítor sorriu e brincou:

— Essa sua mulher é louca. Ela poderia estar assinando sua própria sentença de morte. Nem leu o que assinou.

— Você seria um homem morto se tentasse fazer alguma coisa contra ela, sabendo que mato e morro por ela. E sei que ela assinou confiando em mim, não em você — emendou Leonardo.

— Eu não tenho nenhuma dúvida de que seria trucidado — completou Vítor. — Vou levar esses documentos ao escritório e voltar para tomarmos mais uma garrafa de vinho.

Eles embarcaram tranquilos, como haviam programado. Aguardavam muitos amigos em comum para uma grande festa que pretendiam dar no fim de semana na fazenda.

Os campos de pouso estavam sendo vistoriados e preparados para receber os aviões dos visitantes.

Desembarcaram com segurança e Camila ficou encantada com a fazenda, que espetáculo olhando lá de cima!

Vítor propôs a todos que fizessem pequenos passeios em volta da fazenda e que, mais tarde, fossem de barco até as fronteiras da propriedade. Assim, enquanto passeavam, faria uma vistoria em suas terras. Mandou que os barcos fossem preparados. Nesse momento, Camila sentiu um aperto no coração, não queria se separar do filho. Vítor ficou aborrecido:

— Camila, se não quer dividir conosco os momentos de alegria, por que não ficou em casa?

Ela pediu desculpas. Afinal, era só um passeio e, no fim da tarde, estariam de volta. Pedro não iria sentir sua falta.

Tudo pronto para o passeio e Camila apertou Pedro nos braços, disfarçou as lágrimas que teimavam em cair dos seus olhos. Leonardo percebeu e também sentiu uma angústia. Camila era linda, dócil e meiga, Vítor não lhe dava a devida importância que ela merecia.

Camila beijou o filho e sentiu um aperto tão forte no coração, que sua vontade era de gritar: "Eu não quero ir nesse passeio! Quero ficar com o meu filho! Eu vou entrar nesse barco e não vou voltar mais!"

Sua vontade era correr de volta para casa, mas ela sabia que não podia fazer isso, Vítor jamais iria perdoá-la. Ao pisar na rampa para subir no barco, olhou para trás, confusa: "Meu Deus! Por que estou assim? Tenho a impressão de que não vou mais voltar!"

Vítor achou a mulher estranha:

— O que foi Camila? Está preocupada com alguma coisa?

— Não, querido, está tudo bem. É que eu não tenho costume de andar em barco e fiquei com medo de enjoar.

— Não se preocupe, você vai adorar este passeio. — E puxando-a para perto dele, sussurrou baixinho no ouvido dela: — Este vai ser o melhor passeio de sua vida.

Vítor mandou que um outro barco fosse na frente, assim eles já iriam montando uma tenda na ilha e começariam a preparar o churrasco para a família.

Vítor era detalhista em tudo o que fazia, reconheceu Leonardo: "Ele pensa em tudo, eu sinceramente não sou tão organizado como ele."

Na frente dos empregados da fazenda e da família, ele traçou todos os percursos dos dois barcos, sugeriu toda a logística da vistoria da propriedade pelas margens do rio, olhou e verificou se tudo estava de fato em ordem. Após passarem pela curva do rio que se estreitava para saírem em frente da ilha, as duas embarcações se encontrariam e seguiriam juntos para o local do churrasco.

Vítor ia sentado à frente do seu barco, estava excitado e, rindo, disse para Camila:

— Hoje é um grande dia para nós! Estou pensando que, quando estivermos bem no meio do rio, você poderia mergulhar em águas profundas, porém limpas e saudáveis. Que tal?

— Vítor, por favor! Eu não gosto muito de mergulhar, você sabe. Posso até tomar banho na ilha, mas mergulhar no meio do rio, nem pensar!

— Camila, minha doce Camila, como a vida poderia ter sido melhor com você — retrucou em voz alta o marido.

— Não entendi, Vítor. O que você falou?

— Que você poderia ter se casado com alguém melhor do que eu! Que você merecia alguém que lhe fizesse totalmente feliz! Que você é uma menina de ouro e não merecia um sujeito como eu em sua vida!

— Vítor, você me faz feliz. Eu não queria outra pessoa em minha vida, eu te amo do jeito que você é.

Camila teve a impressão de ver uma lágrima na face do marido. Ou seria uma gota de água? Ela nunca havia visto Vítor chorar, nem mesmo quando Pedro nasceu. Imagine se ele iria chorar por ela!

Os dois barcos seguiam, mantendo certa distância, de um para o outro. Perto da curva do rio, ficaram lado a lado, Cândida mandava beijos para a irmã, Leonardo olhava Camila à distância e não sabia explicar o porquê, mas a vontade era de ir até aquele barco e retirar Camila para junto deles.

Quando os barcos se distanciaram novamente um do outro, Vítor lembrou a Camila que não haviam pegado coletes salva-vidas. Mas que ela não se preocupasse com isso, eles eram apenas prevenção. Não havia perigo algum, os barcos eram seguros e o rio estava calmo.

Camila sentiu medo e, de repente, notou no olhar do marido algo estranho, ele parecia triste. Ela se sentiu sozinha, a imagem do filho vinha em sua mente. Queria falar alguma coisa com Vítor, algo para espantar aquela sensação, mas falar o quê?

Vítor, diminuindo a velocidade do barco, chamou Camila para perto dele. Obedecendo ao impulso do seu coração, ela se aproximou. Ele passou a mão nos seus cabelos, alisou o seu rosto e, em tom de tristeza, perguntou com um ar de desolação:

— Camila, você me ama?

— Muito, Vítor, você é minha vida — respondeu ela com a cabeça encostada no peito dele.

— Posso lhe fazer um pedido?

— Você pode me fazer todos os pedidos que quiser, meu amor.

— Nunca me odeie. Existem coisas na vida que nós não programamos, mas acabamos fazendo, quando percebemos, já aconteceu, e é tarde para se voltar atrás, não existem mais saídas.

— Vítor, você está me assustando com essa conversa, não estou entendendo. — Na mesma hora, a imagem da cigana veio à mente de Camila com aquela frase sinistra: "Ele vai te abandonar à tua própria sorte."

— Diga que me perdoa, vou me sentir bem melhor — pediu ele.

— Eu nada tenho para perdoar, mas, se houver algo que eu ainda precise te perdoar, pode ter certeza que, desde já, está perdoado. Se eu te amo e não te perdoar, então que amor é esse?

Ele abraçou-a e Camila viu uma lágrima escorrendo pelo rosto dele. Assustou-se com esta cena.

— Vítor, pelo amor de Deus, o que está acontecendo? Nunca te vi assim!

— Não há nada que você possa fazer, Camila, infelizmente tem que ser assim.

— Mas o que está acontecendo? Se você não confiar em mim, vai confiar em quem, Vítor? Abra o seu coração, seja o que for, vou procurar entender e ajudar.

— Só diga que me perdoa — respondeu ele secando os olhos. — A partir de hoje, nossas vidas irão mudar, Camila, pode acreditar e, por favor, não me faça mais perguntas.

— Está bem, se você não quer falar, eu vou respeitar o seu silêncio. Quando você achar que deve se abrir, estarei pronta para ouvir.

— Eu não sei te explicar, de repente me deu um sentimento diferente no coração. Acho que esse lugar inspira tanta paz e tranquilidade que me deixou sensível. Deve ser isso. Mas agora, vamos mudar de assunto. Vamos aproveitar essa beleza toda.

E o marido começou a falar sobre as exuberâncias do lugar e a mostrar a formosura do rio para ela. Vítor ia lhe indicando os pontos principais que ligavam a fazenda ao rio.

De fato, tudo era muito belo, muitos pássaros voavam enfeitando a paisagem, flores silvestres e muitas orquídeas se agarravam às árvores nas margens do rio.

Duas horas depois, os dois barcos aportavam na ilha, a tenda estava montada e a fumaça do churrasco já subia ao céu. Foi um alívio para Camila quando desceu em terra firme. Cândida estava eufórica, queria aproveitar o máximo possível de tudo o que podia.

Os homens conversavam sobre o que viram nas margens do rio que faziam divisa com a propriedade. As mulheres se preparavam para tomar banho na ilha, antes do almoço. O lugar era calmo, sereno, a água verde cintilante formava um lindo espetáculo oferecido pela natureza.

Enquanto as irmãs se banhavam, Camila segredou para Cândida que Vítor havia lhe dito tantas palavras de afeto e amor, que ela estava querendo se beliscar até agora para ver se, de fato, tudo aquilo era verdade. Mas estava acontecendo alguma coisa séria com ele, pois ela nunca havia visto o marido chorar, e Vítor estava chorando enquanto falava com ela.

Cândida ficou feliz e não deu muita importância ao que a irmã disse. Comentou apenas para aproveitar esses dias na fazenda e tentar se aproximar mais dele. Alertou que ela também era culpada por ser tão submissa e não participar da vida social dele. Deveria mudar um pouco, sair mais na companhia dele, ir aos jantares de negócios ou eventos.

Camila se perguntava o que poderia estar acontecendo com Vítor. Ele estava triste, muito triste, ela ia tentar ajudá-lo, reconhecia que também havia falhado com ele. Ela havia se apegado tanto ao seu filho que quase não participava mais da vida dele.

As irmãs falaram da beleza das ribanceiras do rio e da quantidade de flores e pássaros que viram no caminho que passaram. No meio da conversa, Camila lembrou a Cândida que eles saíram sem os coletes salva-vidas.

— Meu Deus! Como somos irresponsáveis — reforçou a irmã. — Ninguém lembrou desse detalhe, é falta de prática, somos, de fato, marinheiros de primeira viagem. Mas fique tranquila, estamos em barcos seguros e nossos maridos sabem o que estão fazendo, não vão querer nos matar.

Já passava das dezesseis horas quando Vítor deu a instrução aos trabalhadores para arrumarem tudo a fim de deixarem a ilha antes do escurecer.

As irmãs, alegres, antes de entrarem nos seus barcos que as levariam de volta, trocaram um beijo, os primos apertaram as mãos desejando boa viagem um ao outro e os empregados ajudaram a soltar os barcos. Antes da partida, Vítor sentiu outra sensação estranha e gritou:

— Leonardo, quer trocar de barco comigo? Leva o meu e eu levo o teu.

— Nada disso — respondeu o primo —, eu já me entrosei com este aqui, leva o teu que eu levo o meu!

— Tudo bem. Foi apenas uma proposta, de repente você queria experimentar o barco azul.

— Ei, primo? Está me estranhando? Eu lá sou de melindres por causa de azul? Gosto do vermelho também.

Motores ligados, os dois barcos estavam prontos para partir. Vítor recomendou:

— Leo, vá devagar não precisa correr, vamos subir com tranquilidade, não temos pressa.

— Tudo bem, papai, vou lhe acompanhar direitinho.

Todos riram e as embarcações zarparam. Leo seguia na frente, Vítor conservava uma boa distância entre os barcos, ele olhava para Camila como se estivesse com pena dela, mas não sabia explicar o porquê. Sentia algo estranho lhe apertando o coração.

Uma hora depois de terem deixado a ilha, Leonardo encostou o barco e Cândida insistiu para Camila vir com eles, elas precisavam discutir um assunto sobre a festa na fazenda.

Camila olhou para Vítor e questionou, em dúvida:

— Posso ir com eles?

Antes que ele desse qualquer resposta, Leonardo gritou:

— Nós a devolvemos para você na curva do rio. Deixe Camila vir um pouco conosco.

Vítor olhou para Camila e disse que ela podia ir, mas a fez prometer que, antes de chegarem na curva do rio, ela voltaria para o seu barco.

Voltaram a viajar e o clima estava um pouco tenso nas embarcações, sem ninguém saber direito o motivo. Depois de apenas quinze minutos de viagem, ouviu-se uma grande explosão: era o barco em que estavam Cândida, Leonardo e Camila. Vítor acelerou o quanto pode, chegou bem próximo do barco, que pegava fogo. Atônito, mal podia ver com clareza a cena de horror à sua frente.

Correndo de um lado para outro em seu barco, Vítor pode perceber uma movimentação nas águas e viu os cabelos de Camila afundando no rio. Ele mergulhou instintivamente e desesperado, tentando achar o corpo da esposa. Buscava divisá-la em meio às águas já um pouco escuras pelo cair da tarde, mas não via mais o corpo de Camila.

Ainda na água e no meio da fumaça, fogo e pedaços de madeira, Vítor lutava desesperadamente à procura dos três. Viu Cândida, toda ensanguentada, desacordada e com muitas queimaduras pelo corpo. Ele conseguiu arrastar Cândida para seu barco e olhava para a água na esperança de ver os outros.

Vítor conseguiu ver Leonardo sangrando muito. Leo estendia a mão para Vítor lhe pedindo socorro, que imediatamente mergulhou ao seu encontro, mas as águas foram mais rápidas e Leonardo afundou, desaparecendo na correnteza.

Vítor voltou para seu barco e ficou estático, olhando o movimento do rio. Onde estava Camila? Onde estava Leo? Que tragédia se abatia naquele instante com toda aquela família!

Um lenço de Camila boiava perto do barco, ele assustou-se. Foi então que viu novamente os cabelos de Camila flutuando na água, ele tentou mais uma vez alcançá-la, mergulhava e subia, mas, desta vez, a correnteza a levara definitivamente

Deus, o que fazer numa hora dessas?

Voltou desorientado para o seu barco, Cândida sangrava muito, tinha queimaduras por todo o corpo. Três barcos vinham descendo o rio, a todo vapor, os barqueiros ouviram a explosão e vinham prestar socorro.

Desesperado, Vítor mostrou a moça desmaiada com parte do corpo queimado e sangrando. Os outros dois ele não conseguira resgatar. Ele gritava entre lágrimas.

Um dos barqueiros pulou imediatamente para dentro do barco dele e tomou conta da direção. Pediu que ele ficasse com Cândida até chegarem ao hospital mais próximo, os outros barqueiros fariam a busca dos demais desaparecidos. "Que desgraça!", lamentava o barqueiro falando sozinho.

Quando chegaram ao hospital, enquanto Cândida era atendida na emergência, Vítor tomou um calmante e repousou algumas horas. Gritava por Camila, chamava por Leonardo, queria saber se haviam sido encontrados. Onde estariam eles?

No fim da tarde, muitos amigos, jornalistas e curiosos cercavam o hospital. O delegado local veio falar com Vítor, disse que compreendia o seu estado, mas era necessário ouvir o seu depoimento.

Já tinha ouvido algumas testemunhas, mas precisava ouvi-lo antes de dar qualquer esclarecimento à imprensa. Aproveitava para informá-lo que toda a equipe de resgate trabalhava a fim de encontrar sinais dos dois desaparecidos.

Com as duas mãos na cabeça, Vítor começou a soluçar, dizendo ao delegado que não sabia o que, na verdade, havia acontecido. Aquele barco havia passado por uma revisão há pouco tempo.

— Eu estou sabendo que o senhor tentou trocar o barco com o seu primo. Por que queria fazer isso? — perguntou o delegado.

— Senhor, não me pergunte por que fiz aquilo, mas senti vontade de trocar, infelizmente ele não aceitou.

— Infelizmente não! Felizmente o senhor não trocou, ou não estaria aqui falando comigo agora.

— Não posso acreditar que vou perder duas pessoas que são parte da minha vida. Meu único primo/irmão e minha esposa. Temos um filho tão pequeno, que lembranças ele poderá guardar da mãe? Eu e meu primo passamos por isso, delegado, nossos pais morreram em um acidente, eu tinha doze anos e Leonardo apenas sete. Nós ainda guardamos algumas lembranças de nossos pais. Mas, e meu filho? Vai guardar o que de sua mãe?

A enfermeira veio aplicar mais um sedativo. O médico pediu ao delegado que deixasse Vítor descansar um pouco.

Cândida havia recobrado os sentidos e começou a gritar pelo marido. O médico foi obrigado a aplicar-lhe um sedativo para que se acalmasse. Ela estava com queimaduras por todo corpo.

A notícia se espalhou. O corpo de Leonardo foi encontrado, mas o de Camila, não. As buscas continuavam sem sucesso, era o que noticiavam os jornais.

Vítor deixou cabelos e barba por fazer, parecia ter envelhecido vinte anos. Pagava somas absurdas como recompensa, queria o corpo de Camila a qualquer preço, não poderia ter paz sem saber o que aconteceu com ela.

O empresário dava entrevistas lamentosas, dizia que perdeu o seu primo/irmão e sua esposa, pessoas que eram pedaços de sua vida.

Cândida se recuperava, Vítor não a deixava sozinha, chorava e dizia que precisava muito dela. Como iria cuidar do seu filho, como iria sobreviver sem Camila e sem Leonardo?

Dois meses mais tarde, as buscas pelo corpo de Camila foram suspensas. Nada mais poderia ser feito. Ela desapareceu nas águas sem deixar rastros. A desolação tomou conta de todos.

CAPÍTULO VIII

É preciso continuar vivendo...

Cândida recebeu alta e Vítor pediu que ela ficasse perto do sobrinho, assim ele não iria sofrer tanto com a ausência da mãe. Ela não quis ficar na casa onde vivia com Leonardo, então Vítor insistiu que ela ficasse na mansão da família, pois aquela casa também pertencia a ela.

A governanta e o jardineiro ainda choravam as duas mortes, não se conformavam. Dona Laura resolveu, então, buscar ajuda num centro espírita do qual sempre tivera boas referências, queria ouvir algo que lhe abrandasse o coração. Lá tomou passes, que foram sedativos para sua alma. Ela queria ouvir alguma orientação sobre Camila, o seu corpo não tivera a oportunidade de um enterro digno e justo como ela merecia, uma criatura angelical.

O dirigente da instituição, experiente, a acalmou com carinho:

— Filha, não podemos ser precipitados em nossos julgamentos, deixe aos cuidados de Deus essa tarefa. Ele é o semeador, nenhuma de Suas sementes se perdem no caminho. E nada acontece nesta vida sem a permissão do Pai.

Aos poucos, a rotina foi retomada para Cândida e ela se perguntava: "E agora? O que vou fazer da minha vida?"

Não poderia abandonar o sobrinho, o pequeno estava muito apegado a ela. Mas, por outro lado, não queria continuar vivendo ali, embaixo do mesmo teto, com o cunhado.

Vítor, agora viúvo, não saía de casa, como fazia quando era casado com Camila. Dona Laura observou esse detalhe. Entristecido, com ar de cansado, seu estado causava pena. A governanta e o marido Lourival ficavam olhando Vítor de longe, e choravam pela situação. Ele amava Camila, do seu jeito, mas amava, dizia dona Laura.

Cândida resolveu dar um novo rumo a sua vida, criou coragem e procurou Vítor para uma conversa. Tinha uma proposta a fazer: ficaria com o menino, ele seria seu filho e herdeiro, ela faria tudo o que pudesse por ele, e faria isso por amor ao garoto e à irmã. Vítor ouviu Cândida em silêncio. Quando ela terminou de falar, ele levantou-se, estava pálido, tremia um pouco os lábios. Segurando os seus ombros, ele disse:

— Cândida, você não vai a lugar nenhum, o seu lugar é aqui nesta casa, você vai cuidar do seu sobrinho, sim, mas aqui! Nós precisamos muito de você.

— Vítor! — gritou Cândida, puxando as mãos dele. — O que você sofreu eu também sofri! Perdi minha irmã e meu marido. Mas a vida continua para todos nós, eu vou embora, vou cuidar de minha vida, e você procure cuidar da sua, precisamos fazer isso, Vítor! Refaça sua vida, case-se novamente! Apenas me deixe levar o pequeno Pedro. Você poderá vê-lo quando quiser, eu prometo!

— Cândida, você não entendeu! Você não vai deixar esta casa e eu dei a você tempo suficiente para se recuperar. Esperei exatamente por este momento, e agora vamos sentar e conversar.

— Tudo bem, Vítor, vamos sentar e conversar. Antes de qualquer coisa, quero que você saiba que vou estar sempre do seu lado, mas, por favor, entenda: eu preciso partir.

— Cândida, você não poderá deixar esta casa, sua vida agora é aqui. Eu não vou te causar nenhum mal porque acredito que vida já causou muito sofrimento.

— Você pode ser mais claro comigo, Vítor?

— Sim, vou ser. Eu tenho comigo provas de que você premeditou aquele acidente que matou sua irmã e seu marido! O porquê você fez isso, eu não sei, mas você fez!

— Vítor! Você enlouqueceu? Que besteira é essa que você está me falando? — gritou Cândida pondo-se de pé.

— Eu tenho uma gravação, na noite anterior da nossa viagem. Você inventou sonhos para impressionar Camila, ela estava com medo de tudo. Depois que você começou a ler aqueles livros espíritas, começou a aplicar os agouros da morte sobre ela. Eu tenho tudo gravado. Durante o nosso jantar, um dia antes da morte deles, você disse para o Leo que ia esconder os coletes salva-vidas porque sabia nadar muito bem, mas Leonardo não, e que, se ele se afogasse, você não iria ajudá-lo. Se ficasse viúva, iria voltar a viajar pelo mundo afora novamente! Falou ou não falou?

— Vítor, pelo amor de Deus! Você está fora de si! Nós estávamos brincando, você e Camila também participavam das brincadeiras. Nós esquecemos os coletes salva-vidas, a irresponsabilidade foi de todos nós, inclusive sua. Ninguém escondeu os coletes.

— Eu não mostrei para a polícia, mas eu encontrei um facão dentro do barco. O que fazia aquele facão ali?

— Foi Leonardo quem pediu que eu o levasse para cortarmos o mato ou algo assim. Afinal, estávamos indo para o meio do mato, não é? Vítor, você está me acusando de matar meu marido?

— O seu marido e a minha mulher! — confirmou ele.

— Vítor pelo amor de Deus, venha até aqui, sente-se e vamos conversar. Você não pode estar falando sério comigo. Está fora do seu juízo perfeito. Brincávamos todos juntos, e essa coisa de gravar conversas, era você e Leo que gostavam de gravar tudo. Você não se dá conta do que eu sofri e continuo sofrendo, Vítor? Como pode me acusar de tantas maldades? Não vou ficar com raiva de você, sei que está revoltado com a vida. E depois, Camila me disse que você estava tão amoroso e gentil com ela no barco, sei que estava tentando corrigir os seus erros. E justamente quando ela acreditava que poderia ser feliz, se foi. Naquele dia, Leonardo me contou, no caminho de nossa viagem, que viu Camila chorando ao deixar Pedro nos braços da babá. Hoje eu posso afirmar: ela sentiu em seu coração que algo iria acontecer...

Cândida não se conteve e, com as duas mãos sobre o rosto, chorava. E tentou ponderar com o cunhado:

— Vítor, nós precisamos fazer alguma coisa, estamos tristes e perdidos dentro de nós. Por que você também não faz uma viagem? Deixe os seus gerentes cuidando da empresa, saia do país, vá conhecer gente nova. Quando você retornar, vai se sentir melhor.

Fez-se um silêncio na sala, que estava sombreada pelas luzes fracas do abajur. Vítor foi até o bar, preparou dois uísques, ofereceu um a Cândida e sentou-se a sua frente.

— Você já disse tudo, Cândida?

— Creio que sim, eu pretendo viajar o mais rápido possível, só preciso de sua autorização para que eu possa levar o Pedro comigo.

— Você terminou, Cândida? — insistiu ele.

— Sim, terminei.

— Pois bem, me ouça com muita atenção. Eu não sei o motivo que levou o meu primo a fazer isso, apenas presumo que, diante da desgraça acontecida, ele já desconfiava de suas intenções. O fato é que você deu procurações ao Leo para fazer e desfazer tudo o que ele julgasse necessário. Meu primo registrou em meu nome tudo o que lhe pertencia, ou seja, você não tem mais nada. Todos os seus bens estão em meu nome. E foi você quem assinou tudo! Desconfio que meu primo temia o que você premeditou.

Ela empalideceu.

— Você não pode estar falando sério, Vítor!

— Sim, estou! Quer dar uma olhada nos documentos?

Pegou um relatório com tudo o que estava sob o seu controle.

— Veja, a sua conta bancária ainda não estourou porque eu a tenho coberto. Mas, a partir de hoje, seus cartões de crédito serão cortados e suas contas bancárias serão controladas por mim. Aqui é a sua casa, você não tem para onde ir e, se não acreditar em mim, procure informar-se. Não precisa ficar com medo de passar fome, enquanto estiver nesta casa cuidando do meu filho, terá o que for preciso. Mas lembre-se: você é minha hóspede e está sendo vigiada. Preciso me acalmar para ver se te entrego ou não à polícia. Vá para o seu quarto e nem pense em arrumar as malas. Ah, outra coisa importante que ia me esquecendo: a partir de amanhã, quando precisar de um carro, fale comigo, o seu também está em meu poder.

Saiu da sala deixando Cândida perplexa. Vítor estaria louco? Levantou-se trêmula, dirigiu-se ao seu quarto ainda meio zonza com aquela conversa. Procurou acalmar-se para ordenar os pensamentos: "Amanhã mesmo vou me informar com o meu advogado e verificar os meus saldos bancários." No dia seguinte, não acreditou: não havia mais um centavo em todas as suas contas.

Ligou para o seu motorista e ele lhe respondeu:

— Infelizmente, dona Cândida, só com ordem do doutor Vítor é que poderei atendê-la.

— Desde quando você recebeu esta ordem, Arnaldo? — perguntou ela, irritada.

— Não posso dar detalhes para a senhora, me perdoe, mas o meu patrão agora é o doutor Vítor, é somente com ele que eu me entendo. Até logo, senhora — e desligou o telefone.

— Meu Deus! — suspirou ela sentada na cama. — O que é que está acontecendo? Vou ligar de novo para o meu advogado, ele precisa tomar providências imediatas. Em meu sofrimento, me recolhi do mundo e, agora, parece que estou tendo um pesadelo.

Aguardou alguns segundos e ouviu do outro lado da linha a voz do seu advogado.

— Alô, Cândida, como está você?

— Vamos caminhando, doutor Jorge, mas eu acho que estou tendo um pesadelo, vou ser breve e relatar para o senhor o que está acontecendo.

Quando terminou de falar, ouviu a tosse nervosa do advogado e, em seguida, ele analisou:

— A senhora deu plenos poderes ao seu marido, e este ao primo, que agora tem plenos poderes sobre os seus negócios. Inclusive transferiu os saldos de suas contas bancárias, foi o que aconteceu. Eu continuo cuidando de todos os negócios que lhe pertencem, só que agora mudou o dono.

Ela desceu as escadas correndo, foi à procura do cunhado. A porta do escritório estava fechada, ela bateu fortemente e não obteve resposta.

Uma das criadas avisou que o doutor Vítor havia saído.

Cândida voltou ao quarto correndo e pegou sua bolsa. Tinha que saber o que estava acontecendo. No portão de saída, foi barrada por dois seguranças:

— Temos ordem de não deixá-la sair sem a autorização do nosso patrão. Por favor, volte. Assim evitaremos muitos aborrecimentos, para nós e para senhora.

Sem ter o que argumentar, sentou-se em um dos bancos do jardim, o sol brilhava na imensidão e os grilos cantavam pelo gramado.

Cândida lembrou-se de sua infância, quando seus pais se separaram, e ela encolheu-se num cantinho de sua humilde casa, vendo o pai sair só com uma mala na mão.

Interrompendo seus pensamentos, uma criada veio correndo chamando por ela:

— Dona Cândida, dona Cândida! A babá do Pedro está chamando a senhora e quer que vá ver o menino imediatamente, ele está muito mal!

Cândida, saiu correndo.

— Meu Deus, o que está acontecendo com o meu sobrinho?

Pedro andava com uma febre constante, o médico havia feito alguns exames e dissera que se tratava ser uma virose. Quando ela entrou no quarto, o pequeno se debatia na cama. A babá amparava o menino.

— Dona Cândida, por favor, me ajude! Já chamei o médico e avisei o pai, não sei o que ele tem! Meu pobre menino! — chorava a babá tentando acalmar o garoto.

— Ele está ardendo em febre! Desde quando está assim?

— Desde a manhã. Dei os remedinhos dele que o médico receitou, dei banho morno e nada da febre baixar, dona Cândida.

O médico chegou para alívio de todos. Examinou o garoto e recomendou que ele fosse levado ao hospital imediatamente.

— O que pode ser isso, doutor? — questionava Cândida, aflita.

— Não posso adiantar nada sem fazer os exames de laboratório. A senhora pode nos acompanhar?

— Claro, eu não vou deixar meu sobrinho sozinho.

Nesse instante, entrava Vítor, estava pálido. Vendo a maca que transportava o filho, perguntou ao médico o que estava acontecendo.

— Precisamos transportar o menino para o hospital, doutor Vítor. O caso dele exige cuidados especiais. Apliquei uma injeção, para acalmá-lo, mas precisamos fazer todos os exames.

Cândida virou-se para Vítor e sentenciou, resoluta:

— Vou com Pedro!

— Eu também vou ficar ao lado do meu filho — emendou o pai.

No hospital, o menino foi levado à sala de emergência para os primeiros exames.

Cândida chorava em silêncio. O que estava acontecendo com sua vida? Ela, que sempre fora tão dona de si, estava ali, sem forças para reagir às chantagens do cunhado. Agora, para complicar mais a situação, seu sobrinho estava doente. O que iria fazer de sua vida? Olhava pela janela e viu alguns pacientes em cadeiras de rodas. Pensou consigo mesma: "Estou me sentindo assim, prisioneira de minhas próprias ações."

Vítor chegou perto dela e convidou-a para tomar um café. Antes de responder se aceitava ou não, ele pegou-a pelo braço em direção à lanchonete. Cândida andou em silêncio, sentaram-se calados, ele pediu duas vitaminas de fruta para ambos.

— Você deve se alimentar direito, não quero vê-la doente. Apesar de tudo o que você me fez passar, não vou deixar que lhe falte nada.

Passando a mão pelos cabelos, em gesto de desespero, Cândida retomou o assunto que ficara pendente entre ambos:

— Vítor, pelo amor de Deus, tudo o que você me disse é uma loucura, por que está fazendo isso comigo? Você é o único herdeiro das empresas do seu avô, não precisa arrebatar tudo aquilo que me pertence! O seu filho será o meu herdeiro, por favor, me deixe ir embora com Pedro, refaça sua vida, você tem dinheiro e é jovem.

— Eu estou refazendo a minha vida. Uma das providências é tê-la comigo, cuidando da minha casa e do meu filho, já que ele ficou sem mãe e por sua culpa. Daqui por diante, você viverá dos meus favores. Você não é mais aquela mulher livre e independente, minha querida, e deve portar-se muito bem para merecer a minha hospitalidade. Não tente complicar ainda mais a sua situação. Eu lhe dou toda a liberdade para fazer os levantamentos sobre os seus bens para você ter certeza de que não estou brincando. Acredite: minha casa é melhor que qualquer presídio.

A garçonete colocou os copos na mesa e Cândida fez menção de levantar-se. Vítor apertou seu braço fortemente e disse-lhe baixinho:

— Tome sua vitamina, não me obrigue a ser grosseiro com você.

Cândida tremia de raiva, engoliu a vitamina entre lágrimas, sem sentir cheiro e nem sabor.

Retornaram à sala de espera. Cândida estava arrasada, Vítor folheava uma revista, não olhava para ela e nem lhe dirigiu mais nenhuma palavra.

Horas depois, o médico apareceu na sala, estava sério. Cândida sentiu um aperto no coração, ficou pálida e, pela expressão do médico, o caso era grave, pensou ela.

— Bem, doutor Vítor e dona Cândida, não podemos afirmar ainda com precisão, mas suspeitamos, pelos exames, que seja uma infecção grave das meninges. Os senhores sabem o que quer dizer isso, não? — perguntou o médico.

Cândida, não aceitando o que acabara de ouvir, solicitou:

— O senhor pode me explicar melhor em que isso pode prejudicar o Pedro?

— Tenha calma, senhora, por enquanto só temos suspeitas, mas é bom que a família esteja preparada.

Ela sentou-se no sofá, sentiu a vista escurecer e desmaiou nos braços de Vítor, que a amparou em tempo.

O menino foi isolado em um quarto e o tratamento prosseguia. Foi confirmado que Pedro estava com meningite.

Cândida andava de um lado para outro dentro do hospital. Não sabia o que fazer diante daquela situação, e jamais iria abandonar o sobrinho nas mãos de um louco como Vítor. Ela estudava e tentava praticar diariamente o Evangelho, orava por Pedro e por todos os doentes daquele hospital. Uma tarde, quando terminou de fazer a leitura do Evangelho, encostou-se no sofá, adormeceu e logo se desprendeu de seu corpo físico. Percebeu-se caminhando tranquilamente por um jardim muito bonito, foi encontrando muitas pessoas alegres e saudáveis. Parou em frente de uma fonte de águas azuis e brilhantes, estava encantada com a paisagem. Enquanto admirava a água que se movimentava em círculos, alguém a chamou de lado, ela virou-se: era Leonardo.

— Leonardo, quantas saudades, meu amor! — disse Cândida abraçando o marido.

— Que bom que você pode vir até aqui, Cândida. Estou muito feliz com sua visita, o Evangelho está lhe permitindo essas viagens espirituais tão importantes para nós. Sente-se aqui, minha querida — disse Leonardo apontando um banco próximo à fonte. Tomando suas mãos, ele prosseguiu, carinhoso: — Você precisa ser forte, minha querida, aceite os desígnios de Deus com humildade e paciência. Vítor precisa muito de você, só você pode ajudá-lo a retornar ao caminho da luz. Eu vou estar do seu lado, jamais irei abandoná-la. Cuide bem de Pedro, ele também precisa muito de você, já que a mãe vai demorar um pouco para encontrá-lo.

— Camila morreu, Leonardo! Ela jamais voltará. Esqueceu que ela estava conosco?

— Não, não esqueci. Ninguém morre, Cândida. Veja, eu estou aqui com você, existimos aqui e em qualquer outro lugar.

— Leonardo, o corpo de Camila nunca foi encontrado, ela, que era um anjo, não teve o direito de ser enterrada com dignidade.

— Ore por ela, não fique lamentando o seu corpo — ponderou Leonardo, com ternura.

— Leo, nós fomos enganados. Vítor usou as procurações que você confiou nas mãos dele e transferiu todos os meus bens para o nome dele. Ele me acusa de ter matado você e Camila.

— Cândida, obedeça o chamado de Deus, volte e vá cuidar de todos, especialmente de Pedro, que vai precisar muito de você.

Ela acordou assustada e com os sentimentos confusos. Que sonho havia tido? Tudo lhe pareceu tão real! Ficou parada e pode lembrar, com clareza, de cada detalhe. Era a primeira vez que sonhava com Leonardo.

"Por que será que ele me pediu para rezar por Camila? Será que ela estava sofrendo? Só pode ser isso, ela sofre por causa do filho", pensou Cândida.

CAPÍTULO IX

Mudanças

Pedro ficou quase dois meses no hospital. Os médicos chamaram Vítor e Cândida e recomendaram que o tratamento continuasse. Pedro enfrentaria uma série de dificuldades, ainda era cedo para dar um diagnóstico preciso, porém, era certo que ele necessitaria de muitos cuidados.

Cândida olhou para Pedro, magrinho e pálido, o menino se esforçava para viver. Ali mesmo no hospital, ela fez um juramento: não sairia do lado dele em hipótese alguma, e lembrava-se do sonho com Leonardo, que lhe pedia para cuidar do garoto sempre.

Vítor olhava desolado para Pedro. Ninguém poderia adivinhar o que ele sentia ou o que se passava na cabeça daquele pai diante da situação do filho.

Na mansão, um quarto foi montado com toda a aparelhagem necessária para o tratamento de Pedro. Duas enfermeiras se revezavam, o médico passava diariamente para avaliar o menino.

Cândida disse para Vítor que renunciaria a todos os seus direitos e que, a partir daquele momento, iria dedicar sua vida totalmente a Pedro, mas exigiria dele, como pai, tudo o que fosse necessário para o tratamento e conforto do menino.

Ele concordou, respondeu que dinheiro não era problema e que Pedro teria tudo o que fosse preciso. E que ficava muito satisfeito com a decisão dela.

Laura, que já vira de tudo por ali, agora vivia chorando pelos cantos da casa. Pensava consigo mesma: "Que infortúnio era aquele? Morrem Leonardo e Camila e agora Pedrinho fica nessa situação? E dona Cândida? Uma moça fina, fidalga e rica, de repente enclausurou-se naquela vida. Parece que todos morreram. O que acontece, meu Deus?"

Um parque com brinquedos que fora montado, tempos atrás, no meio do jardim para Pedrinho brincar, agora estava abandonado. A casa não tinha mais vida nem alegria. Laura conversou muito com o marido, talvez fosse melhor eles irem embora. Mas não tinham coragem de sair e deixar Cândida sozinha cuidando do menino, eles tinham um compromisso com a mãe dele, pobre Camila, tão jovem, tão bonita e quanta doçura...

Pedro se recuperava aos poucos e voltava a sorrir. Cândida passava os dias ao lado dele, brincava e fazia tudo para diverti-lo. Chorava de emoção quando ele fazia algo novo. Ela teria toda a paciência do mundo com ele. Daria sua vida, se fosse preciso.

Uma tarde, Cândida recebeu um telefonema de Vítor que lhe deixou intrigada: ele colocava a sua disposição um carro com motorista e um cartão de crédito, e pediu que ela procurasse cuidar um pouco mais de si mesma. Precisava cuidar da saúde, que fosse também ao cabeleireiro, comprasse roupas e sapatos, tudo o que sempre gostou de fazer.

— Por que está fazendo isso, Vítor? — perguntou ela, ainda sem entender.

— Ora, eu não sou nenhum monstro e reconheço o que você está fazendo pelo meu filho, está acima de qualquer prova de amor.

Ela agradeceu e disse que, no momento, não iria precisar do motorista. Quem sabe num futuro próximo, quando Pedro pudesse acompanhá-la em algum passeio. Mas agora, não sairia de perto dele.

Vítor passou a chegar cedo em casa e pediu a Cândida que o acompanhasse no jantar, eles precisavam criar este hábito para que Pedro pudesse sentir que tinha uma família novamente.

Após o jantar, Vítor acompanhava Cândida no quarto do filho e ficavam brincando com o garoto, que ouvia as histórias e batia palma com todas as brincadeiras que Cândida fazia. Pedro efetivamente estava muito apegado a ela.

Uma noite, enquanto ela o ajeitava para dormir, ele chamou-a de mamãe. Cândida o abraçou chorando de alegria e de emoção, e Vítor abraçou os dois em silêncio. Depois se afastou, atravessou a sala chorando, passando pela governanta, que ficou assustada. Nunca tinha visto Vítor chorar, e agora ele estava com os olhos cheios de lágrimas. Laura saiu correndo até o quarto de Pedrinho. Ao entrar lá, viu Pedrinho de pé se segurando na cama, rindo e chamando Cândida de mamãe.

— Dona Laura! Veja que lindo, meu sobrinho está falando e está caminhando! — abraçou-se à governanta que também chorava de alegria.

Balançando a cabeça afirmativamente, Laura falou em voz alta:

— Agora eu sei por que Vítor estava chorando, coisa que eu nunca vi.

— Vítor? Chorando? A senhora disse que ele estava chorando? — quis confirmar Cândida.

— Sim, estava. Nem quando ele era menino eu vi o Vítor chorar. Foi por isso que eu me assustei, dona Cândida. Achei que tivesse acontecido alguma coisa de ruim com o Pedrinho.

A governanta foi até a janela e chamou Cândida.

— Veja, ele está sentado no jardim de cabeça baixa. Eu sei que ele não foi a melhor pessoa do mundo com a senhora, mas tenho notado que, ultimamente, ele tem tentado recompensá-la de alguma forma. Agora é um bom momento, dona Cândida, para a senhora se aproximar dele. Tudo o que ele precisa agora é ser tocado na consciência. Ele precisa lhe devolver o que é seu.

Cândida lembrou-se do sonho que teve no hospital com Leonardo lhe pedindo que ajudasse Vítor, que ele precisava muito dela...

— Fique com Pedrinho, eu volto logo, dona Laura.

Assim que ela saiu, Laura foi perto do menino e, brincando com ele, disse:

— Filho, agora eu acho que você vai ter mamãe e papai. Deus podia ouvir minhas preces, filho, e esses dois bem que podiam se unir e se casar. Seu pai sempre foi apaixonado por ela. Ele pensa que ninguém sabe, mas eu sempre soube. E o seu tio Leo, sempre foi apaixonado por sua mãe Camila, eles também podem se unir onde estiverem. São almas que se perderam, meu filho, fazem bobagem e depois os inocentes como você é que pagam pelos erros deles. Nossa, acho que estou falando muitas bobagens! Vamos brincar, Pedrinho?

Cândida foi até o jardim e aproximou-se de Vítor. Ele levantou os olhos, se olharam e ficaram em silêncio por um tempo. Ela percebeu que ele estava com os olhos muito vermelhos de tanto chorar. Ela sentou-se ao lado dele e confidenciou a ele:

— Vítor, quando Pedrinho estava no hospital, eu sonhei com Leonardo. Ele me pediu para cuidar de você e de Pedro.

— Foi só isso o que ele disse? Não falou nada sobre o corpo de Camila?

— Não, não me disse. Você está assim por causa de Pedro?

— Também — respondeu ele de cabeça baixa, tristonho.

— Você está com algum problema, Vítor? Quer desabafar?

— Carrego um saco de problemas, estou ficando cansado, não sei te explicar o porquê, mas ando sem ânimo para nada. Quer saber, Cândida? Daria tudo para ter Camila e Leonardo de volta, aqui, mas, infelizmente, as coisas não acontecem do jeito como queremos. Não podemos voltar a história do passado para o presente. A verdade é que nunca amei Camila, jamais deveria ter feito o que fiz com ela. Casei-me com ela para me vingar de você. Apenas isso.

— O que está me dizendo? — assustou-se Cândida.

— Deixe-me falar, por favor, apenas ouça-me — pediu ele. — Lembra-se daquele baile de máscaras? Aquele que comentamos em nossa reunião familiar? Pois bem! Eu era o seu namorado mascarado. Passamos alguns dias juntos, lembra-se? Trocamos mensagens. Depois, você não quis mais encontrar o mascarado, que estava disposto a mostrar o rosto para você. Eu estava loucamente apaixonado, e você me desprezou, me humilhou diante de todos. Eu jurei que, um dia, iria me vingar de você, e Camila foi o meu alvo. Casei-me com ela para ter você perto de mim. Fiz de tudo para aproximar você do Leo. Inventei mil histórias para ele sobre você. Mas uma coisa eu posso te afirmar: ele só se casou com você porque, de fato, gostou de você. Leo sempre foi muito melhor do que eu em tudo. Ele era bonito, inteligente, simpático e sabia agradar a todo mundo. Enquanto estive casado com Camila, eu tinha uma amante. No dia em que Pedro nasceu, eu pessoalmente ajudei-a a embarcar numa viagem de navio, me livrei dela dizendo-lhe que, logo após resolver as coisas por aqui, estaria indo ao seu encontro no exterior. Na verdade, ela foi com uma passagem de ida e alguém levando uma proposta para convencê-la a continuar por lá. Hoje, refletindo em tudo o que fiz, acho que nada valeu a pena: machuquei as pessoas e me machuquei também.

Cândida estava em choque com as revelações.

— Vítor, aquelas festas todas eram divertimentos, eu jamais desconfiei que você pudesse estar por trás daquela máscara. E você não tinha o direito de fazer minha irmã sofrer, ela o amava tanto. Como pode? Eu sempre desconfiei que você a fazia infeliz, mas ela nunca me contou nada. Também não desconfiei que você tivesse preparado tudo para que eu e Leo caíssemos em sua armadilha, você nos traiu!

— Eu errei, com vocês, sim, mas Leonardo te amou! Ele não casou com você por interesse, casou-se gostando de você.

— E inconformado com tudo isso, tirou tudo o que era meu! — retrucou Cândida. — Será que o que você fez com a vida da Camila, com a minha vida, a do Leo e agora a do Pedro não foi o bastante? Quis me humilhar a ponto de me fazer te pedir esmolas?

— Eu sei que não será fácil você me perdoar, mas eu já me sinto tranquilo em ter contado a verdade para você. Se um dia puder me perdoar, por favor, me perdoe. Mas Cândida, eu te peço em nome de Deus, me fale a verdade: você premeditou a morte de Camila e de Leonardo? Não vou entregá-la para polícia, mas, por favor, fale a verdade...

Ela se levantou inconformada, e ele a puxou pela mão.

— Cândida, o meu amor por você não morreu, eu te amo, fiz tudo para arrancar este sentimento de dentro de mim, mas, infelizmente, ele só aumentou. Amanhã mesmo vou procurar o meu advogado, vou encarregá-lo de transferir de volta para o seu nome tudo o que lhe pertence. Se você ainda quiser ir embora, eu vou entender, mas eu gostaria que você ficasse conosco, nós te amamos e precisamos de você, eu e o Pedro.

Cândida permanecia revoltada. Meia zonza com tantas informações novas, tentou se acalmar para finalizar sua conversa com Vítor:

— Como você foi sincero comigo, vou ser sincera com você: não matei meu marido e não matei minha irmã! Daria minha vida para tê-los de volta! Acredite se quiser, eu jamais faria mal àqueles dois que tanto amei.

Cândida levantou-se e saiu quase correndo. No quarto, abriu *O Evangelho Segundo o Espiritismo* e pediu, em oração, a ajuda da espiritualidade para que a inspirasse quanto ao melhor caminho a tomar.

Acabou de fazer o Evangelho e estava meditando um pouco, quando ouviu batidas à porta: era dona Laura, avisando que Pedrinho brincou tanto que não aguentou e dormiu, que ela ficasse sossegada, a enfermeira estava lá de plantão.

No jantar, reinava o silêncio. Nem Cândida e nem Vítor comiam nada, os empregados se entreolhavam: o que estaria acontecendo?

Laura, com sua experiência de vida, arriscou-se a fazer um comentário com o marido de que alguma coisa estranha estava acontecendo entre Cândida e Vítor.

— O que é isso, mulher? Aqueles dois se odeiam — desacreditou Lourival.

— Você nunca imaginou que pode ser o contrário? Eu nunca tive dúvidas sobre o amor de Vítor por ela. E agora, desconfio que ela também possa estar gostando dele. Mas vamos ficar surdos, cegos e mudos neste caso, eles são brancos e vão acabar se entendendo. Pensando bem, seria bom que isso acontecesse, especialmente para Pedrinho, que precisa receber o amor de um pai e de uma mãe.

— Mulher, pare de pensar e de falar demais! — brigou Lourival, não gostando do rumo dessa história.

*

Uma semana já havia se passado e Cândida apenas respondia aos cumprimentos de Vítor, sem maior conversa. Jantavam em silêncio e iam para o quarto de Pedro, que brincava e se divertia com a presença dos dois.

Cândida estava acompanhando Pedrinho no banho de sol. A empregada trouxe-lhe o telefone. Era o seu advogado para comunicá-la que ela precisaria assinar uma papelada que já estava em seu poder. Ela agradeceu e desligou. Vítor cumpriu o que havia prometido. Que estranha era a vida... Cândida ficou pensando nos dias que passou se divertindo com o rapaz de máscara. Ela nunca poderia suspeitar que fosse Vítor.

No final da tarde, o advogado apareceu e lhe trouxe toda documentação. Pediu que ela conferisse tudo pessoalmente, e se colocou a sua disposição para qualquer dúvida.

Vítor havia falado que ela poderia partir, se assim desejasse, mas sem Pedrinho ela não iria a lugar nenhum. Andava pelo jardim, olhando os últimos raios do sol, os pássaros sobrevoavam de um lado para o outro, buscavam abrigo para mais uma noite e à espera de um novo dia. Será que Cândida também deveria partir para um novo amanhã? Ou sua vida seria ali dentro daquela casa? Ela estava cheia de dúvida.

Assustou-se ouvindo um boa-noite. Era Vítor.

— Cândida, o advogado lhe trouxe a documentação? Está tudo em ordem?

— Acredito que sim, Vítor. Eu te agradeço.

— Como Pedrinho passou o dia?

— Ah, hoje ele brincou bastante no jardim. A cada dia que passa, ele reage cada vez melhor, graças a Deus. Está andando e falando muitas palavras. Dona Laura fica o dia todo tagarelando, e ele repetindo. Hoje ele passou o dia chamando papai...

— Cândida, vamos até o quarto do Pedro, ficaremos um pouco com ele e, depois, eu gostaria de te levar para jantar fora, hoje é o meu aniversário.

Ela ficou sem graça, esticou a mão e desejou felicidades para ele.

— Acho que o pessoal da casa esqueceu que é o seu aniversário, por isso não prepararam nada — disse ela sem jeito.

— Tudo bem, não precisa desculpar-se. Mas estou esperando uma resposta sua. Vamos sair para jantar?

— Tudo bem, Vítor, hoje é o seu aniversário, acho que você merece que alguém represente a família.

— Esse é o melhor presente que eu poderia receber, você dizendo que é da família. Eu me sinto amparado por você, tenho uma família. Além de Pedro, tenho você. Vou avisar na cozinha para não servirem o jantar, vamos jantar fora. Depois de quase dois anos, vamos sair para jantar fora e em família — disse ele, com ar de alegria.

No quarto de Pedro, Cândida cochichou com dona Laura:

— A senhora esqueceu do aniversário de Vítor?

— Meu Deus! — respondeu ela, colocando a mão na boca. — Como fui me esquecer justo do aniversário dele? Desde pequeno que todo ano faço um bolo para ele, nunca falhei. E agora, meu Deus?

— Tudo bem, Laura, dê os cumprimentos a ele e não se desculpe, ficará mais feio se confessar que esqueceu. Eu, representando a família que hoje é o Pedrinho, aceitei ir jantar fora com ele. Afinal só se faz aniversário uma vez por ano, e hoje ele me deu uma grande prova de gratidão pelo que tenho feito pelo meu sobrinho, me devolveu tudo o que é meu.

— Graças a Deus! Apesar do gênio danado que ele sempre teve, no fundo é um bom menino, e o avô ensinou a ele a ter caráter. Vai sim, dona Cândida, eu fico com Pedrinho, vá se divertir um pouco, já está na hora.

Vítor olhou-se no espelho, estava com uma boa aparência. Penteava os cabelos, tenso e nervoso, lembrava-se de que era a primeira vez que eles iriam conversar a sós em público, depois de sua confissão.

Cândida arrumou-se com requinte. Dizia para si mesma: "Nem sei se estou agindo corretamente... E se encontrarmos esses jornalistas que adoram sair por aí publicando fotos e inventado histórias? Não quero ver meu rosto estampado num jornal com legendas mentirosas. Esses jornalistas são criativos, inventam situações que não existem. E se falassem que nós dois estamos namorando? Santo Deus, nem pensar numa hipótese desta! Nunca passou pela minha cabeça um envolvimento amoroso com o meu cunhado. Mas, e o envolvimento com o mascarado daquela festa?" Teve vontade de desistir do jantar, mas raciocinou, vendo sua bonita silhueta no espelho: "Será que estou fugindo de alguma coisa? É apenas um jantar de família e nada mais, dona Cândida!"

A velha governanta ficou espiando, escondida, a saída do casal e logo depois estava comentando com o marido:

— Posso estar enganada, mas eu acho que, em breve, vamos ter festa nesta casa. E tomara que Deus ouça as minhas preces. Pedrinho vai precisar dos dois, se é para casarem com pessoas diferentes e se afastarem dele, mil vezes que a gente reze e Deus escute para os dois ficarem juntos. A pobrezinha da Camila se foi, meu menino Leo, cheio de saúde e de beleza, também se foi, então os que ficaram que sejam felizes.

Lourival ponderou bem e completou:

— Pensando bem em tudo o que você está falando, acho que está coberta de razão, Laura! E olhe que os dois formam um bonito casal. Que Deus me perdoe pela besteira que eu vou falar, mas o doutor Vítor combina muito mais com dona Cândida do que com a dona Camila. Mas vamos cuidar da nossa vida, que já nos metemos demais na vida dos outros!

O jantar foi reservado num restaurante discreto, à beira da estrada. Pela primeira vez, depois da tragédia, Cândida se sentia em paz. Mesmo diante do cunhado, ele demonstrou que merecia uma nova oportunidade, quando lhe devolveu tudo o que lhe pertencia, pensava Cândida olhando discretamente para ele.

Vítor perguntou a Cândida se ela o acompanhava tomando um bom vinho. Ela concordou. O lugar era bonito, aconchegante e muito perfumado pela natureza. Pelas janelas abertas entrava o ar fresco da noite, o aroma das flores tomava conta do ambiente, dando uma sensação de liberdade.

No segundo copo de vinho, Vítor tomou coragem e, pegando na mão de Cândida, foi direto em sua indagação:

— Eu posso ter esperanças a seu respeito?

Cândida estava com a face vermelha, engoliu o vinho e, levantando os olhos, encontrou os de Vítor, ansiosos por uma resposta.

— Eu não sei o que te dizer, nunca me passou pela cabeça ter um relacionamento com você. Nós passamos por algumas dificuldades que me afastaram um pouco de você.

— É por isso mesmo que estou lhe perguntando, posso ter esperanças?

— Vamos dar tempo ao tempo — disse ela —, ficaremos mais próximos um do outro, e só mais tarde poderemos decidir o que fazer com as nossas vidas. Só quero te pedir uma coisa, Vítor...

— Peça o que quiser.

— Se, por acaso, resolvermos não ficar juntos, continue sendo meu amigo, eu preciso ficar perto do Pedro, você compreende?

— Naturalmente que sim, jamais serei seu inimigo, eu a amo, sempre te amei e vou te amar por todo o sempre, acredite em mim.

Depois desse jantar, vieram outros e outros. Vítor e Cândida não se separavam mais. Isso já estava claro para todos, os dois estavam se amando.

Vítor era outro homem, tornou-se amável, cordial com as pessoas e até começou a acompanhar Cândida em seus Evangelhos.

Pedro estava vencendo muitas barreiras de sua doença, ele parecia compreender que o seu pai e a sua tia iriam se unir para ficar mais perto dele, e demonstrava alegria com isso.

Depois de seis meses de namoro, o casamento estava sendo anunciado. Revistas e jornais publicaram algumas fotos do casal e sobre a história de amor deles. Falavam sobre a tragédia que envolveu a família e sobre a luta que Vítor travava na Justiça para requerer sua viuvez, já que o corpo de sua esposa nunca fora encontrado.

Enquanto se preparavam para o casamento, eles fizeram muitos planos. Um deles é que ficariam fora do país por uns tempos, seria bom para eles e para Pedro, que poderia ser acompanhado por outros médicos.

Cândida estava feliz e convencida que seria o melhor para todos. Sua união com Vítor o transformou em um pai maravilhoso, além de um companheiro gentil e amoroso. Ela jamais deixaria o pequeno Pedro, apesar de que nunca substituiria a própria mãe, que tanta falta fazia em sua vida. Ela iria sempre falar de Camila para Pedro, e contaria para ele que sua irmã era uma criatura doce, meiga, e ela a amava muito, muito... Quando pensava em Camila, não podia segurar as lágrimas. Leo, seu marido, se foi tão jovem e cheio de vida, mas pelo menos ele recebeu um enterro digno. E Camila? Por que nunca a encontraram? Por quê?

A governanta Laura era mais que uma empregada da família, reconhecia Cândida. Era uma mãe para todos eles. Elas conversavam muito sobre a vida espiritual. Dona Laura a convidou para ir a um centro espírita. Apesar de ler e gostar muito dos livros espíritas, Cândida sentia um pouco de medo, mas, um dia, tomou uma decisão: iria conhecer uma sessão espírita na casa que Laura havia comentado.

*

Semanas se passaram...

Assim, chegou o dia em que Cândida iria com dona Laura ao centro espírita. Quando lá chegaram, Cândida observou com curiosidade todo o local. Uma paz muita grande dominava o ambiente. Tudo era muito simples, porém limpo e organizado. Muitas pessoas educadas recebiam os que chegavam à casa, todos demonstravam alegria, bondade e humildade no trato com os frequentadores. Não faziam diferenças entre os mais abastados e os menos favorecidos.

Mais tarde, no desenrolar dos trabalhos espirituais, um mentor incorporado em um médium, que Cândida nunca tinha visto, veio dar sua comunicação: "Meus irmãos, a morte não existe. Devemos lembrar daqueles a quem amamos, pensando não em seus corpos físicos, mas em como eles verdadeiramente são: entes queridos! Estejam onde estiverem na espiritualidade, devemos orar por eles sempre recomendando-os ao Pai. O corpo físico é um instrumento muito importante para o espírito, porém, não é a ele que devemos nos apegar como se ali estivesse a vida. Vamos dar graças a Deus pela bênção da vida eterna e a Ele entreguemos nossos entes amados."

Cândida sentiu um arrepio. Será que dona Laura tinha falado alguma coisa de Camila para aquele médium?

Outros mentores deram comunicações de amor e de esperança, e um deles proferiu uma linda mensagem que fez Cândida até derramar lágrimas. Ela ouvia de olhos fechados, teve a impressão de que eram as palavras de Leo: "O perdão se faz necessário, precisamos perdoar para sermos perdoados. É preciso amar para entender o que é o amor. Muitos descobrem isso tarde demais após muitos erros cometidos contra as Leis do Criador. Porém, Deus, misericordioso, está sempre oferecendo novas chances aos seus filhos. Nunca será tarde para se recomeçar."

Alguns médiuns, em silêncio, com uma prancheta e caneta na mão, escreviam. Todos os presentes foram orientados a permanecerem em orações enquanto os médiuns recebiam as comunicações. Minutos depois, o dirigente da casa recolheu as mensagens e agradeceu aos mentores. Encerraram os trabalhos com uma bonita oração de agradecimento.

O dirigente, então, anunciou que iria ler as mensagens deixadas pelos espíritos que estiveram presentes na casa. Foram muitas as mensagens que emocionaram as pessoas presentes. Cândida nunca imaginou que esses trabalhos fossem tão belos.

Havia mais duas mensagens sobre a mesa para serem lidas. O dirigente pegou uma delas e começou a ler: "Olá, minha querida, que bom te ver feliz. Deus tem tomado conta de cada um de nós. Peço-lhe que cuide bem de todos, pois eles precisam muito de você. Eu estou bem, fui embora na hora certa. Quanto a minha companheira de viagem, ela não completou o destino, ainda não era o seu dia. Fomos distanciados uns dos outros, mas não estamos separados. Trabalhe, querida, na lei do amor e do perdão, deixai nas mãos do Pai aquilo que não podemos fazer. Já não respiro o mesmo ar que você respira, já não preciso de lenço para secar meus olhos, prefiro sorrir. Já não preciso de barco para chegar à ilha. Já posso sorrir, perdoar, amar livremente. E quero que saiba que, sem qualquer rancor, desejo a vocês muitas felicidades. Diga isso ao querido noivo, beijos no meu pequeno príncipe e, quanto a nossa inesquecível menina, mesmo de longe posso vê-la, linda..."

Cândida foi socorrida, suas pernas amoleceram, ela teria caído no chão se não fosse amparada a tempo. Aquela mensagem era de Leonardo. Cândida não tinha dúvida nenhuma, e nem dona Laura que, emocionada, enxugava as lágrimas.

No caminho de volta para casa, Cândida quis saber da governanta se Leonardo vinha sempre naquela casa espírita.

— Ele nunca se manifestou nesta mesa, dona Cândida, foi uma bênção de Deus este dia de hoje. Vamos ler esta mensagem com muita atenção, tem algumas frases que não dá para entender. Ele diz que, mesmo de longe, sabe que ela está linda. Ele está longe dela? Dela quem? O que isso quer dizer? Ele fala tanto de amor e de perdão, eu estou tão abalada.

Cândida leu a mensagem para Vítor, ele ficou pálido. Tentou falar alguma coisa, mas a voz não saía da garganta.

Cândida quis voltar lá antes de casar, porém não recebeu mais nenhuma mensagem e foi esclarecida que os espíritos não se manifestam quando os invocamos, mas somente quando eles conseguem autorização da espiritualidade para alguma finalidade útil. Deus assim permite. Leonardo poderia se manifestar mais vezes ou não, ninguém poderia afirmar com precisão quando isso se daria.

*

Cândida não quis festa pomposa para seu casamento, foi uma cerimônia simples, apenas entre os amigos. Eles viajaram em seguida. Levaram Pedro com eles. Deixaram a governanta e o marido cuidando da mansão, e os gerentes de confiança, das empresas. Iriam ficar fora uns seis meses, foi o que disse Cândida para Laura. Ficariam acompanhando tudo à distância.

A governanta, arrumando o quarto de Pedro logo após sua partida, secou as lágrimas e disse para arrumadeira:

— Estou chorando de saudades, mas feliz. Estou feliz porque esta casa agora tem uma família de verdade. Assim que eles voltarem, tudo isso aqui vai brilhar.

— É verdade, dona Laura — respondeu a moça. — E quem sabe o Pedrinho possa ganhar um irmão, não é verdade?

— Deus te ouça, minha filha, Deus te ouça — disse Laura, elevando as mãos para o céu.

CAPÍTULO X

Linda

Em frente a um casebre de taipa, um casal conversava sentado num velho pilão, olhando uma moça que brincava como criança, correndo e se escondendo do cachorro.

— Jairo, o tempo está passando e eu estou ficando contrariada e apegada a esta menina. O que é que vamos fazer com ela, meu velho?

— Não sei, Bernardina, o que podemos fazer com uma moça que não se lembra de nada? O que tinha de ser feito, nós fizemos. Conversamos com todo o povo dessas encostas, mas ninguém sabe de onde ela veio! O que mais a gente podia fazer a não ser cuidar dela? Fico também preocupado com o futuro dela.

Bernardina, com os olhos cheios de lágrimas, vendo a jovem, lembrava-se do dia em que a encontraram. Eles voltavam do outro lado da ilha, como de costume, nas luas cheias de novembro e de março. Iam pescar centenas de pitus. Era impressionante como havia pitu naquela estação do ano em volta das pedras que ficavam perto da ilha. Já estava escuro, Jairo remava e ela carregava o lampião aceso para qualquer emergência. A pequena canoa estava cheia de pitu, veio até pendendo de um lado, recordava a mulher. Quando Jairo entrou no caminho estreito, que é fechado pelas pedras, Bernardina deu um grito:

— Uma moça morta entre as plantas! Meu Deus! O que é aquilo?

Jairo tirou o chapéu, fez o sinal da cruz e encostou a canoa mais perto. O rosto da moça estava todo machucado, dava para ver que ela fora arrastada pelas águas.

— O que vamos fazer, Jairo? — perguntou ela, benzendo-se e apavorada.

— Mulher, nós não podemos deixar essa criatura, que é uma filha de Deus, abandonada aqui para ser devorada pelos urubus amanhã.

— Vamos tirá-la daqui, levá-la e enterrar como toda criatura merece ter o seu fim. Vamos enterrar ainda hoje, não é Jairo?

— Não sei, mulher, essa moça deve ser gente que veio passear pela casa de algum dos nossos vizinhos. Tem gente da cidade que vem passear e depois se perde por aí. Veja essa menina: é gente rica, olhe só a roupa dela.

— Meu Deus, eu não posso ficar com uma defunta dentro da minha casa! — reclamou a mulher.

— Claro que não, Bernardina! Vamos forrar o jirau com palha e deixamos a moça coberta até amanhã cedinho. Depois vamos pedir ajuda aos vizinhos e descobrir de onde saiu essa moça. Se não encontrarmos ninguém, aí chamamos todo mundo e faremos o enterro dela. Levanta o lampião mais perto para que eu possa levantá-la.

Em minutos, ele colocou-a na canoa. Bernardina fez o sinal da cruz sobre o corpo dela e foi rezando até chegarem em casa.

Jairo jogou palha no jirau e levou o corpo da moça para lá, dizendo que aquilo era um gesto cristão, não se podia jogar alguém no chão de qualquer jeito só porque está morto. Quando deitou a moça sobre a palha, ele notou algo estranho em seu rosto. Chamou por Bernardina que, meio amedrontada, se aproximou do corpo.

— Mulher, repare bem no rosto dessa moça. Não parece se mexer perto das sobrancelhas?

— Essa moça está é viva, Jairo! Veja, os nervos do rosto dela se movimentam mesmo. Parece que os olhos dela estão se mexendo... Meu Deus, Jairo! Ela não está morta! Suspenda a cabeça dela, vire de lado, bata nas costas e abra a boca dela. Vamos ver o que acontece.

Bernardina começou a massagear os pulsos e friccionar o tórax da moça, ela começou a colocar água para fora, pela boca e pelo nariz.

— Corre lá dentro, pega um cobertor, Jairo, vamos retirá-la daqui e aquecê-la, essa coitadinha está viva. Deus colocou a gente naquela hora ali para ajudá-la.

Acenderam o fogo de lenha e a envolveram num cobertor e começaram a trabalhar do jeito que eles sabiam. Iniciaram esfregando alho nos pés, nos pulsos, na nuca e narinas da moça. Depois, friccionaram as pernas, os braços, as costas e o peito com banha de cascavel. Lá pelas duas da manhã, depois de muita luta, a moça estava respirando e a face começava a tomar uma cor, apesar de muita machucada.

Bernardina separou algumas ervas e colocou para queimar nas brasas do fogão. Iria ajudar a aquecê-la e era bom para os pulmões. Olhava para a moça, chorava de pena e de alegria ao mesmo tempo, ela cuidava das feridas que estavam abertas.

Os cabelos secos, a pele macia e delicada mostrava que era uma moça fidalga, pensava Bernardina. A família devia estar desesperada, pensando que ela estivesse morta. Assim que clareasse o dia, Jairo iria buscar ajuda com os ribeirinhos mais próximos e sairiam à procura da família dela. Infelizmente, naquela hora, não dava para sair. Ela podia imaginar o desespero da família daquela garota, mas também imaginava alegria de todos quando soubessem que ela estava viva. Pensava no seu filho, que vivia longe deles, foi fazer a vida na cidade, estudava e trabalhava, não queria mais ser pescador. Ela sabia que em todo lugar havia perigo e rezava sempre, pedindo que Deus cuidasse de seu filho.

As mãos da moça estavam cortadas. Bernardina percebeu que ela tinha um anel no dedo, retirou com cuidado o anel para o dedo não inchar e complicar o ferimento. Sem prestar muita atenção no anel, jogou-o dentro de uma panela velha de barro que servia de depósito para pequenas coisas.

Assim que os galos começaram a cantar e a barra do dia, como eles chamavam a claridade do dia que nascia, surgiu no céu, Jairo disse para a mulher:

— Vou pegar o barco e começar a chamar os nossos vizinhos para sairmos à procura da família dessa menina. Ela não morreu, graças a Deus, mas nós sabemos que ela precisa ser tratada pelos médicos em um hospital.

Olhou para a moça, que respirava com dificuldade, e sentiu pena dela e da família que devia estar em desespero. Ele lembrou-se do filho, um nó apertou sua garganta: "Deus me livre se soubesse que meu filho havia morrido", pensou Jairo consigo mesmo.

— Já viu se ela está com febre? — perguntou ele olhando para a moça e secando os olhos na manga da camisa, com saudades do filho.

— A coitadinha deve ter ficado tanto tempo dentro da água que ainda está se esquentando. Mas preciso ficar de olho nela, como está muito machucada, pode vir a ter febre, apesar de que já coloquei os remédios para fechar as feridas — respondeu a mulher, com a atenção voltada para a acidentada. — Bem, Jairo, você chame nossos vizinhos que têm barcos com motor, eles podem ir com você à procura do paradeiro da família dessa coitadinha. Peça às mulheres que venham até aqui me ajudar, você sabe que ela ainda corre perigo e eu tenho receio de ficar aqui sozinha.

— Está bem, Bernardina, eu estou indo agora mesmo. Fique com Deus e que tudo dê certo para todos nós.

— Vá você também com Deus, meu velho, e que Ele lhe mostre a família dessa pobre criatura.

O cachorro gostava de acompanhá-los nas viagens de barco, mas quando Jairo saía sozinho, deixava o cão cuidando de Bernardina e da casa. O cão, vendo o seu dono sair sozinho, ficou parado no meio do caminho. Depois, voltou para o rancho e deitou-se, obediente, embaixo do jirau, onde a moça estava deitada. Bernardina falava com o cachorro, não queria se sentir só:

— Pois é, Trovão, agora que estamos sós, vamos cuidar dessa menina. Veja se você me ajuda cuidando da casa, pois eu vou ficar de olho nela.

Jairo reuniu os vizinhos mais próximos e saíram procurando pelas redondezas por notícias da família da moça.

Algumas mulheres com experiência em afogamento desceram até o rancho onde morava Bernardina. Uma senhora de meia-idade apanhou seus apetrechos de salvamento e juntou alguns canudinhos e ervas, que ela conhecia bem as origens.

Já no rancho, a senhora, com a ajuda das outras mulheres, começaram a cuidar da moça. Ela foi orientando:

— Vamos ter que tomar outras providências para que ela se recupere logo. Vamos colocar esses dois canudinhos nas narinas e soprar. Se tiver alguma coisa entre a garganta e nariz, vamos logo saber — disse ela, olhando para Bernardina.

Logo depois, colocou os canudinhos nos dois ouvidos também, e explicou para as outras:

— Isso aqui vai ajudar a moça a acordar logo, se não ela poderia morrer sem ar no cérebro.

E outros tratamentos alternativos foram aplicados conforme a sabedoria do povo local.

No meio do dia, a moça gemeu e abriu os olhos, fechando-os em seguida. Todas as mulheres abriram um sorriso de alegria, afinal, ela dava um sinal de vida.

A experiente senhora, suspendendo a cabeça de moça, e com a ajuda de outro canudo, fez com ela fosse engolindo, lentamente, um caldo quente e bem ralinho preparado por Bernardina. E foi explicando que ela precisava engolir aquele caldo para soltar o esôfago e o estômago, que poderiam ter colado no acidente. Aquele caldo, com um pouquinho de sal, ajudaria a manter a pressão estável, pois ela havia bebido muita água doce e precisava colocar sal no corpo. Assim, de hora em hora, a boa senhora repetia a mesma operação com ajuda das outras mulheres.

Agora, a moça já estava com uma cor bonita e respirava bem melhor. O caldo lhe fazia bem, ela estava ganhando força, observava Bernardina. Olhava para o sol, que baixava cada vez mais depressa, e nada de Jairo com notícias da família daquela menina...

Estava escurecendo, as mulheres se entreolhavam preocupadas com os homens que não chegavam.

A moça estava respondendo bem ao tratamento. A velha senhora acalmou Bernardina, dizendo que, se a família não tivesse sido encontrada, ela ajudaria a cuidar da pobre garota. E disse para as outras mulheres que, pelos conhecimentos dela, aquela moça estava fora do perigo, a única dificuldade é que precisava de ajuda para se alimentar, até poder fazer isso sozinha novamente.

Já estava escuro quando ouviram o barulho do motor do barco que se aproximava do rancho. O cão correu latindo na direção do rio, as mulheres deixaram o casebre. Ansiosas, aguardavam para ver quem estava chegando com os ribeirinhos. Ninguém estranho no meio deles, observou Bernardina, esfregando as mãos e suspirando fundo.

Os homens explicaram para as mulheres que correram o dia todo margeando o rio, dos dois lados, e ninguém sabia de nada. Eles foram pedindo ajuda por onde passavam a fim de encontrar a família da menina, mas nada... Então combinaram de sair cedo, no outro dia, em quatro barcos. Tinham de encontrar a família daquela moça de qualquer jeito.

A boa senhora ficou fazendo companhia para Bernardina e disse para ela tomar um chá e dormir. Ela cuidaria da garota e, se tivesse necessidade, a chamaria.

A moça abriu os olhos e tentou se virar na cama. A senhora a ajudou e a incentivou. A garota tossiu e a mulher esboçou um sorriso de satisfação, era um bom sinal, estava tendo mais força nos pulmões e no coração. Animada pela boa senhora, que começou a conversar, a moça tomou mais um pouco de caldo sem o canudinho. Logo em seguida, com ajuda, ela conseguiu urinar. Não tinha febre e suas feridas estavam bem tratadas. Lentamente, aquela misteriosa jovem estava voltando ao normal.

Os primeiros raios do dia penetravam pelas frestas do teto de palha do casebre. A moça já estava consciente e a boa senhora colocou a cabeça dela elevada no travesseiro. Bernardina, arrastando os chinelos bem devagar para não fazer barulho, entrou no quarto e ficou espantada vendo a moça de olhos abertos.

— Bom dia, Bernardina — disse a boa senhora. — Olha que beleza! Nossa linda menina tomou o seu caldinho sem canudinho, tossiu, o que é normal para o que ela passou, e já fez xixi! Está tudo normal no corpo dela, só precisamos saber como está a cabecinha...

Bernardina, com os olhos cheios de lágrimas, se lembrou do estado em que a encontram no rio. Julgou que a coitadinha estivesse morta, pensou em pedir para o marido deixá-la lá no rio e só voltarem com outras pessoas no dia seguinte. Nem imaginava que ela pudesse estar viva! Agora, ela estava ali, de olhos abertos... E como era linda!

Sentou-se na beirada da cama, alisou o cabelo da menina, que a olhava com doçura. Bernardina, com cautela e receio, perguntou baixinho:

— Você pode falar filha? Fale para nós como é o seu nome.

A moça, fitando as duas mulheres, tentava se lembrar de alguma coisa, porém sua cabeça estava vazia. Ela respondeu com a voz fraca e rouca:

— Eu não sei. Eu estava aqui pensando no que aconteceu comigo, por que estou assim machucada, o que estou fazendo aqui e de onde vim. Mas não consigo me lembrar, sei que não moro aqui, só que não me lembro de onde vim e nem quem sou.

A boa senhora pediu a Bernardina que não fizesse mais perguntas. Isso era normal, ela iria se lembrando das coisas naturalmente, poderia demorar alguns dias para voltar ao seu normal. Bernardina, então, lhe disse carinhosamente:

— Vou chamar você de Linda porque você é muito linda mesmo.

Toda busca dos ribeirinhos foi em vão. Um mês havia se passado, ninguém sabia dizer o que aconteceu ou de onde viera aquela garota. Muitos boatos corriam entre os ribeirinhos, coisa normal na vida dos pescadores. Uns diziam que talvez a tivessem jogado ali, pensando que ela estivesse morta. Outros falavam que fora algum avião que jogou a moça no rio. Mais alguns falavam que talvez tivesse sido o peixe-boto que trouxera a moça de longe porque sabia que ela estava viva. Muitas histórias surgiam a respeito da menina que não tinha dono...

Jairo e Bernardina resolveram que cuidariam dela como seus verdadeiros pais. Já estavam ficando magoados com as histórias que se contavam pelas beiradas do rio. Ela não era "coitadinha sem dono", eles seriam seus pais, não se importavam com a história verdadeira dela que desconheciam, dali por diante seria chamada de Linda e teria o amor deles.

CAPÍTULO XI

Uma nova vida

As feridas de Linda cicatrizaram, ela brincava com o cão o dia todo, só tinha pavor de chegar perto do rio. A cada dia, ela se mostrava muito bem de saúde, apenas ainda não se lembrava de onde veio e quem era, mas isso para Bernardina já não tinha a menor importância. Já a amava como a filha que sempre quis ter.

Bernardina teve apenas um filho que vivia na cidade grande, não sabia nem para que lado ficava a tal cidade, e aquela moça veio preencher o vazio deixado pelo filho. Linda era meiga, carinhosa e prestativa, e Bernardina se apegava mais e mais com a garota.

No casebre onde viviam não havia luz elétrica, livros, televisão e nem rádio. A vida era rude e simples, a "menina do rio", como os ribeirinhos a chamavam, foi se adaptando a cada coisa que aprendia de sua nova vida. Não deixava de usar um par de brincos que brilhava tanto no sol quanto no escuro, ela mesma notava isso e gostava deles. Eram de brilhantes verdadeiros, mas ela não se dava conta disso.

A vida dos moradores do casebre continuava na mesma rotina. Uma tarde, Linda ajudava a remendar a rede de pescar do pai, quando ouviu um barulho de motor de barco. Pensou ser de um dos vizinhos e continuou com o seu trabalho.

Trovão começou a latir, ela ficou preocupada e foi chamar a mãe. Bernardina saiu com uma vassoura de palha na mão e as duas ficaram esperando para ver quem chegava. O pai não estava em casa e, quando ele não estava, Linda ficava preocupada.

De repente, apareceu na entrada do caminho um rapaz alto e bem vestido gritando:

— Mãe! Sou eu!

— Meu Deus! Reginaldo, meu filho, é você mesmo? — respondeu Bernardina, largando a vassoura e correndo ao seu encontro.

Os dois se abraçaram, a mãe chorava, enquanto Trovão lambia o recém-chegado. Foi muito tempo de separação e agora Bernardina via o filho ali, na sua frente! Não se continha de emoção. Após os beijos e abraços, Reginaldo olhou ao redor até fixar a imagem da "menina sem dono".

— Quem é essa moça? — perguntou o rapaz.

— Esta é Linda, minha filha de coração.

Ele apertou a mão dela e confirmou, olhando-a nos olhos:

— Ela é linda mesmo!

A moça ficou corada e afastou-se um pouco, ficando ao lado de Bernardina.

— Entra, filho, entra! — convidou a mãe. — Pegue a sua mala e venha para dentro. Linda, minha filha, vá correndo até a roça e chame o seu pai. Fale para ele que venha correndo, tem uma surpresa aqui esperando por ele. Não fale que é nosso filho! Quero ver a cara dele quando entrar...

A moça saiu correndo, o cabelo voando ao vento. Reginaldo, parado, olhava a beleza da garota e pensava: "De onde veio essa prenda? Não parece moça da beira do rio..." Assim que ela sumiu no caminho, ele entrou e perguntou para a mãe:

— Quem é essa garota e o que ela faz aqui?

— Ah, filho, é uma longa história, vou começar a contar, mas se ela aparecer, eu paro de falar. Quando estivermos sozinhos, voltamos a conversar sobre o assunto.

Fez um breve relato, saindo de vez em quando à porta para ver se eles não estavam chegando.

— Meu Deus! Essa moça não tem nenhum documento? — questionou o rapaz preocupado, após ter ouvido a história contada por sua mãe.

— Mas, filho, que documento? Encontramos a coitada pendurada na ribanceira do rio! Pensamos que ela estivesse morta e, como por um milagre, ela ressuscitou, mas não se lembra de onde veio, nem quem é.

— Minha mãe, como é que vocês podem ter uma pessoa dentro de casa, sem saber quem é, sem nome, sem documentos? Isso pode complicar a vida de vocês! Deveriam ter ido a um posto policial, fazer um boletim de ocorrência para que a polícia ajudasse a localizar os familiares dessa menina.

— Fazer o que, meu filho, em delegacia? Nós não a roubamos! Só ajudamos uma criatura que estava jogada no rio. Isso não é crime. E depois, seu pai e nossos vizinhos rodaram por toda essa redondeza e não encontraram ninguém que fosse parente dela ou soubesse de algo. E você quer saber mais, filho? Por aqui se fala que, talvez, ela tenha sido jogada por um avião, ou mesmo arrastada por algum peixe-boto, ou a trouxeram mesmo para deixá-la morrer. Há muitas histórias e não foi por falta de procurar pela família dela, não. Pergunte ao seu pai, o quanto ele e os vizinhos se esforçaram. Oh! Chega desse assunto. Vamos parar de falar que eles estão chegando, depois a gente continua essa história.

Jairo perguntou para Linda quem era a visita. Ela respondeu que era um homem bem vestido e não era conhecido por ali, não. O velho Jairo ficou pálido: "E se fosse alguém que descobriu o paradeiro de Linda? Seria algum parente dela?" Se ela tivesse que partir dali, ele iria sofrer muito. Só de pensar nisso, sentia a garganta seca e as pernas tremerem.

Quando chegou à porta do rancho e viu o filho, começou a gargalhar da alegria! Quanta saudade! E, de quebra, ficou aliviado por saber que não era nenhum parente de Linda. Se abraçaram longamente e com muito carinho.

— Quanto tempo, meu filho. Pensei que não fosse aparecer nunca mais...

— Imagine, meu pai! Aqui estou eu!

E se abraçaram mais um pouco...

Passada a emoção do reencontro, Reginaldo abriu a mala e entregou os presentes que trouxe para os pais. E depois comentou meio sem graça:

— Eu não sabia que morava uma moça tão bonita nesta casa, por isso não comprei nada de especial para você, Linda. Mas vou lhe dar algo! Espere um pouco...

Pegou uma revista e perguntou para a moça:

— Você sabe ler?

Ela pegou a revista e foi folheando, muitos rostos e paisagens. Ela começou a ler e a sorrir!

— Olha mãe, olha pai, eu sei ler!

— Fique com esta revista de presente — disse o rapaz. — E tomara que você goste.

— Eu já gostei! — respondeu ela, correndo para fora com a revista na mão.

Bernardina decidiu que, enquanto o filho estivesse em casa, os dois homens dormiriam no quarto do casal; ela dormiria com Linda. Todos concordaram.

No outro dia, Reginaldo acompanhou o pai na pescaria e puxou o assunto da história da moça. O velho Jairo lhe contou tudo sobre Linda.

— Pai, se o senhor quiser, eu posso acompanhá-lo em uma delegacia e podemos registrar uma ocorrência. O senhor já pensou que ela não tem um documento? Quem é ela pai?

— Sinceramente, meu filho? Eu agradeço muito a sua vontade de ajudar, mas não vou a nenhuma delegacia e nem quero que você faça isso. Ninguém vai levar ela daqui, ela perdeu a memória e, se tivesse família, teriam procurado por ela até no fundo desse rio. E não foi o que aconteceu. E outra coisa, meu filho, nessas bandas daqui, se nasce ou se morre e ninguém precisa ter documentos, não! Você mesmo só tirou o seu quando cismou de viajar, que até hoje não sei se foi a melhor coisa que você fez!

— Foi sim, pai, eu hoje sei ler, escrever e tenho um emprego. Penso em constituir minha família, por isso já estou pensando seriamente em casamento: namoro uma moça muito bonita e muito decente lá da cidade. Se eu ainda estivesse aqui neste fim de mundo, qual seria o meu futuro?

— O mesmo que o meu, filho. Você acha que eu e sua mãe não somos felizes? Nós não temos o saber da leitura, o conforto dos aparelhos dentro de casa, mas temos a maior riqueza dada por Deus: o amor.

— Olhando por este lado, meu pai, o senhor está mais do que certo! Eu sei que vocês são felizes e esta foi a vida que vocês escolheram. Eu é que fiz outra opção: conhecer outros costumes.

— Está certo, filho, mas não se preocupe com a Linda, não. Ela vai ficar bem, eu e sua mãe a adotamos como filha. Se um dia ela quiser partir, nós não vamos proibi-la de seguir o seu caminho. Mas, por enquanto, vamos deixar as coisas como estão, está bem? — finalizou o pai, dando uns tapinhas nas costas do filho.

Reginaldo voltou preocupado com seus pais por estarem abrigando uma moça dentro de casa sem qualquer identificação. Pelos traços da garota, podia se ver que era moça da cidade. Mas não sabiam das suas origens e da sua história. Preferiu não comentar nada com a noiva. Teria de pensar como fazer para ajudar aquela moça.

*

O tempo passou...

Reginaldo se casou, os pais não foram ao seu casamento, isso ele já esperava. Dificilmente gente das ribanceiras do rio trocavam o barco por um carro. Mesmo se fosse para ver um filho casar. Preferiam ficar em casa.

Reginaldo terminou seus estudos e começou a procurar uma nova colocação, dentro de sua especialização. Ele estava de férias e começou a pesquisar as oportunidades de trabalho. Lendo um jornal, encontrou um anúncio requisitando trabalhadores, com ou sem experiência, dentro de sua área. Animado, ele disse para esposa:

— Rosa, eu vou amanhã mesmo até essa empresa, quem sabe a minha sorte não se encontra lá!

— Vai sim, meu bem — respondeu a esposa. — Tenha calma e, se não der certo, não desista. Uma hora dessas, a porta começará a se abrir para nós.

No dia seguinte, ele se arrumou e se apresentou para a entrevista. Imediatamente, foi convidado para fazer alguns testes e contratado, em seguida, para preencher o cargo. Estava eufórico e cheio de alegria, muito entusiasmado pelo novo trabalho. Só lamentou não poder ir visitar seus pais: "Férias, agora, só depois de um ano", comentou com a esposa. Mas não haveria de ser nada, agora ganharia mais e poderia visitar os pais durante um feriado prolongado. Até sobraria um dinheirinho extra.

Na empresa, Reginaldo logo se destacou. Era um dos melhores funcionários, ele se empenhava e se esforçava muito para desenvolver bem suas tarefas. O encarregado do setor de máquinas o apontou como o melhor técnico da seção e, assim, ele passou a fazer pequenas viagens para dar manutenção em máquinas espalhadas por vários estados. Ele já havia sido apresentado ao seu patrão, um homem educado e muito generoso, era o que se ouvia falar dele. Um dia, almoçando com um colega, um antigo funcionário da empresa, ele viu o doutor Vítor passando com sua esposa e um garoto. O colega lhe disse:

— O sofrimento, às vezes, muda as pessoas. O doutor Vítor não era assim educado e humilde, não! Ele nem olhava na nossa cara. Depois do acidente que matou o primo e a esposa, ele mudou da água para o vinho e passou a ser gente. Foi uma tristeza aquele acidente. O doutor Leonardo morreu tão novo, era uma pessoa de ouro, nem parecia que era o nosso patrão.

— Faz tempo que isso aconteceu? — perguntou Reginaldo.

— Três anos.

— E o menino é filho dele?

— O menino é filho dele, a esposa atual é a irmã da falecida e o marido dela que morreu era o primo dele. Veja só como é o destino. A morte é para quem morre, meu amigo...

O colega de Reginaldo continuou contando:

— O doutor Vítor gostava de fazer passeios de barco. Depois desse acidente, ele nunca mais voltou a fazer seus passeios por rios e mares.

— O acidente foi de barco? — interessou-se mais ainda Reginaldo.

— Foi. Aconteceu lá pelas bandas de uma fazenda que eles têm. Sinceramente não sei onde fica. Os jornais e as revistas não falavam de outra coisa. Você não se lembra?

Fazendo um esforço, Reginaldo começou a lembrar-se dos noticiários, a esposa do empresário, desaparecida nas águas do rio, nunca mais foi encontrada. Por um segundo, ele lembrou-se de Linda: ela fora encontrada em uma das margens daquele rio, pelo relato dos seus pais, havia uns três anos. "Meu Deus! Não pode ser verdade! Devo estar delirando, seria muita coincidência."

No fim da tarde, Reginaldo estava com aquele assunto martelando em sua cabeça. Na volta, ele sempre passava em frente a uma biblioteca pública. Movido por um impulso, entrou e pediu para consultar os jornais e revistas dos arquivos dos três anos anteriores. Em poucos minutos, recebeu o material e começou a pesquisar. Conseguiu a informação que queria e lá estavam, nas revistas, as fotos do doutor Vítor, de Leonardo, de Camila e de Cândida. Porém, ele ficou em dúvida: os traços de Camila lembravam alguma coisa de Linda, mas não era possível afirmar que fosse ela. Um detalhe chamou a atenção de Reginaldo: nas fotos, ela usava uma aliança de brilhante na mão, aliança de casamento... Tentou lembrar se havia visto alguma coisa no dedo de Linda, mas não se recordava.

Pouco tempo depois, anotou todos os dados que lhe interessavam e saiu da biblioteca cheio de dúvidas. Chegou em casa com ar de cansaço, a esposa, apreensiva, perguntou se havia acontecido alguma coisa no trabalho:

— Puxa, Reginaldo, você demorou! O que aconteceu, meu amor?

— Por enquanto nada, mas, pode vir a acontecer.

— Meu Deus, Reginaldo, o que foi? É alguma coisa com o seu trabalho? — perguntou de novo a esposa, já ansiosa.

— Não, Rosa, fique tranquila. Com o meu trabalho está tudo bem, eles gostam de mim. Mas, às vezes, a gente se depara com cada situação que não sabemos como tratar.

— Fale logo, pelo amor de Deus, Reginaldo! Agora sou eu que vou ficar agoniada, sabendo que você está passando por um problema que eu não sei o que é...

— Fique sossegada, não é nada que possa interferir nas nossas vidas. Eu é que preciso aprender a não me importar com os problemas alheios. Vamos esquecer esse assunto, eu não quero trazer problemas de fora para dentro de casa.

CAPÍTULO XII

Sem saber o que fazer

As semanas foram passando e, discretamente, Reginaldo ia colhendo mais informações sobre o patrão. Cada dia mais se convencia de que Linda poderia ser a esposa desaparecida do doutor Vítor. E se fosse, o que poderia acontecer com todos eles?

Foram meses de tortura para Reginaldo, mas estava decidido a colocar um ponto final nessa história. A empresa entraria em férias coletivas, era fim de ano e ele combinou com a esposa que iria passar três dias com os pais, logo estaria de volta. Ela concordou e o ajudou a fazer a mala.

Reginaldo levou algumas revistas que continham fotos da família. Iria dar de presente para Linda e ver qual seria sua reação. Ele iria investigar com sua mãe se Linda trouxe no dedo algum anel e o que fora feito dele. Existiam muitas pistas para que o mistério fosse desvendado, só não sabia o que iria fazer se descobrisse que Linda era mesmo Camila.

Assim que chegou à casa de seus pais, foi recepcionado, como sempre, pelo cão Trovão, que fazia muita festa, e, logo em seguida, avistou sua mãe e Linda.

Já na sala, abriu a mala, tirou os presentes que trouxe para os pais e entregou um vidro de perfume para Linda. Ela sentiu a essência do perfume de olhos fechados e disse baixinho: "Eu conheço esse cheiro..."

Reginaldo não entregou as revistas com o noticiário sobre as mortes do empresário e da esposa do seu patrão. Linda perguntou se ele havia trazido alguma coisa da cidade para ela ler. Ele deu apenas um livro e uma revista de moda, mas ela ficou contente.

No outro dia, ele foi até às proximidades do rio, acompanhado por sua mãe, e discretamente começou a fazer as perguntas que tanto ansiava.

— Mãe, alguma novidade sobre a família da Linda? Ela não se lembrou de mais nada nesse tempo todo?

— Nenhuma pista, filho, ela vive feliz com a gente, já tivemos uns três moços das vizinhanças rodeando nossa casa, querendo namorar com ela. Até que um deles a gente fazia muito gosto se ela quisesse casar com ele, moço bom, trabalhador e de família. Mas ela não quis saber de nenhum deles. A gente não pode obrigar, mas o seu pai vive dando conselho a ela para que tome cuidado e não deixe passar os bons moços.

— Mãe, quando você e o pai encontraram a Linda, ela não estava usando alguma corrente no pescoço, pulseiras, brincos, anéis, nada?

— Estava sim, filho, e uma bermuda de brim com uma camiseta toda branca. Era um brinco que brilha no sol e no escuro, ela não tira esses brincos das orelhas por nada desse mundo. Não usava pulseira e nem correntinha, mas havia um anel, sim, e, como eu sou distraída, esse anel deve estar numa panela velha da cozinha, eu guardei lá.

— Eu me preocupo com vocês e com ela. É difícil para essa moça não saber quem é. E se, de repente, ela tiver um filho, uma família? E eles descobrem que ela está aqui?

— Meu Deus, filho! Linda era muito jovem quando chegou aqui, acho que ela foi mesmo abandonada. Nós até acreditamos que esse esquecimento dela deve ser de algum trauma que ela tem com as coisas da família que quis se livrar dela, exatamente por ela ser meio demente. Graças a Deus, com a gente ela não tem demonstrado esse problema, ela sempre lembra direitinho de tudo o que a gente faz.

De volta à casa, ele pediu para ver o anel. Bernardina procurou dentro da panela velha e lá estava ela: uma aliança de brilhante! Reginaldo ficou pálido, mas a mãe não percebeu, pois estava ativando o fogo de lenha, ia fazer um café fresquinho. Na aliança estava escrito: "Vítor". Ele sentou-se perto da mesa e ficou, com a mão na cabeça, se perguntando o que fazer agora diante dessas suspeitas, que viraram quase certezas...

Reginaldo pediu para sua mãe não mostrar, nem contar para Linda sobre aquele anel. Disse que iria guardá-lo bem guardado e, se um dia puder devolver a aliança a ela, ele o faria com todo o prazer. Mas, por enquanto, para não confundir mais a cabeça de Linda, era melhor que ela não soubesse da existência desse anel.

*

À tarde, saiu de barco com o pai. Foram visitar alguns vizinhos e, sem que o pai ouvisse, ele aproveitou para perguntar para um morador antigo da ribeirinha, se ele sabia a quem pertenciam aquelas terras do outro lado do rio.

— Na verdade, a gente só ouve falar, porque ninguém aqui conhece os donos daquela fazenda do outro lado da ilha. Os empregados não são pessoas que se misturam com a gente, eles são da cidade. Escutamos falar que são donos de navios, avião e muitas fábricas na cidade grande.

O velho ribeirinho pensou um pouco e puxou pela memória:

— Deixe-me lembrar o nome que já me falaram... Era de tal doutor, é um nome pequeno, espere um pouco, deixe-me pensar... Ah, lembrei: é doutor Vítor.

Reginaldo ficou branco e suas vistas escureceram. Ele sentou-se em um banco que estava próximo e começou a suar. O senhor, preocupado com o jovem, perguntou:

— Meu filho, o que você está sentindo? Está passando mal? Tragam um pouco de água para este rapaz! Isso deve ser falta de costume de andar no sol. Você agora trabalha na sombra e quando sai ao sol, se sente assim. A gente estava aqui jogando prosa fora e, de repente, você ficou branco e, se não sentasse, ia cair.

O pai ficou preocupado com ele.

De volta para casa, o pai lhe perguntou se ele estava doente, ninguém fica desse jeito de repente. O rapaz jurou que não tinha nada, realmente devia ter sido mudança de temperatura ou qualquer outra coisa. Afirmou que se alimentava bem, dormia bem e não estava doente, havia feito exames recentemente.

Chegando de volta à casa, ele ficou observando Linda. Ela era meiga e serena, mas tinha os olhos tristes. Sentiu pena dela: "Se tudo ficasse provado e ela realmente fosse Camila, como ficaria a situação dela? O que, de fato, seria melhor? Saber ou não de toda a verdade?"

Terminada sua visita, Reginaldo se preparou para voltar. Despediu-se dos pais e de Linda. Pegou e levou consigo a aliança dela, pediria a ajuda de Deus para saber o que fazer com aquela informação sem causar danos na vida daquelas pessoas.

Durante toda a viagem, ele não parava de pensar em Linda. "Seria aquela moça a esposa do meu patrão? E se fosse? Ela tinha um filho e seria muito cruel para os dois viverem separados. O filho cresceria acreditando que a mãe morreu naquele acidente."

Voltando a sua rotina, começou a prestar mais atenção nos traços de Cândida e de Linda. Não encontrou muita semelhança, mas, numa tarde em que o patrão levou o filho para bem perto de onde se encontrava, o coração de Reginaldo disparou: os olhos e a boca do menino eram idênticos aos de Linda. Suas dúvidas estavam se transformando em certezas.

CAPÍTULO XIII

Certezas

A vida nos coloca em situações que, às vezes, não temos condições de avaliar os desdobramentos imediatos dos fatos e como eles se encadeiam no enredo do destino. Por que vivemos em determinada família? Por que conhecemos determinadas pessoas que, posteriormente, desaparecem do nosso caminho deixando apenas lembranças? E por que dividimos a existência com um grupo social que nem imaginávamos que fosse possível um dia?

Era o que Reginaldo estava vivendo. Ele nem imaginava, mas a tia de sua esposa, que ele conhecia pouco, mas até gostava dela, era justamente a governanta Laura, que trabalhava na casa de Vítor. Só que ele não sabia disso, tinha pouco contato com essa tia. Sua esposa é que, vez por outra, falava com ela.

Rosa, certo dia, resolveu comentar com sua tia que o marido andava estranho e tentava disfarçar um desespero que lhe atormentava a alma. A princípio, ela chegou a pensar que ele andava envolvido com outra mulher, mas depois, percebeu que o problema era outro. Reginaldo andava triste e preocupado, parecia ansioso com alguma coisa.

— Por que não o convidamos para ir ao centro espírita? Podemos ir todos, vamos lá tomar um passe e, com certeza, será feito o melhor pelo seu marido e por você — sugeriu Laura.

— Vou falar com ele e tentar levá-lo. Ele não se importa que, de vez em quando, eu vá com a senhora, mas ele mesmo tem receio, tem medo dos espíritos.

— Reze a Deus e peça Sua ajuda, nada que pedimos ao Pai fica sem resposta. Ore sinceramente e suas preces serão ouvidas.

— Obrigado, tia. Vou tentar — agradeceu a sobrinha.

Na mesma noite, com muito cuidado, Rosa puxou o assunto do centro espírita. Pela primeira vez, Reginaldo sentiu vontade de ir ao centro, antes de ela convidá-lo. Ele foi bem objetivo e perguntou se poderia acompanhá-las.

A esposa ficou até assustada com reação dele. Foi mais fácil do que poderia imaginar... E ela havia ensaiado tanto para falar com jeitinho e convencê-lo a tomar um passe! Eis que, de repente, ele mesmo é quem pede para ir! "Deve ser um sinal da espiritualidade", agradecia Rosa em uma prece silenciosa.

No dia combinado, Reginaldo e Rosa já estavam esperando por Laura e Lourival em casa. Depois que chegaram e dos cumprimentos de praxe, Rosa disse sorrindo ao marido:

— Amor, mas este mundo não é pequeno mesmo? Sabia que tia Laura é a governanta da casa do seu patrão? Eu só fiquei sabendo que ela trabalhava para essa família poucas semanas atrás.

— Pois é, Rosa, a gente se vê pouco e quase não falamos de trabalho. Estou há muito tempo naquela casa. Criei os dois meninos, mas um deles Deus levou tão cedo! — Suspirou fundo e acrescentou: — Era meu menino querido, tão alegre e tão bonito. Eles têm uma história triste: primeiro, os pais deles; depois, Leonardo e a Camila. E o meu pobre Pedrinho, tão pequeno, perdeu a mãe. Mas como Deus não abandona nenhum dos seus filhos, o pai e a tia se uniram em um novo casamento, pelo menos Pedro ganhou uma nova família. E por falar nisso, Rosa, a nossa casa está em festa: Pedrinho vai ganhar um irmão ou uma irmã! Ainda não sabemos o que é, mas dona Cândida está grávida, parece que tudo volta a ser como antes, vou ver novamente crianças gritando e correndo naquele jardim.

Reginaldo, um pouco ofegante, pediu licença e foi tomar um banho. "Deus — concatenava ele as ideias —, está tudo ficando claro, Linda é Camila. Acho que estou com medo de enfrentar os caminhos da verdade. Tomara, meu Deus, que algum espírito do centro me ajude e me oriente por onde devo começar."

Enfim, saíram para a casa espírita. Reginaldo foi em silêncio o trajeto todo, a esposa orava pedindo aos mentores daquele centro que ajudassem o seu esposo.

Ao chegarem, sentaram em uma sala. Dona Laura entrou, avisando que ela e o marido estariam entre os médiuns trabalhadores daquele dia. Dentro de poucos instantes, os médiuns estavam reunidos em volta de uma mesa e eles todos entraram em concentração. Reginaldo observava.

Após muitas palavras de conforto e de esperança para os presentes, foi formada uma corrente. As pessoas receberam passes e Reginaldo sentiu uma paz muito grande em seu coração. Já nem se lembrava direito o que tinha ido fazer ali, estava tão envolvido nas mensagens e nas orações que o sofrimento foi esquecido.

O dirigente da casa pediu que todos os assistidos permanecessem orando em silêncio, pois alguns irmãos estavam sendo abençoados e muitos espíritos amigos estavam deixando suas mensagens por intermédio da psicografia. Meia hora depois, os trabalhos foram encerrados e o dirigente da mesa informou que iria ler as mensagens deixadas pelos espíritos. O silêncio se fez.

A primeira mensagem foi aberta.

"Meu caro amigo, neste plano onde me encontro não existe patrão nem empregado, somos apenas amigos e irmãos. Muitas e muitas vezes, Deus coloca em nossas mãos problemas que julgamos não ter solução. Mas, se Ele nos entregou a missão, é porque sabe que, de uma forma ou de outra, temos a competência para resolvê-los. Nas águas turvas de um rio, uma flor foi levada e, por outras mãos, encontrada. Esta flor não perdeu a sua essência pelas pancadas nas pedras. Ela apenas soltou-se e desligou-se do seu habitat. Temos como plantar novamente uma flor que foi arrancada? Vamos encontrar em Deus uma solução para resolver todos os nossos problemas. Basta termos fé e paciência, e tudo será feito segundo a vontade do Pai."

Reginaldo estremeceu e pensou imediatamente: "Meu Deus, ele estava falando da história de Linda ou Camila? Então o espírito estava dizendo para eu não fazer nada a respeito, deixar nas mãos de Deus?" Nesse momento, ele, então, resolveu esperar pelos desígnios de Deus. Sentiu um grande alívio em seu coração. Aquele tormento, que não o deixava dormir em paz, estava cedendo lugar à paz de espírito. As coisas agora iriam mudar...

Tia Laura, de vez em quando, vinha visitá-los e conversavam muito sobre a espiritualidade. Lourival, o marido de dona Laura que a acompanhava nessas visitas, tomou coragem e tinha decidido fazer uma pequena viagem até o interior, onde moravam alguns parentes. Ele perguntou a Reginaldo se ele não tinha uma mala pequena que pudesse emprestar por alguns dias. A resposta foi positiva e Reginaldo ficou feliz em poder ajudar o tio. Na hora de irem embora, a sobrinha correu para pegar a mala que o tio iria usar. Ele ficou agradecido e prometeu cuidar bem dela.

Meia hora depois que os tios haviam saído, Reginaldo ficou branco como cera. Lembrou-se que a aliança de Linda estava escondida em um dos bolsos da mala. E se o tio o abrisse e encontrasse o anel? Teve vontade de ligar para eles e até ir lá pessoalmente recuperar a aliança, mas algo lhe dizia para não fazer aquilo. Se o tio ia levar roupas e objetos pessoais, nem iria perceber aquele minúsculo bolso embutido na lateral da mala. Só ficou tranquilo no outro dia, quando soube que Lourival havia embarcado. Ele, matreiramente, perguntou se as coisas couberam direitinho na mala. E tia Laura respondera que "ainda ficou sobrando lugar!"

*

Uma semana depois, Lourival regressava da viagem. Enquanto tomava um banho, falava em voz alta com a esposa:

— Amanhã à tarde, vamos até a casa da Rosa, quero devolver a mala e entregar estes doces que trouxe para eles.

— Então vou limpar esta mala e é agora! Tome seu banho sossegado, eu vou arrumar todas essas coisas e limpar tudo.

Minuciosa como sempre, Laura limpou cantinho por cantinho daquela mala e reparou: "Ah, aqui tem um bolsinho pequeno também. Vou abrir e limpar por dentro." Foi aí que algo enroscou em seu dedo. "Mas o que é isto? Um anel?" Examinando a aliança, Laura ficou estática: ela conhecia bem aquela aliança, antes de ir para o dedo de Camila, Vítor havia lhe mostrado e perguntado se era bonita. Olhou por dento do aro e lá estava escrito: "Vítor", além da data do casamento. Atônita, agora ela falava em voz alta:

— Santo Deus! Camila nunca tirava aquele anel do dedo, com certeza ela morreu com ele no dedo. Como ele foi parar tão bem escondido na mala de Reginaldo, meu Deus?

Como um relâmpago que incendiava e queimava seus pensamentos, Laura continuava a falar, andando de um lado para o outro:

— Sim, o marido de Rosa está trabalhando na empresa de Vítor. Mas o que há por trás de tudo isso? Será que ele encontrou o corpo de Camila e roubou a sua aliança para fazer chantagens com Vítor e Cândida? Os dois parecem tão felizes e sem problemas. Meu Deus, isso não pode ser real.

E continuava a maquinar pensamentos confusos:

— E se ele estiver esperando o momento certo para dar o bote? Meu Deus, eu não posso julgar e nem pensar isso de um rapaz que parece um anjo de pessoa, mas o que faz com a aliança de Camila em sua mala? Onde ele conseguiu isso?

Olhava e tornava a olhar, sem acreditar no que via. O marido gritou do banheiro:

— Laura! Já lhe pedi três vezes, eu esqueci a toalha, dá para você me trazer uma?

Ela entregou a toalha mecanicamente ao marido e voltou a se sentar, apertando a aliança entre as mãos e procurando uma luz que lhe pudesse esclarecer o que é que Reginaldo fazia com o anel de sua patroa naquela mala.

— Meu Deus! E se não foi o marido da minha sobrinha, mas sim, o meu marido? Ele também viajou com aquela mala. Não, não pode ser! Devo estar de cabeça quente! Meu marido não foi ao local onde Camila desapareceu.

Quando o marido entrou no quarto, Laura perguntou diretamente sem olhar no seu rosto:

— Lourival, o que você escondeu nesta mala que eu não podia ver?

Ele gargalhou e respondeu:

— Deve ser saudade! Isso a gente guarda e ninguém vê. Porque dinheiro eu não tenho para esconder, fotos de garotas também não. O que mais eu esconderia dentro dessa mala? O que você achou aí? Mostre-me, que eu também quero ver.

Aproximou-se da esposa e, rindo, disse em seu ouvido:

— Acho que vou fazer outra viagem, gostei dessa declaração. Acho que você não pega no meu pé por ciúmes há mais de vinte anos.

— Deixe de ser bobo, homem! — respondeu ela, nervosa.

— Tá bom, tá bom. Mas você achou mesmo alguma coisa estranha na mala, Laura? — agora quis saber, curioso.

— Encontrei muito pó — disfarçou a esposa.

— Bom, para aonde fui, minha velha, tem muito pó mesmo. Você precisa ir comigo um dia, é tão bonito aquilo lá...

Enquanto continuava a limpar a mala, ela teve uma ideia: iria esconder a aliança e acompanhar a reação de Reginaldo. Essa aliança valia uma fortuna, quem sabe daria até para comprar a casa em que eles vivem de aluguel. E se ele conhecesse o valor da aliança, iria ficar louco atrás dela. "Aí eu vou saber de toda a história, que não dá nem para imaginar como essa aliança de Camila foi aparecer no bolso da mala de Reginaldo", pensava de novo Laura.

O marido dormiu rápido, cansado da viagem. Ela ainda ficou sentada na sala e olhando para o anel. Não tinha dúvida: era a aliança de Camila.

*

No dia seguinte, Laura, impaciente, dirigiu-se até o jardim da mansão aonde Pedrinho brincava com uns amiguinhos. Cândida convidou-a para vir sentar-se com eles.

Os meninos se distanciaram e foram olhar algo do outro lado do jardim. As duas tomavam chá com biscoito. Dona Laura, pensativa, olhava para as mãos de Cândida, que notou certa inquietação na fiel governanta.

— A senhora está com algum problema, dona Laura? O que está acontecendo?

— Não é nada, dona Cândida. Foi apenas um sonho que tive esta noite. Acordei pensando nele.

— Por Deus, me conte como foi esse seu sonho? — pediu ela, pegando nas mãos da governanta.

— Sonhei que via a aliança de Camila fora do seu dedo. A senhora sabe se ela tirou a aliança antes de entrar nas águas para se banhar ou coisa assim?

— Não! Eu tenho certeza que não! E lembro-me que, meia hora antes do acidente, ela estava com a mão para fora do barco, brincando nas águas, e eu também brinquei com ela dizendo que não deixasse a mão para fora por que, se um peixe resolvesse levar a sua aliança, ele passaria a ser um peixe muito valioso. Eu posso lhe garantir que ela desapareceu com a aliança no dedo.

— Será que ela não estava usando outro anel no lugar da aliança? A senhora se lembra como era a aliança dela? — insistiu a governanta.

— Sim, me lembro, era de diamantes trabalhados em alto--relevo, não era isso? — Cândida puxou pela memória. — Não se preocupe, dona Laura, eu tenho certeza de que a minha irmã está em paz. O que eu posso fazer por ela é o que a senhora testemunha todos os dias: cuido e vou cuidar do seu filho como se fosse meu. Tome uma xícara de chá e olhe quem vem chegando!

Era Pedrinho, com um sorriso de alegria.

— Vovó Laura! Você veio me ver? Você pode cortar um pedaço de bolo para mim? Só você corta do jeito que eu gosto.

— Pois é, Pedrinho, dona Laura lhe serve a metade da torta! Você é muito espertinho. Venha aqui me dar um abraço! E depois você pode ir comer sua torta, dona Laura já colocou no prato para você.

No outro dia, dona Laura e o marido foram levar a mala para Reginaldo e Rosa, além dos doces e de algumas lembrancinhas do interior trazidas por ele. Já na casa dos sobrinhos e após os abraços, Laura passou a observar discretamente o jeito do marido da sobrinha. Ele pegou a mala e levou para o quarto. Alguns minutos depois, voltou inquieto e demonstrando preocupação, com a testa um pouco franzida. Tornou a voltar para o quarto e Laura, com muito jeito, ficou perto da porta entreaberta. Viu o rapaz abrindo a mala e procurando o que havia sumido de lá.

Minutos depois, sentados à mesa, tomavam café. Dona Laura fez questão de olhar nos olhos dele e falar com autoridade:

— Eu mesma limpei bem a sua mala, Reginaldo, pode guardar sem receio. Ela está pronta para a próxima viagem. Limpei bem por dentro e por fora.

Ele tremeu a mão, derramando um pouco de café na toalha da mesa. Laura não tinha mais dúvidas, ele escondia a aliança de Camila. E se Cândida afirmava, com convicção, que ela morrera com a aliança no dedo, como justificar ela estar escondida na mala do marido de sua sobrinha? Era um mistério e Laura queimava os seus pensamentos com aquela ideia. Terminado o café, os homens foram para a sala e as mulheres foram lavar a louça.

Dona Laura virou-se para a sobrinha e perguntou:

— Rosa, a gente conversa tanto, mas, às vezes, esquecemos de perguntar algumas coisas. Por exemplo, eu nunca perguntei de onde é o seu marido. Sei que ele é do interior, mas de onde é mesmo?

A moça disse o nome do lugar e explicou que ele mesmo nem insistia com ela para visitar a família dele. Lá não tinha energia elétrica, aparelhos domésticos, a vida era bem rústica mesmo. Só viviam ali os pescadores que nasceram e se criaram por lá.

— Você falou agora o nome desse lugar... Acho que fica perto da fazenda do doutor Vítor — observou Laura.

— É mesmo, acho que o Reginaldo já comentou alguma coisa assim. Vamos perguntar para ele?

— Não precisa, minha querida. Vamos deixar os homens conversarem os assuntos deles. O que nos interessa se Vítor tem ou não tem fazenda lá perto, não é mesmo?

Então ela não estava errada, esse rapaz era daquela região mesmo. O que fazia ele com a aliança de Camila? Só poderia haver uma explicação: talvez tivesse encontrado o corpo da moça, roubado a aliança por saber que era valiosa e, quem sabe, poder ganhar algum dinheiro com ela. E ele mantinha o silêncio para não chamar a atenção, mas ele sabia do paradeiro do corpo de Camila. Só podia ser isso.

"Mas para Deus nada fica escondido", pensava Laura. "Estou chegando perto da verdade. Ele não vai ficar impune. Ainda vou ver o que fazer, mas vou tomar providências a fim de se fazer justiça."

Laura escondeu bem a aliança de sua querida menina, um dia queria entregar nas mãos do filho Pedro, mas antes teria que fazer valer a justiça de Deus.

CAPÍTULO XIV

A trama se complica

Semanas depois, Reginaldo pediu à esposa para irem ao centro espírita. Dona Laura os acompanhou com muito prazer, ela também precisava esclarecer certas coisas.

Terminada a sessão, como sempre, as mensagens foram lidas. Uma das mensagens deixou dona Laura pensativa: "Queridos amigos, não se precipitem em julgar, mantenham a calma e a serenidade em vossos corações. Deus toma as providências corretas, sem complicar nossas vidas. Simplesmente orem, orem e confiem em Deus. Ele é como a chuva que cai no dia e na hora certa, aliviando aquilo que nos queima por dentro. Guardem em vossos corações a bondade uns para com os outros. Deus não tardará e dará sinais àqueles que buscam os caminhos da verdade."

Daí para frente, dona Laura vivia angustiada e, por qualquer motivo, caía em prantos. Todos já estavam preocupados com ela. Estaria com alguma doença? Algumas vezes, ela repetia em voz alta: "Camila, Camila... Meu Deus!" Já havia se passado mais de três anos do acidente e ela ainda chorava a morte de Camila. Lourival se lamentava com os outros funcionários da casa. Não entendia o porquê de ela estar se comportando assim.

Uma noite, Laura se recostou na poltrona e logo se viu saindo do corpo. Leo estava sentado no banco do jardim, ela correu até lá e ele a abraçou e a suspendeu nos braços, rindo:

— Você agora está ficando velha e feia! Vive chorando e aborrecida pelos cantos! Por que está assim?

— Eu estou com a aliança de Camila, Leo. Por favor, meu filho, se você puder me dizer alguma coisa sobre isso, vai me ajudar a tirar esse peso do meu coração — implorou Laura, angustiada.

— Aquela aliança é de Camila, sim, mas não julgue o rapaz da forma como você tem feito! Ele simplesmente é um instrumento de Deus e nada mais. Ouça os conselhos que tem recebido no centro espírita, confie no Pai. Não tome decisões precipitadas e não julgue sem conhecer as causas.

Leo deu-lhe um beijo no rosto e saiu correndo pelo jardim.

Ela sobressaltou-se e, olhando para o jardim, viu alguém desaparecendo entre os arbustos. "É Leo, tenho certeza, era o meu menino."

Depois desse dia e desse encontro, Laura melhorou bastante. A vida continuava na mesma rotina, ela tinha esperança de que Reginaldo viesse procurá-la para esclarecer aquele mistério.

Sua sobrinha a havia convidado para passarem juntas o seu aniversário, e ela foi com o marido. Foi comemorado em uma chácara, um local muito bonito. Reginaldo estava com os olhos tristes, havia observado dona Laura. Em determinado momento as pessoas se afastaram e eles ficaram a sós.

Ele olhou bem sério para Laura e perguntou com objetividade:

— A senhora acha que eu sou um mau-caráter, dona Laura?

— Eu? Por que está me perguntando isso, filho?

— Por causa da aliança, que eu tenho certeza de que está com a senhora.

Laura encarou de frente o rapaz, fez uma breve pausa e começou a conversa definitiva sobre o assunto que tanto a atormentava:

— Bem, Reginaldo, acho que agora chegou o momento de você me falar toda verdade. Eu tenho vivido um inferno dentro de mim e só você poderá me tirar este peso da alma e do coração.

Tomando fôlego, olhou para o chão de olhos fechados como se orasse e, erguendo o rosto e olhando Laura nos olhos, revelou toda a verdade, em seus mínimos detalhes. Ao terminar o relato, teve de amparar Laura, que, do susto que levou com a narrativa, parecia querer desmaiar. O rapaz indagou:

— Agora que conhece toda a verdade, dona Laura, me diga: o que vamos fazer?

— Não sei, meu filho, sinceramente eu não sei... Jesus! Se Camila está viva, meu Pedrinho tem mãe! Mas como vão ficar a dona Cândida e o Vítor? Pobre menina, perdeu a memória. Será que ela nunca mais vai lembrar de nada? Quando é que você vai visitar seus pais de novo, Reginaldo?

— Estou querendo ir no próximo feriado prolongado. Por que, dona Laura?

— Eu vou com você.

— A senhora quer ir comigo?

— Eu preciso ir com você, vou inventar um compromisso qualquer para o Lourival e para o Vítor, e vamos nos encontrar no meio do caminho para não levantar suspeitas. Eu preciso ver a Camila, eu tenho que ter certeza plena de que é ela mesma! Só então vou pedir a Deus que nos ajude a seguir os caminhos da justiça e da verdade.

Passados alguns dias, o feriado prolongado chegou...

Lourival estava achando estranha esta história e insistia em ir com a esposa. Mas Laura ponderou que ele sempre pode visitar seus parentes sozinho, ela nunca havia se queixado. Agora, era a vez dela visitar algumas amigas e queria ir só.

Assim se deu. Dona Laura despediu-se do marido e saiu. Minutos depois, encontrou-se com Reginaldo e seguiram para a penosa viagem. Horas se passaram e os dois, na maior parte do tempo, permaneciam em silêncio.

Quando chegaram nas proximidades da moradia dos pais de Reginaldo, ele pediu que dona Laura aguardasse um pouquinho. Ele iria preparar sua mãe e Linda para recebê-la.

Dona Laura levava a aliança de Camila. Se ela a reconhecesse, estava decidida a preparar a volta dela para casa.

Reginaldo voltou acompanhado pelos pais. Convidaram dona Laura para entrar e descansar. A mãe do rapaz, com os olhos cheios de lágrimas, aproveitou e contou uma novidade inesperada para todos. Disse que, logo após a última visita de Reginaldo, aquele rapaz que estava interessado e apaixonado por Linda, tornou a procurá-la para iniciar um namoro. As coisas acabaram acontecendo rápido demais e, por fim, ela aceitou até casar-se com ele. Agora, ela estava casada e vivendo do outro lado do rio com o marido. Uma vez por mês, eles se visitavam. Ela fazia muita falta, mas a felicidade de Linda era o que importava. O rapaz era trabalhador, honesto, e muito apaixonado por ela, não poderia existir marido melhor.

— Mas como foi que a Linda se casou se ela não tinha documentos? — perguntou Reginaldo.

— Meu filho, o padre vem aqui de vez em quando, não exige esses documentos. Ele casa quem quer ficar junto, com respeito e amor. Foi isso o que aconteceu. Se você quiser, amanhã podemos ir até lá fazer uma visita para ela, acho que ela vai gostar muito de te ver. E a tia de sua mulher também.

Dona Laura ficou triste e pensativa: "Santo Cristo, como a vida podia pregar peças como estas?" No outro dia, ela pediu para ficar. Falou ter medo, que sentia náuseas andando de barco. Pediu para eles irem sozinhos e que Reginaldo tirasse fotos de Linda, queria ver se era mesmo a sua Camila.

Diante dos fatos e de sua nova condição de casada, já não sabia se seria bom Camila recobrar a memória. Talvez fosse melhor construir uma nova vida ao lado de alguém que a amasse, sem as lembranças do passado.

Fizeram a visita e retornaram no fim da tarde. À noite, Laura conversou muito com Reginaldo e ele contou que ela estava feliz, corada, bonita e sorridente. O esposo a tratava como uma verdadeira rainha e que ela estava grávida. Laura levantou a cabeça, olhou para o céu estrelado e ficou sem ação. "E agora, meu Deus? O que fazer?"

No dia seguinte, despediram-se de todos e foram embora daquele lugar.

*

Quando chegaram de volta à cidade, dona Laura correu e foi imediatamente mandar revelar as fotos que Reginaldo havia tirado, tinha pressa de ver. À tarde, o serviço estava pronto, as fotos estavam perfeitas. Agora, Laura não tinha mais nenhuma dúvida: era Camila! Ela a reconheceu em todos os retratos em que aparecia.

Ainda sem saber se estava tomando a decisão correta, Laura resolveu dar um fim naquela história, por enquanto. Arrumou um cofre, colocou as fotos e os negativos dentro, colocou a aliança de Camila junto, e fechou com um cadeado. Pegou a chave e a escondeu dentro do seu oratório, tinha a certeza de que ali ninguém colocaria as mãos.

Sentou-se com Reginaldo, conversou com ele e exigiu lealdade. Combinou que ambos jamais deveriam falar desse assunto com ninguém. A partir de agora, este seria um segredo só dos dois, até o dia em que Deus resolvesse de outra forma...

*

Na mansão, tudo corria bem. Cândida teve uma menina e deu-lhe o nome de Camila, com total aprovação do marido. Pedrinho recobrou sua saúde por completo, foi uma bênção não ter ficado com sequelas da doença.

Bem distante dali, na ribeirinha do rio onde viviam os familiares de Reginaldo, nascia uma outra menina, de nome Gabriela, filha de Linda, como era conhecida.

Depois do parto, Linda passou a ter muitos pesadelos, acordava no meio da noite gritando e perguntando onde estava o Pedro. O marido a acordava e mostrava que eles tinham uma menina chamada Gabriela, não um menino. Uma das mulheres ribeirinhas trouxe uma benzedeira para fazer um benzimento em Linda. Segundo ela, toda mulher quando dá à luz fica com o corpo aberto por quarenta dias, e é aí que pode entrar algum espírito mau.

Apesar dos benzimentos, que Linda aceitava com muita fé, os pesadelos continuavam. Uma noite, ela acordou chamando por Vítor. O marido se aborreceu e quis saber se ela conhecia algum Vítor. Linda respondeu não se lembrar de nada e que, desde o tempo em que estava com seus pais adotivos, nunca ouvira falar neste nome.

De vez em quando, as lembranças do passado surgiam vagas na mente de Linda, era como se estivesse sonhando acordada com lugares, rostos e palavras. Até escondia do marido essas lembranças. Ele, sem entender direito o que se passava com a esposa, ficava triste e aborrecido quando ela começava a contar do que estava se lembrando.

Agora, nas últimas semanas, um rosto de criança a acompanhava. Ela tinha gravado em sua memória um sorriso lindo, era um menino, e ela sabia que este menino se chamava Pedro. Quem seria aquele menino? Um anjo?

Reginaldo, sempre que podia, ia visitar os pais e trazia notícias de Camila para dona Laura. Sempre que o rapaz ia viajar, Laura fazia um pacote e pedia que ele levasse. Ela mesma fez uma blusa de tricô e mandou para Camila. Imaginava a vida difícil que ela levava agora, sem qualquer conforto, quando teve tudo naquela mansão onde viveu. E sua filhinha? Devia ser uma boneca, ia pedir para Reginaldo tirar umas fotos de Gabriela, queria conhecer a garotinha.

Muitas fotos foram feitas e dona Laura guardou todas. Agora, no cofre estavam as fotos de Camila e de Gabriela. Quando ficava sozinha, Laura trancava-se naquela sala e ficava olhando todas as fotos, derramando lágrimas de saudade.

"O tempo passou tão depressa", pensava dona Laura, olhando Pedrinho entrar no carro para ir ao colégio, acenando para a irmã Camila. Com os olhos marejados, Laura pensava, vendo aquela cena: "Meu Deus, o menino nem imagina que tem uma outra irmã e que sua mãe estava viva, e não morta como lhe contaram."

*

Reginaldo agora tinha dois filhos pequenos e já não ia visitar os pais com tanta frequência. Certo dia, dona Laura teve um sonho estranho com Camila e ficou muito nervosa. Chamou Reginaldo, à noite, e se propôs a ficar com Rosa e as crianças para que ele pudesse ir visitar os pais e trazer notícias de Camila. O rapaz confessou estar muito preocupado com os pais, havia recebido uma mensagem no centro espírita que o deixara bastante preocupado. Resolveu, então, pegar uma semana de férias e viajar. Dona Laura preparou um pacote grande com compras para Camila e sua filha.

Reginaldo, sem demora, viajou...

Uma semana depois, ele estava de volta, muito triste e abatido. Pensava no que tinha visto por lá. Não fazia muito sentido o que ocorrera, mas, infelizmente, certas coisas acontecem com as pessoas que vivem longe da civilização. O marido de Linda havia morrido, vítima de uma picada de cobra. Ela estava com sua filha vivendo na casa dos pais. Mãe e filha viviam em péssimas condições. Ele se sentia culpado, se tivesse contado tudo antes de Linda se casar, aquela criança não estaria no mundo sofrendo e Linda, com certeza, teria voltado a ser Camila. Seus pais, inclusive, já não tinham mais condições de trabalhar como antes, atravessando o rio de um lado para o outro. Realmente não sabia como poder ajudar sua família e, especialmente, a Linda e Gabriela.

Dona Laura chorou muito com as notícias e o remorso tomou conta do seu coração: "Meu Deus! Será que agi errado? Será que, escondendo a verdade, provoquei mais sofrimento?" Ao olhar as fotos de Camila e da menina, ela não reconhecia mais naquela mulher os traços finos de sua patroa de outrora, e Gabriela tinha uma feição de criança sofrida.

Naquela noite, ela não dormiu. Rezou, pediu muita orientação aos mentores e uma luz clareou sua mente: ela tinha juntado algum dinheiro, o suficiente para comprar uma casinha. Ela iria conversar com Reginaldo e tentaria tirar Camila e a menina daquele lugar, trazendo-as para uma cidade do interior mais próxima. E, quem sabe, se os pais de Reginaldo não mudassem também junto com elas? Em outra cidade, ninguém desconfiaria de nada.

Chamou Reginaldo e pediu que ele insistisse com os pais e com Camila, mostrando a eles que tudo estava sendo feito pensando no futuro de Gabriela, que deveriam tomar uma decisão imediatamente. Eles montariam um negócio, como uma quitanda ou coisa assim, escolheriam uma cidade pequena, que tivesse um rio próximo, assim os pais de Reginaldo poderiam até pescar, pois pescador é como o peixe, não vive longe do rio.

Reginaldo achou a ideia maravilhosa, restava saber se eles aceitariam. Dona Laura implorou, chorando, para que ele viajasse o mais rápido possível e fizesse a proposta. "Vá lá, meu filho, volte lá, converse com eles. De uma forma ou de outra, somos um pouco responsáveis por essa situação. Como podemos viver tranquilos e em paz, sabendo que pessoas queridas nossas estão sofrendo dessa forma? Convença-os, e vamos procurar a cidade. Compraremos uma casa e vamos resgatá-los para uma vida digna."

Rosa achou estranho. Reginaldo havia acabado de chegar de viagem e já retornaria, na semana seguinte, à casa dos pais. Ela notou que mais alguma coisa estava errada, além da história que ele havia contado. Andava cismada com as preocupações dele, estava falando demais com a tia e a própria dona Laura também se portava de forma diferente. Começou até a chorar no meio de uma conversa com Reginaldo. Rosa realmente estava desconfiada de que alguma coisa havia acontecido.

Lourival também andava desconfiado de que havia algum segredo entre sua mulher e o marido de sua sobrinha. Se ela fosse mais nova, daria até para pensar bobagens. Os dois agora viviam segredando pelos cantos, e há muito tempo ela não era mais a mesma pessoa. Todas as pessoas que a conheciam comentavam a mudança de dona Laura. Até seus patrões andavam preocupados.

Cândida chegou a comentar com Vítor:

— Dona Laura não anda nada bem. Vive nervosa e distante das crianças, já a vi chorando várias vezes, olhando para o Pedrinho. Já tentei conversar com ela, mas está difícil. Eu a obriguei a ir ao médico, os exames estão bons, mas ela, não.

Vítor ficou preocupado:

— Não seria melhor arrumar um médico especializado em geriatria?

— Eles estão sendo bem atendidos pelos médicos habituais, eu mesma acompanhei dona Laura na consulta e conversei com um deles. O doutor me disse que o problema dela não é físico, é algo ligado ao emocional, até indicou uma terapia com psicólogo, mas pergunte-me se ela quer ir? Eu não posso obrigá-la. Quem sabe você, com muito jeito, consiga...

— Vou falar com ela. Acho que a criança agora é ela! Que fato tão grave abalou o emocional dela? Sempre foi tão segura e tranquila, o que pode estar havendo?

— Não sei, Vítor, só te peço que tenha muito cuidado e paciência, ela está sensível. Se você não falar com calma e escolher bem as palavras, pode piorar ainda mais a situação.

Naquela mesma tarde, Vítor foi falar com Lourival, o velho jardineiro de tantos anos.

— Olá, Lourival. Tudo bem? Como estão bonitos esses canteiros de rosas! Não entendo nada de lua, mas elas estão bonitas assim por causa da lua?

Lourival gargalhou e respondeu:

— Pode até ser. Mas eu também não entendo nada de lua, entendo de jardim! Primeiro, elas foram podadas na ocasião correta, quem me ensinou esses períodos foi um agrônomo que seu avô havia contratado para olhar a terra do jardim. Se ele estudava a lua, pode ter certeza de que estudou bem, porque tudo o que ele me ensinou, até hoje dá certo! Só faço tudo baseado no que aprendi com ele, e assim, ensino aos novos jardineiros. Cada planta tem o seu tempo certo de podar, de transferir de lugar e aonde deve ser plantada, o que vai ser misturado na terra, como devem ser molhadas, se ela gosta de sol forte ou de sombra, e por aí afora...

— Ah, Lourival — suspirou Vítor —, meu avô amava esse jardim. Lembra-se de quantas vezes eu ia te chamar para ajudar o vovô, que adormecia no gramado?

— Se me lembro! Seu avô gostava tanto desse jardim que eu me sinto mal quando não posso vir cuidar e reparar essas flores, que ele tinha tanto amor. Seu avô não foi apenas o meu patrão, foi um verdadeiro irmão para mim. Tenho muitas saudades dele. Depois que ele morreu, nunca mais tive coragem de provar aquela "quentinha" que nós bebíamos juntos. Eu nunca vou esquecer o quanto ele foi bom para mim — disse o velho jardineiro, com os olhos rasos d´água.

— E meu pai? Ele curtiu muito esse jardim? — perguntou Vítor, tentando se lembrar das poucas vezes em que brincou com ele.

— Sinceramente não! — respondeu o jardineiro. — O seu tio sim! O pai de Leonardo vivia se escondendo no jardim, principalmente quando não queria ir para as aulas de piano. Ele nunca gostou de tocar piano, ele gostava de violão. Já o seu pai gostava do piano. Você e o Leo nunca se interessaram em tocar nada. Ainda bem que o Pedrinho anda mostrando interesse, sem ninguém forçar nada, é da natureza dele. Acho que vamos ter um grande músico na casa, e espero que o senhor não se oponha com esse gosto dele.

— Absolutamente. Tenho dado muito apoio ao Pedrinho, deixo sempre claro para ele, vou apoiar todo o seu trabalho e suas escolhas.

— É assim que dá gosto ouvir o senhor falar do seu filho! Parece até o senhor seu avô, falando de vocês. Ele tinha orgulho dos netos, parava até o que estava fazendo quando falava de vocês.

— O meu avô foi um grande homem. Ele nos deixou lições de vida maravilhosas e sempre nos ensinou o caminho do bem, da família...

— É, família é mesmo uma coisa sagrada.

— Lourival, já que estamos falando de família, há uma coisa que eu queria perguntar a você — falou Vítor, introduzindo cuidadosamente o assunto que o levou a falar com o jardineiro.

— O que é filho? O que você precisa saber de sua família?

— Não é propriamente da minha família e ao mesmo tempo é, porque eu considero você e dona Laura como pessoas da minha família. Venho notando que você e dona Laura não andam bem. O que está acontecendo com vocês? Eu posso ajudar em alguma coisa?

— Você e dona Laura não andam bem, não! Só a dona Laura — respondeu o velho jardineiro. — Já faz é muito tempo que ela anda estranha. Deus que me perdoe, mas depois que começamos a frequentar a casa dessa sobrinha dela, a Rosa, parece que uma coisa ruim tomou conta dela. Ela tem feito cada coisa que, se eu não fosse um homem de cabeça boa, já teria feito besteira, ou pensado besteiras a respeito dela. Para ser sincero com você Vítor, eu acho que Laura esconde um segredo que eu ainda não consegui descobrir.

Fez uma pausa e recomeçou a quase desabafar:

— Uma coisa pode ter certeza: o marido da sobrinha dela, o Reginaldo, está no meio dessa história. E por falar nisso, você é o patrão dele, talvez tenha mais chance do que eu para desvendar esse mistério.

— O Reginaldo? Esse Reginaldo que está me falando é o mesmo Reginaldo lá da fábrica? Lourival, o Reginaldo é um dos melhores funcionários que eu tenho na empresa. Não posso me intrometer na vida particular dele.

— Então, esqueça o que me perguntou e vamos mudar de assunto — retrucou Lourival um pouco desgostoso.

Mais tarde, a sós com Cândida, Vítor contou-lhe sobre a conversa que tivera com o jardineiro. Cândida ficou parada, pensando qual segredo poderia unir e envolver a governanta e o marido da sobrinha. Afinal, os dois eram funcionários de confiança deles. Teriam que descobrir.

— Vítor, eu posso te sugerir uma coisa?

— Claro, Cândida. Suas ideias sempre me levaram a grandes conquistas.

— Mande fazer um levantamento sobre a vida desse rapaz, o Reginaldo. Não que tenhamos motivos para desconfiar dele, mas poderá haver algo do seu passado que o esteja prejudicando na sua vida atual, e, de repente, podemos até ajudá-lo! Não vejo outra explicação para essa conduta de dona Laura. Ela sabe alguma coisa do passado desse rapaz, ele deve ter desabafado seu problema com ela.

— Meu Deus! Isso não havia passado pela minha cabeça. Você acha mesmo que ele tem alguma coisa para esconder de nós? Mas o que poderia ser?

— Filhos, casamento desfeito, um deslize de juventude, sei lá, só investigando é que poderemos chegar a uma conclusão.

— Não descarto a sua sugestão, mas tenho medo de invadir a privacidade alheia — ponderou Vítor.

— Nós só temos essa alternativa. Caso contrário, não teremos como ajudar dona Laura. Não se esqueça que o próprio Lourival afirmou que os dois guardam um segredo.

— Muito bem, você está certa! Vou mandar investigar a vida dele. Mas que fique claro: seja lá o que for que ele tenha feito no passado, em nada se reflete hoje no seu presente. Ele é um dos melhores funcionários e não vou demiti-lo, mesmo que descubra alguma coisa desagradável.

— Mas é claro que você não pode prejudicá-lo! O passado dele vai ser respeitado.

Assim, Vítor chamou um dos gerentes de sua área de Recursos Humanos e confiou a missão a ele. Deu-lhe um prazo para apresentar os resultados.

CAPÍTULO XV

Investigação

De volta à casa dos pais, Reginaldo conversou muito com Linda. Explicou a ela que ele também tinha filhos e a proposta era para o bem da Gabriela. Ele faria o mesmo pelos filhos dele. Reforçou que Linda deveria fazer um sacrifício pela filha e levá-la para uma cidade maior a fim de colocá-la em uma escola e torná-la uma pessoa instruída, com maiores chances na vida. Linda chorou muito e disse que tinha muito medo de enfrentar a vida na cidade. Reginaldo usou de todos argumentos possíveis naquela situação para convencê-la a se mudar, levando Gabriela e os pais. Por fim, Linda acabou aceitando a oferta de Reginaldo, e afirmou que iria fazer de tudo para levar os pais dele, mas que eles agora viviam doentes e cansados. Não tinha certeza de que eles fossem mudar também.

Dias depois, dona Laura saiu cedo, despistando e dizendo que iria pagar uma promessa, e não queria que o marido a acompanhasse. Cândida então pediu que o motorista levasse Laura, o que também não foi aceito por ela. De fato, era muito estranho o comportamento de dona Laura.

Lourival também saiu cedo dizendo que iria fazer a transferência de seu título de eleitor, fato que a esposa acreditou com naturalidade. Toda eleição, Lourival era obrigado a votar muito longe.

Enquanto tudo isso acontecia, a investigação sobre Reginaldo corria em paralelo. Um detetive, especialmente contratado para acompanhar os passos do rapaz, estava em plena atividade. E, nesse dia, ele já estava no encalço de Reginaldo desde cedo. Ele achou estranho Reginaldo se encontrar com a governanta de Vítor na rodoviária e viajarem para uma pequena cidade. Ele não teve dúvida: embarcou junto, teria que desvendar aquele enigma ou, no mínimo, conseguir informações relevantes.

Ao desembarcarem, ele seguiu o casal. Os dois foram em uma imobiliária, visitaram várias chácaras próximas a escolas, hospitais e mercados. O que estariam planejando? Comprar uma chácara? E para quê?

Antes de deixar a pequena cidade, o detetive foi até à imobiliária e, com uma boa conversa, conseguiu uma cópia dos documentos para ter as provas em mãos: dona Laura havia, efetivamente, comprado uma chácara, só restava saber o porquê de eles dois esconderem esse negócio do restante da família. O detetive juntou a descoberta da compra do imóvel com as informações obtidas sobre a moça e a menina que moravam com pais do rapaz. Ele se convenceu de que aquela era a última peça de que precisava para concluir sua investigação: se Reginaldo não tinha irmãos, aquela moça que morava com os pais dele, era, na verdade, alguém do seu relacionamento, mãe de uma filha sua. Com certeza, aquela chácara logo estaria sendo habitada por elas, mãe e filha, já que as condições de vida nas ribeirinhas do rio não eram adequadas e ele queria dar um conforto melhor para as duas. Provavelmente, dona Laura estava ajudando o rapaz a resolver essa situação.

O detetive, satisfeito pelo excelente trabalho realizado, ia agora preparar o relatório que iria apresentar no escritório do doutor Vítor, no dia seguinte. Daria continuidade ao trabalho de investigação, se o patrão assim quisesse.

Por sua vez, dona Laura chegou em casa por volta das dezenove horas, aparentando muito cansaço. O marido, de pé, espantado, perguntou um tanto preocupado:

— Laura, que tantos milagres você tem recebido ou que tantos pecados você têm cometido para ficar o dia inteiro pagando promessas e só voltar a esta hora da noite? Enquanto você não resolver me contar o que é que está acontecendo, eu vou sair de casa, vou dormir no canil com os cachorros, eles são mais sinceros comigo! Eu estou cansado de passar por bobo! Todo mundo está vendo o seu comportamento! Eu chego a pensar que você, depois de velha, começou a pular a cerca! Não tem outra explicação! Eu me cansei, vou falar a verdade para o doutor Vítor e dona Cândida, e quero distância de você! A não ser quando resolver me contar os seus milagres e quem é o santo!

Saiu batendo a porta.

Dona Laura sentou-se, estava cansada, sentiu uma dor no peito, levou a mão ao coração. Rezou de olhos fechados, a dor foi se acalmando. "Meu Deus! O que vou fazer? Mostra-me um caminho, meu Deus! Não posso contar a verdade para o Lourival, mas não posso deixá-lo sofrendo assim desse jeito, e pensando o pior de mim", chorava baixinho a governanta.

Lourival estava se encaminhando para o outro lado da mansão. Pedrinho, achou estranho que ele carregava uma sacola na mão e parecia chorar.

— Papai, vem até aqui. Olhe lá, o Lourival está chorando e parece que vai embora.

Vítor desceu as escadas correndo e foi de encontro ao velho jardineiro, alcançou-o e sentaram-se no banco do jardim. O velho jardineiro colocou a sacola no chão e desabafou:

— Filho, eu venho tentando saber o verdadeiro motivo que levou a Laura a mudar desse jeito, mas não encontrei resposta. Tenho feito de tudo para agradá-la nestes últimos tempos, Deus é testemunha do quanto venho tendo paciência. Mas hoje foi a gota d´água! Ela saiu cedo me dizendo que ia pagar uma promessa. Primeiro, não quis que eu fosse junto! Depois, dona Cândida queria que o Augusto a levasse de carro, e ela também não quis! E só chegou agora, a esta hora da noite, calada, como se nada tivesse acontecido. Está certo isso, Vítor? Estou saindo de casa e não volto mais! Se você me permitir, vou dormir no quarto de rações ao lado do canil.

Vítor se levantou pegou a sacola e ordenou:

— Você vai dormir no quarto do meu avô! Não quero ouvir nenhuma desculpa. O senhor é como se fosse meu avô, realmente não merece estar passando por isso. Eu vou procurar saber o que, de fato, está acontecendo com a dona Laura.

Lourival, voz trêmula e choroso, ponderou:

— Uma coisa eu posso adiantar, se o senhor for atrás daquele seu funcionário, alguma coisa o senhor vai descobrir. Ele hoje, com certeza, também passou o dia fora. O que é, eu não sei, mas a Laura e o Reginaldo têm alguma coisa em comum. Mesmo ela tendo idade de ser avó dele, os dois podem estar tendo um caso!

— Lourival! O que é isso? Não pense uma besteira dessas de dona Laura!

— Então me dê outra explicação! Eles saem juntos, passam o dia todo juntos, não querem ninguém por perto, colocam até os santos e a religião no meio dessa história!

— Você já pensou que ela pode estar ajudando o Reginaldo a resolver alguma situação em que ele tenha se envolvido? Afinal, ele é marido da sobrinha dela.

— Se fosse isso, ela teria me contado desde o começo, eu estaria ajudando também, nós dois nunca tivemos segredos um com o outro.

— Vamos lá, Lourival, vamos entrar, você precisa descansar. Amanhã será outro dia e, com a cabeça no lugar, vamos pensar no que fazer para ajudá-los.

O velho jardineiro argumentou o quanto pode, ele não queria ficar na casa do patrão. Vítor quase o arrastou para dentro, dizendo que ele ia permanecer ali, até que a situação entre ele e dona Laura fosse esclarecida.

*

No outro dia, dito e feito, o detetive entregou nas mãos do patrão o relatório com as suas investigações. Vítor folheou o relatório, que apontava uma suspeita de Reginaldo ter uma filha com outra mulher, que vivia na ribeirinha do rio. E sentiu admiração por ele, preocupado e responsável, estava simplesmente dando à mãe de sua filha um amparo melhor. Mas, e dona Laura? Por que escondera essa história até do marido? Bem, por outro lado, conhecendo dona Laura do jeito que Vítor conhecia, se ela havia dado sua palavra de que manteria tudo em segredo, ela morreria, mas não falaria a verdade para ninguém.

Num ímpeto, ligou para a sua secretária e pediu que ela enviasse flores e bombons para dona Laura. A secretária, curiosa, perguntou:

— O que deseja escrever no cartão, doutor Vítor?

— Ah, escreva o seguinte: "A cada dia que passa, te admiro mais! Daquele que te ama muito!"

— É o aniversário dela, doutor?

— Não, não é. Aliás, eu nunca me lembro do aniversário dela, ainda bem que a minha mulher não esquece e sempre me avisa. Eu apenas senti vontade de fazer isso hoje.

Assim que desligou o telefone, a secretária pensou: "Ou é muito amor ou remorso de alguma coisa. Seja como for, eu gostaria de estar no lugar dela."

Vítor ligou para Cândida e pediu para que ela encontrasse dona Laura e cuidasse bem dela. Contou que enviou umas flores para ela e acrescentou:

— Cândida, suas suspeitas estão quase confirmadas. Graças a Deus, nós vamos poder ajudar a Laura e o Lourival a colocar um ponto final nesta tormenta.

À noite, Vítor foi até a casa de dona Laura, sentou-se no sofá e disse que estava com saudades de comer os biscoitos feitos por ela. Depois que tomou o chá e comeu os sequilhos, Vítor se levantou e começou a brincar com os enfeites da estante. Laura torcia as mãos, pois sabia que ele estava ali para falar sobre Lourival. Vítor entrou no assunto:

— Dona Laura, veja o que é a cabeça de um homem. O Lourival chegou até a pensar que a senhora estava tendo um caso com o Reginaldo. Mas eu sei que a história é outra, já descobri tudo! Coloquei um detetive atrás do Reginaldo e já sei que ele contou com a sua ajuda para comprar uma chácara e trazer a mãe de uma filha que ele tem lá nas ribeirinhas. Tudo isso foi muito digno de sua parte, dona Laura, ajudar o Reginaldo, que é um bom sujeito, assim sua sobrinha também fica segura. Mas, sinceramente, a senhora deve contar toda a verdade para o Lourival. Acabe com esse sofrimento. Vou aumentar o salário do Reginaldo, assim ele vai poder ajudar os pais dele, a filha e a mãe dela. Quanto à senhora, procure sossegar o seu coração, conte tudo para Lourival, que está muito magoado com a senhora, está se sentindo traído, e não é para menos. Qualquer um no lugar dele, se não tivesse cabeça e equilíbrio, já teria feito uma bobagem! Dona Laura, para um homem sentir ciúmes não precisa consultar a carteira de identidade dele. Ou depois de certa idade não se pode mais sentir ciúmes?

Dona Laura transpirava nervosa, sentia as mãos frias. Então Vítor chegara bem perto da verdade. Será que Camila não corria perigo com esse detetive atrás dela?

— Vítor, o que você mandou fazer não está certo, colocou gente para investigar a vida dos outros — opinou Laura, tentando disfarçar o nervosismo.

— A senhora, sem pensar, desencadeou tudo isso. Foi a única forma de descobrir o que havia de verdade nesta sua história com o Reginaldo. Eu não nunca acreditei que houvesse um romance entre vocês, não tinha cabimento, mas, que havia alguma outra coisa, havia!

Abraçando a velha criada, ele pediu, quase implorando:

— Dona Laura, vamos relevar tudo. Vamos guardar este segredo, sim, a vida do rapaz não pode estar correndo de boca em boca. O que aconteceu, aconteceu, a filha dele está aí, e nós temos que ajudá-la, sim! Eu vou pagar os estudos dessa garota! Vou ajudá-la e também à mãe. E vai ser por intermédio da senhora, mas com uma condição: a senhora vai contar toda verdade para o Lourival e vão voltar a ficar juntos. Pense bem, dona Laura, vão ser a melhor solução para todos.

Naquela noite, Laura não conseguia dormir. Suas ideias fervilhavam. "Jesus, a verdade estava se aproximando. Se eu contar tudo para o Lourival, ele naturalmente vai querer ir até onde Camila está. E se, um dia, Vítor e Cândida cismarem de ir também? E se o Lourival contar tudo para o Vítor? Meu Deus! O que fazer?" Levantou-se, tomou água, abriu a janela do quarto e ficou olhando para o céu estrelado em busca de respostas. "Meu Deus! O que devo fazer?" Voltou para cama e recostou-se nos travesseiros. Fechou os olhos, começou a orar e a sentir a presença de amigos espirituais, entre eles estava Leonardo. Ele estava lindo, sua luz brilhava, clareando todo o seu quarto. Aproximou-se de Laura e disse suavemente em seu ouvido: "Fique calma, confie em Deus. Tudo o que vier a acontecer, não depende de você, depende de Deus. Conte toda a verdade para Lourival, fale toda a verdade, desde o começo. Ele vai te ajudar muito, e ninguém melhor para dividir nossas aflições do que uma pessoa que amamos. Confie nele."

Laura abriu os olhos sobressaltada, o quarto estava perfumado.

— Meu Deus! Eu vi o Leo! Ele falou comigo...

Antes da seis da manhã, ela fez o café, preparou a mesa, e foi até o jardim. Lá estava Lourival, já podando algumas flores. Laura aproximou-se e o chamou:

— Lourival?

Ele fingiu que não ouviu. Ela, então, aproximou-se mais e tocou no seu braço. Ele virou-se e retrucou:

— A senhora deseja alguma coisa?

— Sim, eu desejo falar com o senhor. Queira me acompanhar até a nossa casa, por favor.

— Até a nossa casa, não! Eu não moro mais naquela casa e não tenho esposa! O assunto que a senhora deseja falar comigo é sobre trabalho ou resolveu me contar a verdade? A consciência doeu, dona Laura?

— Eu resolvi contar a verdade, sim, e minha consciência doeu, sim! Vamos entrar, tomar o café e conversar! — falou Laura em tom decidido e pisando firme pelo gramado.

Lourival lavou as mãos e sorriu, aquela era a sua Laura! Mulher determinada estava ali. Ele não vivia sem ela e, mesmo passando milhões de pensamentos errados pela sua cabeça, tinha certeza de que ela o amava e jamais o trairia.

Sentados à mesa, Lourival, fingindo estar magoado, no fundo ele estava mesmo era aliviado, iniciou a conversa:

— Vamos logo, fale o que tem a me falar! Preciso voltar para o meu trabalho.

Laura serviu a xícara do marido, que fingiu não estar interessado, mas, na verdade, estava louco de saudades do bolo e do café da esposa. Ela sentou-se e começou a relatar toda a verdade que provocara entre eles aquele enorme sofrimento.

— Quando fui limpar a mala de viagem que você tomou emprestada — relembrou Laura —, encontrei a aliança de Camila. A partir daí, começou toda essa história, que agora vou lhe contar em detalhes. Preste a atenção...

Laura iniciou o relato e não esqueceu de nenhuma vírgula, contou minuciosamente tudo o que acontecera...

— Meu Deus, Laura! — Lourival estava pálido e suas mãos tremiam. — Pelo amor de Jesus, me perdoe, como é que eu te fiz sofrer tanto assim, minha velha?

Abraçou-a, com carinho, e os dois choraram juntos. Ela ainda contou o sonho, quase uma realidade, que teve com Leo. Em seguida, sugeriu ao marido para irem ao centro espírita, iniciativa com a qual Lourival concordou imediatamente e se prontificou a levá-la.

— Laura, você me perdoa? — suplicou, amoroso, o marido.

— Sou eu que tenho que te pedir perdão, eu jurei que nem a você eu contaria, por isso tenho carregado este peso imenso dentro do coração.

— Nós vamos ajudar a nossa menina! Como é que tudo isso foi acontecer, meu Deus? Pedrinho tinha sua mãe viva, bem viva! Mas nós vamos dar um jeito, minha velha.

Dona Laura abriu o velho cofre e mostrou as fotos para o marido. Ele chorava, entre soluços. Isso não podia estar acontecendo, ele prometera cuidar dos netos do seu amigo, e agora tudo isso acontecia. Como não percebeu antes nada disso?

Pedrinho, sorrindo, entrou na sala e falou para o pai que Lourival estava conversando com dona Laura, já fazia muito tempo.

— Ah, filho, isso é bom, os dois estão se acertando.

— Que pena, vou perder meu amigo de quarto — disse o menino.

— Como assim? — quis saber o pai, curioso.

— Eu não contei, mas todos esses dias eu estava dormindo no quarto do meu bisavô. Fazia companhia para o Lourival e eu estava adorando dormir lá.

— Não seja por isso, você pode continuar dormindo no quarto do seu bisavô. Mas o Lourival deve voltar a dormir na casa dele ao lado de dona Laura.

— Tudo bem, pai, se o senhor deixou, eu vou continuar no quarto do seu avô.

À tarde, Cândida ligou para o marido e disse que Lourival e Laura estavam passeando juntos pelo jardim, pareciam dois namorados.

— Até que enfim essa história foi esclarecida e todos nós vamos respirar aliviados — finalizou Cândida, sorrindo.

*

Uma semana depois, Reginaldo voltou ao trabalho. Foi chamado na sala da diretoria e informado de sua promoção. Ele agora passaria a ganhar vinte por cento a mais no seu salário.

No dia seguinte, dona Laura chamou Reginaldo até sua casa. Ele estranhou, mas ela disse que era urgente e importante aquilo que precisava falar com ele. Assim que ele chegou, foi recebido por Lourival, que antes estava evitando falar com ele. Agora, o abraçava efusivamente e convidou-o para entrar.

— Reginaldo, meu filho! — veio Laura em sua direção. — Não se assuste, devo informá-lo que contei toda a verdade para o meu marido, e acho que chegará o momento em que você vai fazer o mesmo com Rosa. O mais grave neste momento é que Vítor acha que aquela menina é sua filha, que você teve um caso com aquela mulher, ou melhor, com a Linda. Ele colocou um detetive atrás de você assim que percebeu que nós dois estávamos envolvidos em alguma coisa que nos fazia sofrer. Vítor não fez isso por maldade, por achar que tínhamos alguma coisa, mas sim, fez isso para nos ajudar. Ele sabe que compramos uma chácara e que você foi buscar sua família.

Lourival pediu desculpas ao rapaz e prometeu ajudá-los no que fosse preciso. Estava chocado, sim, nem sabia como iria olhar para o Pedrinho e se controlar.

Reginaldo contou que deixou tudo em ordem, acomodou todos na chácara e a quitanda na qual eles iam trabalhar também estava sob controle. A menina foi matriculada em uma escola perto da chácara. Com o comprovante do casamento de Linda, os seus pais conseguiram registrá-la como filha deles. Gabriela tinha sido registrada como filha de Linda. No final das contas, tudo havia dado certo, com a graça de Deus.

Dona Laura e o marido avisaram Reginaldo que iriam viajar no próximo fim de semana para visitar Linda e sua família. Ele achou a ideia excelente. Doravante, teriam que se dividir nas visitas, ele não poderia mais se afastar tanto e contava com ajuda deles. Assim seria feito.

Vítor e Cândida comemoravam o final feliz da história de dona Laura e Lourival, riam do ciúmes dele, mas, enfim, tudo terminara bem e se orgulhavam do que haviam feito.

Vítor falou a Cândida sobre a promoção e o aumento que havia dado ao rapaz. Independente dessa ajuda, Vítor também gostaria de pagar os estudos daquela menina, que já sofria as diferenças por ser uma filha escondida. Cândida concordou. O marido acrescentou:

— Vamos pedir a dona Laura para providenciar tudo, pagaremos todos os estudos dela, não há necessidade de aparecermos e nem de expor o Reginaldo. Você se encarrega disso, Cândida?

— Claro! Deixe comigo, vou cuidar de tudo.

Cândida mandou chamar dona Laura e contou que estava a par de toda a verdade. Ela e Vítor queriam ajudar a garota, eles pagariam todos os estudos dela. Precisava que ela fosse até a cidade onde estava a menina, escolhesse uma boa escola, roupas, sapatos e material escolar. Cândida também assumiria essa responsabilidade.

A governanta suspirou e murmurou em voz baixa: "Deus escreve certo por linhas tortas."

— O que disse, dona Laura?

— Bobagem, bobagem de gente na minha idade. Posso ir com o Lourival neste fim de semana e ficarmos por lá até resolver tudo?

— Claro! Só voltem com tudo em ordem. Ah, outra coisa: pensando bem, acho vou depositar o dinheiro em sua conta para a senhora fazer os pagamentos. O que acha?

— Sinceramente? É uma excelente ideia — respondeu dona Laura, com felicidade. — Vou lhe prestar conta de tudo, vai facilitar para fazer as compras e pagar. Vai dar tudo certo.

CAPÍTULO XVI

Tudo parecia normal...

Tudo corria bem na chácara. Linda foi se envolvendo com o trabalho e se adaptando à nova vida. Lia muitas revistas e jornais. Alguns fatos lhe chamavam a atenção, era como se já tivesse passado por aqueles lugares e visto aquelas pessoas, tentava se lembrar de alguma coisa, mas nenhuma lembrança lhe vinha à mente.

Gabriela estava na melhor escola da pequena cidade. Uma perua vinha buscá-la e trazê-la, não parecia mais a garotinha daquela beira de rio. Estava crescendo.

Linda era muito admirada pelo povo da cidade. Bonita e educada, muitos homens passaram a cortejá-la. Linda fugia, ela se lembrava do pai de Gabriela, aquele que se casou com ela. Mas, de vez em quando, lá do fundo do seu coração, aparecia o rosto de um outro homem, e ela sentia um aperto no peito.

Linda passou a ter uma vida diferente daquela da beira do rio. Recebia informações pelo rádio, TV, jornais e revistas. Ela começou a sentir muita vontade de ir até o mar, Gabriela logo estaria de férias. Ela pediu a Lourival e dona Laura para acompanhá-las no passeio. Os dois se prontificaram e ficaram eufóricos.

Naquele fim de semana, enquanto fazia um churrasco na chácara, Linda parou com um espeto de churrasco na mão e falou para Lourival:

— Tive a sensação de que vi o senhor dentro de um lindo jardim. Será que eu sonhei?

— Pode ser, às vezes a gente sonha e tem a impressão de que foi real — respondeu ele, um pouco nervoso.

As férias de Gabriela chegaram...

Lourival alugou um apartamento na praia, apesar de todo protesto de Vítor e Cândida, que insistiam para que eles ficassem em um dos apartamentos de praia da família. Mas Lourival e Laura não quiseram, eles alegaram que as duas eram muito simples e talvez ficassem inibidas no apartamento dos patrões deles. Assim, em um apartamento alugado, todos ficariam com mais liberdade.

Tudo combinado, eles viajaram e passariam uma semana no litoral. Gabriela, que não conhecia o mar, estava entusiasmada. Apegou-se tanto com dona Laura e Lourival que agora os chamava de vovó e vovô.

Já na praia, Linda olhava para o mar e sentia um aperto no coração, não sabia explicar o que sentia, era uma saudade imensa. Mas saudades do quê? Tinha a impressão de que conhecia o mar, mas não se lembrava quando, onde e com quem esteve à beira-mar.

Uma tarde, ela quis caminhar sozinha pela praia, deixou Gabriela com Laura e Lourival. Caminhava apanhando conchinhas na areia. De repente, se deparou com uma mulher vestida de uma forma estranha, roupas coloridas, lenço colorido na cabeça, os dedos cheios de anéis, pulseiras e colares. Ela realmente chamava a atenção. A mulher se aproximou dela, Linda sentiu um arrepio percorrendo o seu corpo, acompanhado por medo, e o coração disparou. De onde conhecia aquela mulher? Ela tinha certeza de que conhecia aquela mulher de algum lugar! A cigana abaixou-se, pegou uma conchinha e lhe ofereceu dizendo:

— Como vai, menina? Quanto tempo já se passou, quantas coisas já mudaram, minha filha. Os bons ventos trouxeram você até Silmara novamente! Não tenha medo de mim, está assustada, não é mesmo? Vamos sentar ali naquela pedra, quero só conversar com você. Tem muita gente aqui pela praia, se eu te fizer algo que te ofenda, é só gritar por socorro. Mas fique tranquila, não há problema.

A cigana saiu andando. Sem pensar, quase que atraída por ela, Linda a seguiu. Silmara sentou-se na pedra e convidou Linda para fazer o mesmo. A mulher pegou dois cocos verdes, que parecia que já estavam ali esperando por ela, ofereceu um para a moça e disse:

— Beba, faz bem para a saúde.

Enquanto sugava a água do coco, a cigana olhava para a moça. Colocou o coco de lado e começou a falar:

— Você é linda, mas como se chama?

— Eu me chamo Linda — respondeu.

— Posso ver a sua mão?

Ela estirou a mão esquerda para a mulher.

— Onde está o seu anel? — questionou a cigana.

— Que anel? Eu não tenho anel. A senhora me desculpe, eu preciso voltar, deixei minha filha com dois amigos, só estava andando um pouquinho pela praia.

— Minha filha, não tenha pressa de voltar, sua filha está segura e bem amparada. E o seu filho também...

Linda sorriu com desconfiança.

— A senhora me desculpe, eu só tenho uma filha e não acredito em adivinhação. Tenho que voltar.

— Da última vez que nos encontramos, você estava com um anel em seu dedo, um anel muito valioso. Eu a avisei que você ia ser entregue a sua própria sorte. Hoje você está sem o anel no dedo, sem conforto e sem a certeza de ser você mesma. Silmara está aqui para ajudá-la a recobrar a sua memória e a ter direito de reaver os seus bens tão valiosos. Você tem uma joia tão valiosa que eu não saberia calcular o valor para você. Quero ajudá-la a encontrar o seu tesouro.

A cigana continuou e Linda, um pouco apreensiva, prestava atenção:

— Sabe um rosto que aparece em sua mente nas suas poucas lembranças? Foi alguém que te amou muito, ele está próximo de você, mas tão próximo, que posso vê-lo: é bonito, jovem e alegre. Vejo também a sombra de uma mulher te cobrindo, ela está no seu lugar, ao lado de alguém que é muito valioso para ela. Esse homem, que você amou demais, ele se aproximou de você por causa dela, ele nunca te quis, mas sim sempre desejou ficar com ela. Aos olhos dos homens, parece que tudo está certo. Mas não está, aos olhos de Deus está tudo errado! Você precisa ser forte, se reerguer, se esforçar para se lembrar, pelo menos, de você mesma. Você tem pressa, eu também estou indo, que os bons ventos te acompanhem, tenha, em breve, as suas lembranças de volta. Desejo que você encontre a sua felicidade, que seus desgostos desapareçam, que seus tesouros sejam devolvidos e que você, um dia, se lembre de mim...

Pegou a mão da moça e colocou um anel no seu dedo:

— Fique com este anel, não tire até você se lembrar de que já usou um anel neste dedo.

Silmara saiu a passos rápidos, Linda tentou alcançá-la, mas ela se distanciou em minutos, parecia que o vento realmente a levava. Será que veria aquela mulher outra vez?

Linda retornou ao guarda-sol, onde todos estavam, com as mãos cheias de conchinhas e o anel no dedo. Ela encontrou Laura, Lourival e Gabriela fazendo castelos na areia e brincando muito. Colocou as conchinhas na esteira e sentou-se na cadeira, observando Gabriela, Laura e Lourival. De repente, veio uma sensação de que eles pareciam pessoas estranhas. A menina percebeu o anel na mão da mãe e perguntou, retirando-a daquela nuvem de pensamentos:

— Onde você comprou esse anel lindo, mamãe?

Dona Laura e o marido trocaram um olhar, o anel era do mesmo modelo da aliança de Camila.

— Ah, filha, a mamãe estava andando pela praia quando surgiu uma mulher vestida com roupas coloridas, me falou uma porção de coisas e, por fim, me presenteou com esse anel.

— Quanto você pagou? — quis saber a menina. — Eu achei lindo, posso pegar nele?

— Eu não paguei nada, ela me deu de presente.

Lourival tentou disfarçar o nervosismo e comentou:

— Ah, essas mulheres ciganas andam por aí, falam o que vem na boca. Se a gente for acreditar em tudo o que elas dizem, ficamos loucos. Ela te falou muitas besteiras, Linda?

— Disse coisas estranhas, eu não entendi nada! Que tinha um homem perto de mim, que me amava muito, e era um espírito. Falou também que alguém cuidava de algo muito importante que me pertencia, e que uma mulher tomou o meu lugar. Depois afirmou que tudo parecia certo e resolvido, mas não para Deus. Eu fiquei com medo, com muito medo, meu deu até um arrepio. O engraçado é que eu tive a sensação de que já tinha visto aquela mulher em algum lugar. Aí a cigana me deu esse anel de presente. Sabe que até estou gostando dele? Além de ser bonito, me dá uma sensação diferente, é como se ele já estivesse por muito tempo em meu dedo.

Dona Laura e o marido ficaram preocupados. Gabriela insistia em perguntar:

— Como eram as roupas da cigana? Ela falava a nossa língua ou não? Como era o seu nome?

Dona Laura pegou no braço do marido e afastou-se um pouco, caminhando pela areia. Ela, então, comentou com o marido:

— Quando Camila estava noiva do Vítor, uma cigana falou para ela várias coisas que a deixaram impressionada e com muito medo. O pior, Lourival, é que, de fato, a cigana acertou tudo. Assim com o acertou também desta vez, nós estamos tentando contornar as coisas, dizendo que está tudo certo e resolvido, mas sabemos que não é bem assim diante de Deus. Talvez estejamos pecando mais do que se tivéssemos contado a verdade para todos.

— Calma, Laura, não foi você quem provocou esta situação, você também foi envolvida sem querer, eu também fui castigado sem merecer, cada um de nós está sendo castigado de uma forma ou de outra. Então, vamos pedir a ajuda de Deus e não tentar resolver as coisas que são da competência Dele.

*

A rotina da vida de cada um parecia ter acalmado todas as situações. Como na vida espiritual não há rotina, Deus despertava Linda, aos poucos, de um sonho de muitos anos.

Uma tarde, enquanto lia uma revista, ela olhou uma página que mostrava a foto de um belo navio e, de repente, foi como se alguém tivesse aberto uma porta dentro de sua mente. Ela conhecia aquelas inscrições, aquele navio era de sua família. Olhou para o dedo e lembrou-se de sua aliança de brilhantes. Onde estaria? Como num filme, todas as portas que estavam fechadas dentro dela foram se abrindo: seus pais, sua irmã, seu marido, Leonardo, seu filho, sua casa, o acidente... Parou neste ponto e tentou lembrar-se de como havia perdido a memória, de como acordara sem se recordar de onde tinha vindo e quem era. Passou então a ser Linda, a filha de dona Bernardina e de seu Jairo, ficou com os olhos cheios de lágrimas ao se lembrar dos dois. Foram os seus anjos de guarda que a salvaram, não fossem eles, com certeza teria morrido.

E Reginaldo, dona Laura e Lourival? Os três estavam juntos por alguma razão muito especial. Com certeza, os empregados a reconheceram, e, por motivos que ela ainda iria descobrir, tentavam afastá-la de sua família. Vítor estaria envolvido nisto? Se dona Laura e Lourival estavam ali, certamente eles sabiam de tudo. A imagem de seu filho, tão pequeno, fez suas lágrimas descerem dos olhos: "Meu pequeno Pedro, como estará o meu filho? Tadinho, deve pensar que sua mãe está morta."

As coisas surgiam em sua mente num turbilhão. Tudo se clareava. "E Cândida e Leo? Onde estavam? O que estava acontecendo, Santo Deus?", pensava. Lembrou-se do acidente, será que Leo havia morrido? E sua irmã? Dona Laura sempre havia feito o papel de sua mãe, como poderia ter mudado tanto assim, a ponto de abandoná-la daquela forma?

A imagem da cigana surgiu a sua frente: "É ela! Meu Deus, foi ela quem eu encontrei naquela praia antes do meu casamento, e agora era ela na praia novamente!" Olhou o anel, e suplicou em voz alta: "Silmara! Por favor, me ajude."

Gabriela chegava da escola, Linda secou os olhos e foi esperá-la no portão.

— Mamãe, o que houve? Você está com os olhos vermelhos, andou chorando?

— Chorei de saudades da nossa casa. Estava aqui pensando e me lembrando de como fomos felizes ao lado de seu pai.

A menina abraçou-a e disse:

— Mamãe, nós temos que respeitar a vontade de Deus, se o meu pai foi embora nos deixando, foi Deus que quis assim. Nós somos felizes, não é verdade, mamãe? Olhe só a minha sorte: tenho vovó Laura e vovô Lourival, que pagam a minha escola e me dão de tudo! Tenho vovó Bernardina e vovô Jairo, que me amam muito, e tenho você mamãe! Não fique triste, por favor! Nós somos felizes e ainda vamos ser mais felizes ainda, deixa só eu crescer e me formar.

À noite, Bernardina e Jairo conversavam e brincavam com Gabriela, contavam que os dois fizeram a maior força para arrastar o grande peixe e logo descobriram que era um sapato velho que jogaram no rio. Jairo comentou que ele, em toda sua vida de pescador, nunca tinha visto isso, era um absurdo o que os homens fazem contra a vida do rio. Onde já se viu jogar sapato na água? Era de uma tristeza muito grande o que eles viam nas margens daquele rio.

— Linda? — chamou Bernardina. — Minha filha, o que é que você tem? Não está se sentindo bem? Por que está assim tão calada e triste? Aconteceu alguma coisa?

Antes que ela pudesse responder, Gabriela respondeu por ela:

— Hoje, quando eu cheguei da escola, a mamãe estava chorando e disse que estava com saudades da nossa casa, do papai...

Bernardina foi até a moça, abraçou-a, e suas lágrimas desceram em silêncio. Minutos depois, ela falava baixinho:

— Ó filha, minha filhinha, Deus quis assim, o importante é que estamos juntos e nós te amamos muito.

Ela levantou os olhos e falou com tristeza:

— Deus me tirou tudo. Por que, minha mãe? Por quê? Ele me tirou tudo.

— Por motivos, minha filha, que nós não sabemos, mas Ele sabe. Deus é bom e misericordioso. Não seja injusta com Ele, você tem Gabriela, sua filha é um anjo, tem a mim e seu pai, que te amamos mais que tudo nesta vida, e tem saúde.

Naquela noite, Linda não fechou os olhos. O que estava fazendo ali naquela chácara? Era propriedade do casal de empregados de seu marido. Eles pagavam escola para sua filha e davam uma ajuda de custo para as despesas da menina. Com certeza, havia alguém por trás dessa história. Seria Vítor? Cândida? Leonardo? Todos eles?

Olhava de um lado para o outro, aquela casa lhe dava medo, as pessoas lhe davam medo. Reginaldo, o filho de dona Bernardina e seu Jairo, até que ponto estava envolvido com eles? Lembrou-se de que ele deixou um boné e uma mochila para Gabriela e disse ser da empresa em que trabalhava. Ela correu e foi olhar a mochila. Empalideceu, era da empresa do seu marido Vítor. Então, ele também conhecia sua história, sabia quem era ela, aproveitaram que ela perdeu a memória e a deixaram longe de suas vidas.

Um sentimento de revolta foi tomando conta do seu coração, mas não podia demonstrar a ninguém que estava se lembrando de tudo. Nem para a mãe Bernardina e o pai Jairo, que ela sabia que eram tão inocentes quanto ela, podia contar o que estava acontecendo. Linda decidiu começar a investigar os motivos que os levaram a separá-la de tudo e de todos. Só uma coisa ela queria de volta: o seu filho. As lágrimas queimavam sua face, lembrou-se novamente do dia em que sentiu um aperto no coração ao deixar o menino nos braços da babá e ouvi-lo chorar pedindo: "Mamãe, não vá..."

Ela saiu andando, o coração ardia, sua vontade era voltar correndo e pegar o seu filho de volta. Mas ela podia contrariar Vítor, ela o amava e o temia ao mesmo tempo. Mas como estaria Pedro? "Acho que nem sequer lembra-se de mim... Estou morta para ele, meu filho não deve me amar mais, eu passei todos estes anos ausente da vida dele.", pensava.

A revolta de Linda aumentava, a cigana havia dito um dia: "Será esquecida e abandonada a sua própria sorte. Ele não vai te fazer feliz. Se eu pudesse, mudaria o teu destino." Depois, encontrou a mesma cigana e, outra vez, ela disse coisas e a ajudou. Linda precisava voltar àquela praia e procurar por Silmara de novo! "Tolices! Ciganos não ficam muito tempo no mesmo lugar", disse para si mesma. "Com certeza, ela não está mais naquela praia."

Linda recobrava as lembranças, cada vez com mais intensidade. Lembrou-se da capital onde vivia, da sua infância, de sua irmã, do seu casamento com Vítor e da chegada de Leonardo, como ele era bondoso e amigo. Era isso que estava doendo dentro dela: como pudera uma pessoa tão boa como Leonardo participar disso?

Tudo se embaralhava dentro de sua cabeça. Fazia as contas dos anos que já haviam se passado e olhava-se no espelho: "Meu Deus! Como mudei! Será que foi isso? Eles não me reconheceram mais?" Sentimentos de alegria e de esperança se misturavam dentro dela. "E se não me reconheceram, então eles não têm culpa?" Mas as provas eram apontadas pelo seu inconsciente: "Eles lembram sim. Eu vejo como evitam me levarem para a cidade, temem que alguém me reconheça, mesmo mudada como estou."

*

À noite, Linda estava com um pouco de dificuldade para conciliar o sono. As recordações e pensamentos ainda preenchiam sua mente, cheia de dúvidas. Até que, aos poucos, foi fechando os olhos e entrou em sono profundo. Quando olhou, viu-se saindo do corpo e flutuando acima dele. Em segundos, estava em um lugar bonito, com fontes de águas coloridas, crianças brincando, jovens rindo alegremente, uma luz brilhava como o sol em cada pessoa. Tudo ali era lindo e divino. Estava se sentindo perdida e desconcertada no meio de tantas pessoas desconhecidas, andava maravilhada, mas preocupada como iria fazer para voltar. Alguém lhe chamou pelo nome:

— Camila!

Ela virou-se. Era Leonardo, que estava rindo para ela e de braços abertos. Ele brilhava como as outras pessoas. Ela atirou-se em seus braços chorando.

— Leonardo, pelo amor de Deus, me fale que eu tive um pesadelo a respeito do que pensei ser real. Não aconteceu nada comigo naquele rio, não é mesmo?

— Acalme-se, Camila. Fique tranquila e ouça apenas. Aconteceu sim! Tudo foi real. Ninguém premeditou o acidente, simplesmente aconteceu! Todo mundo sofreu por você, o seu corpo desapareceu e nunca foi encontrado porque, de fato, você ainda está nele e continua viva! Vítor sofreu muito, todos sofreram. Mas com a nossa ausência, Camila, minha e sua, você facilitou o reencontro de outras almas que vagavam perdidas e esquecidas de suas missões. Não se revolte contra nenhum deles, aprenda a amar como eu te amo, distante do seu corpo físico, porém ligado a sua alma. Não fique imaginando que os outros a prejudicaram. Veja, eu desencarnei naquele acidente, você não! Por favor, não se revolte e não faça julgamentos precipitados. Nós tínhamos que passar por este caminho, minha querida!

Camila agarrou-se a ele desesperada.

— Leonardo, eu não quero mais voltar, me deixe ficar com você! Eu não vou suportar viver essa situação de medo e de mágoa!

Leonardo, abraçando-a, ponderou:

— Camila, você não terminou suas tarefas. Pense em Gabriela, que precisa muito do seu amor e dos seus cuidados.

Ela baixou a cabeça e a imagem da filha dormindo a fez derramar lágrimas. Sim, sua filha precisava muito dela, como iria suportar viver sem pai e sem mãe? Não podia deixá-la só. Camila continuava emocionada, ficou parada com os olhos lacrimosos, tentando entender tudo o que estava acontecendo ali para ver se aquilo era real ou eram apenas suas lembranças confusas que vinham trazendo seu passado de volta. Leonardo abraçou-a, com carinho, e confirmou:

— Não são sonhos, Camila. Você está tendo uma experiência real, tudo o que você está vendo e ouvindo é real. Sinto muito, querida, mas agora você precisa voltar, o seu tempo de visita terminou. Mantenha-se calma, eu te amo muito, vou sempre estar do seu lado.

Como uma criança obediente, ela acompanhou Leonardo, que a levou até um portão de saída. Um senhor muito amável, acompanhado de uma jovem meiga e educada, aguardavam sorridentes.

Leonardo acariciou o seu rosto mais uma vez e deu-lhe um beijo, despedindo-se:

— Até breve, meu amor, não se preocupe. Você vai se sair muito bem.

Seus dois acompanhantes estenderam-lhe as mãos e ela retornou ao corpo. Camila acordou, abriu os olhos, estava com a garganta seca e o rosto molhado pelas lágrimas. Sentou-se na cama, emocionada, com a sensação de que tudo tinha sido real.

Levantou-se e foi até o quarto da filha, que dormia tranquila, como um anjo. Não pode conter novamente as lágrimas, ela amava muito sua inocente filha. Jamais faria o que sentira naquele sonho, pedir para não voltar.

*

Pela manhã, sua cabeça doía e as lembranças de sua vida voltavam, mostrando para Linda uma realidade fria e cruel. O que iria fazer de sua vida? A revolta a deixava cega: dona Laura, Lourival e Reginaldo, todos eles sabiam quem era ela. Será que o Leo havia morrido naquele acidente? E sua irmã? Ela precisava saber a verdade. Mas como?

Lembrava-se da cigana Silmara. Ah, se pudesse encontrá-la novamente. Será que o sonho tão real daquela noite não era uma advertência para tomar cuidado? Se eles desconfiassem que ela havia recobrado a memória, poderiam tentar acabar com ela e sua filha. Talvez tenha sido um alerta de sua mente. Esquecida de tudo, ela não oferecia perigo, mas consciente da realidade, não teria nenhuma chance de viver. E a sua filha? Como ficaria? Teria de tomar muito cuidado, daqui para a frente, com o que pudesse falar e fazer o possível para não demonstrar que havia se lembrado de tudo. Não seria fácil, mas era necessário.

Fez um café forte e ficou sentada na cozinha, nem percebera que o sol já entrava pela fresta da janela. Dona Bernardina se assustou:

— Minha filha, o que você faz aqui sentada?

— Ó mãe, não se preocupe, não é nada, sonhei com o pai da Gabriela e estava aqui pensando como fomos felizes lá em nossa casa — deu uma desculpa a filha.

— Você esteve chorando, Linda! Minha filha, não fique chamando pelos mortos, hoje você ficou chorando e chamando por seu marido, e aí teve esse sonho. Quer saber de uma coisa? Hoje mesmo vou até a igreja e mandar rezar uma missa pela alma dele.

As duas ficaram em silêncio. Bernardina rodeou os ombros de Linda e disse, séria:

— Minha filha, eu ando muito preocupada. Você é jovem, bonita e vive trancada dentro desta casa, sem diversão e sem amigos. Você precisa se divertir um pouco, arrumar um bom rapaz, namorar e, quem sabe, casar de novo.

— Tem razão, minha mãe, eu preciso sair um pouco dessa nossa rotina. Já que a senhora está falando nisso, eu quero pedir uma coisa.

— Fale, minha filha, fale! — respondeu Bernardina, ansiosa.

— Mãe, eu não estou preocupada em arrumar namorado, quero mesmo é fazer uns cursos que venham me acrescentar conhecimentos. E preciso de sua ajuda.

— Mas é claro, filha, você pode contar comigo! Se eu não puder ajudar, quem mais vai te ajudar?

— Então, o que eu quero lhe pedir é o seguinte: a senhora não vai comentar nada com a dona Laura, com o Lourival, com o Reginaldo e com mais ninguém sobre o que eu vou falar agora. Eu pretendo fazer um curso, já andei me informando, mas aqui na cidade não tem, preciso fazer fora. E ele acontece nos fins de semana, talvez duas vezes por mês. Quero, então, pedir para a senhora ficar com a Gabi no fim de semana em que eu não estiver aqui. E, se por acaso, dona Laura, Lourival ou Reginaldo aparecerem de surpresa, é para a senhora dizer que eu estou num sítio de uma pessoa amiga. Não quero ficar dando muita satisfação, às vezes é melhor não falarmos muito sobre nossas vidas.

— Por mim, está ótimo! Pode arranjar o seu curso, eu vou ajudá-la. Mas, e dinheiro para fazer esse curso, filha?

— Eu tenho algum dinheiro guardado, mãe, para o transporte e a comida. Quanto ao curso, ainda vou tentar, pretendo ver se ganho uma bolsa de estudos.

Sentados à mesa do café, Linda comunicou à filha e ao pai sobre o curso que pretendia fazer fora da cidade e pediu segredo. Não queria que ninguém soubesse: vizinhos, amigos, conhecidos, ninguém.

Gabriela, intrigada, quis saber:

— Que curso é esse, mamãe? E por que ninguém pode saber?

— Filhinha, eu me sinto um peixe fora d´água longe de nossa casa. Não sei se vou conseguir acompanhar o curso, então eu não quero que ninguém fique sabendo. Se não der certo, apenas nós aqui de casa saberemos.

Gabriela ficou orgulhosa:

— Tenho certeza de que você vai conseguir. Juro que não vou abrir a minha boca para ninguém, e ficarei com a vovó e o vovô sem dar trabalho. Mas eu quero saber direitinho o que a senhora vai estudar.

— Eu vou contar. Vou me inscrever em um curso de enfermagem — contou Linda de olhos baixos, como se estivesse escondendo algo.

E estava mesmo. Toda a história do curso era uma farsa. Linda não tinha outro pensamento a não ser descobrir o que faz Vítor, se ele se casou de novo, o que fez com o filho deles. E a irmã? Linda arquitetava seu plano: "Coitada da minha irmã, pensa que eu morri. Tenho certeza de que ela não sabe que eu estou viva. Mas Vítor sabe! Eu sinto que ele sabe! E por motivos que eu vou descobrir, me abandonou e me deixou sozinha. A cigana estava certa, ele me deixou por conta de minha própria sorte." Mais tarde, pegou seus brincos de brilhante, embrulhou muito bem e escondeu no canto da bolsa: "Vou vender estes brincos, vou precisar muito do dinheiro."

CAPÍTULO XVII

Pensamentos de vingança

O tempo passou...

Linda, diante de tantas preocupações, mágoas e tristezas, havia emagrecido bastante, e na presença de dona Laura, ela se mostrava abatida, tanto que a governanta assustou-se com o estado dela. Perguntou se estava sentindo alguma coisa, e ela respondeu que vinha sentindo muitas dores de cabeça, não conseguia dormir à noite, parecendo que algo explodiria dentro de sua cabeça. Já havia tomado alguns medicamentos e a dor continuava.

Dona Laura trocou um olhar com o marido, os dois ficaram preocupados, observara Linda. "Eles sabem quem eu sou, por certo ligaram minhas dores com as causas do acidente. Ótimo! Era isso mesmo que eu desejava, que eles ficassem preocupados", pensava intimamente a moça.

— Vamos procurar um médico com urgência — agitou-se dona Laura. — Arrume-se e vamos saber o que está acontecendo, você não pode ficar assim desse jeito.

Foram até a melhor clínica daquela pequena cidade. Dona Bernardina também acompanhou Linda ao hospital. O médico, um jovem simpático, deu uma atenção toda especial a Linda. Examinou pressão, sinais vitais e fez os exames clínicos de praxe. Parecia que estava tudo aparentemente normal, mas, se ela vinha sofrendo com essas dores e, segundo sua mãe, havia sofrido um acidente por afogamento, seria conveniente fazer exames mais específicos, recursos que a sua clínica não oferecia. Ele encaminharia Linda para a capital, a fim de procurar um hospital mais bem equipado.

Dona Laura tremia, o marido, demonstrando mais controle, acalmou Linda:

— Nós vamos ajudar você, filha, a fazer todos os seus exames.

Doutor Roberto demonstrou interesse no caso. Pediu que Linda ligasse para ele, iria encaminhar tudo e, quem sabe, poderia até acompanhá-la. Na saída, trocou um longo olhar com Linda, apertando sua mão demoradamente. A moça corou.

Lourival, a sós com Laura, preveniu:

— Quando ela for para a capital, é melhor você vai ficar com ela em algum hotel perto do hospital. É o único jeito, se ela ficar em nossa casa, o céu vai desabar sobre todos nós.

Dona Laura chorava em silêncio.

— Meu Deus! As coisas estão acontecendo e nos encurralando em um beco. Vai chegar uma hora em que não teremos mais saída.

— Minha velha, por mais que tentemos dizer que as coisas estão certas, sabemos que tudo está errado! Eu gostaria de não estar passando pelo que estamos vivendo. Esconder uma história dessas, a vida inteira, é querer negar a existência de Deus.

Uma semana depois, Linda deixou sua pequena cidade e estava vindo para a capital, local onde morou por tanto tempo. Doutor Roberto fez questão de trazê-la. Vieram apenas os dois. Gabriela havia ficado com os pais de Linda. No caminho, eles pararam para tomar um café e, antes de entrarem de volta no carro, ele perguntou o que ela iria fazer à noite. Linda respondeu que não iria fazer nada. Depois de mais algumas horas, chegaram ao pequeno hotel que Laura e Lourival haviam reservado para ela. Linda avisou-os que já estava instalada e que correra tudo bem.

Doutor Roberto, já quase se despedindo, aproveitou o momento e lhe fez um convite:

— Linda, eu gostaria de convidá-la para jantar fora hoje. O que você me diz?

Linda mais uma vez ficou corada diante do médico. Antes de responder se aceitava ou não, lembrou-se que dona Laura a havia presenteado com boas roupas e calçados. Dessa forma, ela não iria fazer feio diante dele.

— Bem, doutor Roberto, se o senhor está me convidando, eu aceito.

Ele elevou as mãos para o céu em forma de agradecimento e arrematou:

— Meu Deus! Você não sabe o quanto eu ensaiei para fazer este convite. Se você me dissesse não, nem sei como iria olhar para você outra vez.

Combinaram. Ele avisou que passaria às vinte horas para saírem. Ele ficou observando Linda no corredor enquanto ela subia, dizendo para si mesmo: "Ela é linda mesmo! Jamais senti uma emoção assim por nenhuma mulher."

Quando chegou em seu quarto, Linda olhou tudo a sua volta e lembrou-se das redes de hotéis de sua irmã. Achou que ali seria uma boa oportunidade para tentar obter alguma informação sobre ela. Guardou seus pertences, separou a roupa que iria jantar, maquiagem e acessórios. Rindo, ela pensava em quantos anos fazia que não jantava fora com ninguém...

Voltando de seu rápido devaneio, fechou o rosto. A mágoa que carregava em seu coração alimentava nela um desejo: vingar-se de Vítor! Ele foi um traidor. Lembrava-se de que ele estava estranho no dia do acidente, parecia que sabia exatamente o que ia acontecer! Será que não sabia mesmo? Talvez ele tivesse preparado a sua morte, por isso pediu perdão. Ela, inocente, pois nunca poderia imaginar que ele pudesse fazer o que fez com ela, caiu de amores por ele.

Uma pontada como de um punhal feria seu coração. Silmara, a cigana, tinha razão em tudo o que havia falado. Ela iria fazer com Vítor o que ele havia feito com ela. De uma outra maneira, iria enlouquecê-lo!

Pesquisou o telefone da central de escritórios das redes de hotéis de sua irmã. Com o coração palpitando, fez a ligação. A funcionária atendeu. Com muita diplomacia e educação, Linda identificou-se como sendo uma amiga da família. Citou todos os nomes e dados possíveis da vida familiar de Cândida, alegou que era uma pesquisadora e que esteve fora do país durante todos esses anos. Ela precisava ter um ponto de referência para chegar até sua amiga.

— Bem, senhora — respondeu a atendente —, nós não passamos informações sobre a proprietária, mas como vejo que realmente a conhece, o que posso fazer é tentar colocá-la em contato com a senhora, apesar de que eu ouvi falar que ela viajou para o exterior com o marido e os filhos.

Linda, fazendo ar de espanto, comentou fingidamente:

— Meu Deus! Eu não sabia que Cândida e Leonardo tinham filhos! Veja como eu estou, de fato, ausente e desinformada de tudo.

— Sim, vejo que a senhora realmente está desinformada. Dona Cândida ficou viúva e casou-se com o doutor Vítor, primo do Leonardo. Ela é mãe, sim, e também cria o sobrinho como se fosse seu filho.

Linda, agora voltando mais a ser Camila, sentiu as pernas tremerem.

— Meu Deus! Nossa, agora eu realmente estou chocada! Então a irmã dela morreu? Santo Deus! Eu não sabia.

— Eu é que peço desculpas, acho que falei demais — falou a atendente, preocupada.

— Não, minha querida. Por favor, que bom ter falado com você. De repente, iria até magoar a minha amiga com perguntas incabíveis. Então, Cândida perdeu o marido e a irmã, que desgraça! Eu conheci os dois, tanto o Leonardo quanto a Camila. Santo Deus, que choque!

— Pois é, mas graças a Deus eles conseguiram se reerguer, se casaram e mantiveram a família unida. Não posso lhe afirmar, mas os boatos que correm é que eles são felizes.

Linda agradeceu, a telefonista ainda insistiu se ela não queria deixar o telefone de contato, caso dona Cândida ligasse, mas ela disse que, diante dos acontecimentos, preferia ligar ela mesma. Linda pediu gentilmente que a atendente se informasse sobre a data da vinda de Cândida, prometendo-lhe até um mimo. Ligaria mais tarde para saber e marcaria com ela pessoalmente para a entrega do presente. A moça agradeceu satisfeita e disse que seria um prazer ajudá-la.

Linda caiu na cama com as duas mãos na testa. "Meu Deus, minha irmã está casada com Vítor e tem uma filha! Como é que Cândida pode ter feito isso comigo?" Começou a juntar as coisas: Vítor fez de tudo para unir Cândida ao primo, mas ele se transformava na presença da irmã, ele gostava dela. Só agora ela começava a juntar o quebra-cabeça de sua vida: Vítor era apaixonado por Cândida, mas o que ela não poderia suspeitar é que sua irmã fosse uma traidora. Ela e Leo foram suas vítimas, os dois estavam casados, aproveitando a vida, deviam saber de sua pobre existência e infortúnios. Para aliviarem um pouco a dor de consciência, compraram aquela chácara em que estava vivendo, pagavam os estudos de sua filha, e ainda usavam Laura, Reginaldo e Lourival para não aparecerem.

Sua cabeça estalava de dor, agora doía mesmo. "Como fui ingênua! Sempre acreditei no amor de minha irmã, eu colocava minha mão no fogo por ela! Traidora, roubou o meu filho, o meu marido e me jogou naquela vida pobre e miserável", punia-se em pensamento.

Uma raiva imensa começou a tomar conta do seu coração. Já não suportava olhar especialmente para dona Laura, com aquele seu jeito doce. "Na verdade, é uma cobra! Vou avisar a ela que estou muito cansada da viagem, que só apareça amanhã! Não quero vê-la!", irritou-se.

*

Depois de descansar um pouco, Linda foi arrumar-se para o encontro. Vestiu-se, maquiou-se sem pressa. Quando o relógio marcou oito horas em ponto, o telefone tocou e a recepção avisava que doutor Roberto estava a sua espera.

Com o coração acelerado, ela olhou-se mais uma vez no espelho para o retoque final. Passou rapidamente um perfume. Estava bem. Antes de descer, ligou para dona Laura e, fazendo voz de sono, avisou que iria apagar a luz e dormir, estava cansada, mas sem dor. Iria aproveitar e relaxar. Dona Laura alertou que se ela precisasse de alguma coisa a qualquer hora, era só ligar. Linda agradeceu, prometendo telefonar no outro dia cedo para combinarem ir juntas ao hospital que doutor Roberto havia marcado.

Finalmente desceu, sentindo-se vitoriosa. Ela começava a dar aos outros a mesma coisa que havia recebido: traição. Sua guerra contra eles ainda não tinha nem começado, mas os planos já estavam traçados.

Doutor Roberto, ao vê-la, não pode esconder a expressão de admiração e de paixão que estava sentindo por ela. Saíram de braços dados. Ele, gentil e cavalheiro como sempre, abriu a porta do carro e galanteou:

— Aqui vai entrar uma estrela de primeira grandeza, o meu sol, a minha luz, a minha vida!

Ela, se fazendo de desentendida, respondeu:

— O senhor é muito brincalhão. Quantas mulheres não devem estar neste momento esperando pelo senhor? São essas brincadeiras que fazem muitas mulheres caírem aos pés dos homens.

— Nenhuma mulher me espera. Aliás, estou mentindo. Minha mãe me espera todos os dias com os jantares sempre fora de hora. Nunca chego em casa na hora que quero, mas na hora que posso, sou um médico.

Linda, colocando o cinto de segurança, concordou:

— É verdade, o senhor é um médico bem atencioso. Veja só o meu caso: além de estar me acompanhando para o tratamento, está me levando para o divertimento.

Ele ficou sério, parou e olhou dentro dos olhos dela.

— Linda, eu quero lhe dizer uma coisa muito importante. Desde o primeiro momento em que a vi, tive certeza de que você é a pessoa que procuro para completar a minha vida. Não estou aqui com você porque você é minha paciente, quero você como minha mulher.

Nesse instante, seus rostos se aproximaram e trocaram um beijo. Em seguida, riram-se como dois adolescentes que se encontram pela primeira vez.

Aquela noite foi muito especial para Linda. Roberto, preocupado com ela, perguntou se a cabeça ainda estava doendo. Ela não perdeu tempo:

— Parece que você era o remédio que me faltava. Desde que chegamos aqui, nada sinto mais nada.

— Olhando para você, não vejo sinais de nenhuma doença, só de beleza. Acredito que não tenha nada, a não ser muito amor aí dentro desse seu coração, e eu o quero só para mim. Contudo, amanhã a senhora irá começar a fazer uma extensa bateria de exames.

— Se o doutor está mandando, tenho que obedecer — brincou ela, rindo. — Ah, Roberto, por falar nisso, dona Laura vai me acompanhar. Por favor, eu não quero que ela perceba nada entre nós, por enquanto.

— Qual é o problema, dona Linda? A senhora me esconde algum romance que dona Laura conheça?

— Nada disso, senhor doutor! É que nós estamos iniciando um romance e não quero que ninguém já comece a fazer parte dele.

— Tudo bem, eu não lhe prometo e nem juro, apenas vou fazer o possível para me controlar. Combinado?

Já passava das duas da manhã quando Linda subiu para o seu quarto, não demorou muito para dormir. Acordou já na manhã seguinte com o telefone tocando. Era dona Laura.

— Bom dia, minha filha. Como você está? Esperei você me ligar, mas como não ligou, liguei primeiro para saber se já está pronta para irmos ao hospital.

Linda olhou para o relógio da parede e deu um pulo. Eram quinze para as oito e os exames estavam marcados para as nove horas.

— Pode vir, sim, dona Laura, eu espero pela senhora. Eu não liguei para não incomodá-la, mas ia mesmo ligar. Meu exame está marcado para nove horas.

— O Lourival disse que daqui a meia hora estaremos te apanhando aí, está bem? Obrigada, filha.

Linda correu, vestiu-se e desceu às pressas, nem tomou café. Era melhor ficar de jejum por causa dos exames. Lourival acenava, indicando que havia chegado.

Após os cumprimentos, dona Laura olhou-a e perguntou:

— Você dormiu bem?

— Ah, sim! Dormi muito bem.

— Fique tranquila, você parece agitada, mas não tenha medo. Vai dar tudo certo, se Deus quiser.

— Obrigada, dona Laura, eu realmente só estou aqui porque penso na minha filha Gabriela, minha única filhinha. Ela já não tem pai, meus pais estão velhos e não tem boa saúde, como a senhora bem sabe. Se eu vier a morrer, o que será de minha filha?

— Ó, minha filha, pare com isso, não pense em morte! Você vai cuidar de sua filha, nós estamos aqui para te ajudar.

— Vocês sempre estão me ajudando! — assinalou Linda. — Não são nem da família, eu nem sei como agradecer.

O casal trocou um olhar e dona Laura, com voz trêmula, falou em tom mais baixo:

— Você é como se fosse nossa filha, acolhemos você e Gabriela em nossos corações.

— Nunca perguntei para vocês uma coisa que gostaria de saber. Nem sei se devo perguntar — vacilou propositalmente Linda.

— Pois então pergunte — disse Lourival.

— Vocês trabalham para os mesmos patrões do Reginaldo? Ele fala tanto nesses patrões com a minha mãe, diz que são pessoas maravilhosas. O que é que vocês fazem?

O clima dentro do carro mudou. Dona Laura se engasgou, tossiu e olhava, nervosa, para o marido, que dirigia com os olhos arregalados.

— Bem, eu sou governanta e o Lourival é jardineiro. Fazemos também outros trabalhos, estamos lá há quarenta anos. Nós nos conhecemos nessa mansão, casamos e continuamos lá todos esses anos. Ajudamos a criar os filhos do nosso patrão, os netos e agora ajudamos com os bisnetos.

— Então deve ser uma família bem grande, não é dona Laura? — cutucava Linda.

— Não, filha, nosso patrão ficou viúvo cedo, nunca mais se casou. Ficou com os dois meninos ainda bem pequenos, eu e Lourival ajudamos a cuidar deles, cresceram e se casaram. Continuaram todos morando na mansão. Nasceu o primeiro neto do nosso patrão, o Vítor, menino forte, sério e inteligente. Depois nasceu o outro neto dele, o Leonardo, que nós chamávamos de Leo. Bem diferente do Vítor, Leo era brincalhão, vivia se metendo em encrenca — uma lágrima rolava pela face de Laura. Falando dos meninos para Camila, ali ao seu lado como Linda, parece que o seu coração ficava aliviado.

Dona Laura fez uma pausa, tomou fôlego e continuou:

— Ah, minha filha, mas o destino nos pega sempre de surpresa. Um terrível acidente levou os dois filhos e as noras do nosso patrão. Mais uma vez, ele ficava com dois meninos ainda pequenos para criar: o Vítor e o Leonardo, seus netos que não tinham ido na viagem. Nós, então, ajudamos a criar esses dois garotos: Vítor, o mais velho, estudou fora, se formou e assumiu as empresas do avô, que, coitado, morreu de repente do coração, foi um baque grande para todos nós.

Dona Laura contava e secava as lágrimas.

— Daí, Vítor casou-se com uma moça que era um verdadeiro anjo. Meu Deus! Como eu amava aquela criatura! Não tive filhos, mas me apeguei a ela como se fosse minha filha. Leonardo, o mais moço, também se formou fora do Brasil, voltou, e assumiu o seu lugar ao lado do primo. Os dois se davam muito bem. Ele casou-se com a irmã da minha Camila, elas eram irmãs por parte de pai. Um acidente carregou dois anjos de uma vez: o Leonardo, que era a luz dos meus olhos, e a minha Camila, que se foi deixando um filhinho tão pequeno. Como tudo nessa vida passa, minha filha, as dores do mundo também passam. Dona Cândida e Vítor, os cunhados viúvos, começaram a se acertar e se casaram. Foi bom para o Pedrinho, ele está crescendo amparado pelo amor de uma verdadeira mãe, dona Cândida é louca por ele! Ela tem uma outra filhinha que parece uma boneca. Ela colocou o nome da irmã que morreu, chama-se Camila!

— Nossa, dona Laura, que história triste! — comentou Linda, incentivando-a a falar mais.

— É, minha filha, cada um carrega a sua cruz. Muita gente pensa que os ricos não sofrem, mas quando se trata de morte e perda, sofrem ricos e pobres.

— E eles continuaram dormindo no mesmo quarto da falecida? Eu pergunto por que também sou viúva e, se fosse me casar de novo, Deus me livre dormir com outro no quarto de meu falecido marido!

— Eles reformaram toda mansão, minha filha. Até os jardins foram reformados. Lá tem muitos quartos, o quarto de Camila ficou para o filho dela.

— E eles se gostam mesmo ou será que foi só para ajudar o menino? O que a senhora acha? Essas histórias são interessantes porque eu sou viúva e fico sempre imaginando como é a vida de outras viúvas e filhos.

— Quer mesmo saber? Sempre tive certeza da paixão do Vítor por dona Cândida, não sei por que ele casou-se com Camila. Acho que foi para aproximar-se dela. Ele é louco pela mulher. Quando era casado com Camila, vivia para cima e para baixo com outras mulheres, tinha uma amante fixa que, depois, ele deu um jeito de mandá-la embora do Brasil. Fiquei sabendo que ela se deu bem, casou-se com um ricaço no exterior. Coitada da minha Camila, aguentava tudo em silêncio, ele não parava dentro de casa. Agora é bem diferente: sai do trabalho e vem correndo para casa, não sai sem dona Cândida, vive mandando flores e presentinhos, deve ligar umas dez vezes por dia para saber onde ela está, se está bem, é um apaixonado!

Linda estava com a face em brasas. "Então aquele cafajeste casou-se comigo para ficar perto de Cândida. E ela? Talvez os dois tivessem tido um romance antes. Como ela não parava em lugar nenhum do mundo, o abandonou, e ele, para se vingar dela, aproximou-se de mim.", pensava com extrema raiva.

Dona Laura foi falando, falando, Linda já nem ouvia mais o que ela dizia, o ódio só crescia dentro do seu coração, iria se vingar de todos eles, inclusive de dona Laura, do senhor Lourival e de Reginaldo, seu falso irmão. Eles estavam todos juntos nessa história terrível.

Linda não suportava mais olhar para dona Laura e nem para Lourival. Todo esse cuidado, todo esse carinho, era tudo falsidade! Sua vontade era de gritar toda a verdade, arrancar suas máscaras.

Não podia fazer isso porque eles acreditavam que ela tinha perdido a memória. Pensava em Gabriela, doce e inocente, não podia sofrer com estas barbaridades. E seu filho Pedro? Mil pensamentos e lembranças separavam as histórias das duas vidas que ela vivia, como Linda e como Camila.

— Chegamos — disse Lourival, entrando no estacionamento do hospital.

Linda estava trêmula, o rosto afogueado. Dona Laura tomou-lhe as mãos e tentou acalmá-la:

— Você está muito nervosa, fique tranquila.

Mal sabia Laura que aquilo não era medo, mas sim, revolta. Foi isso que deixou Linda naquele estado.

CAPÍTULO XVIII

Notícias vão surgindo

Linda preencheu a papelada e doutor Roberto já a esperava, informou a recepcionista. Na sala de espera dos exames, os dois trocaram um olhar de cumplicidade. Enquanto aguardavam a chamada, Linda estava sentada perto de dona Laura. Foi quando ela abriu a bolsa e deixou cair uma carteira aberta, com uma foto que chamou atenção de Linda. Abaixou-se rapidamente, pegou a carteira e teve a certeza de aquele belo garoto era Pedrinho. Sentiu como se fosse desmaiar, controlou-se e comentou disfarçadamente:

— Que menino bonito, quem é?

Linda viu claramente dona Laura tremendo o queixo, nervosa, e, quase com a voz engasgada, respondeu:

— É o filho do nosso patrão.

— Posso ver as outras fotos? — questionou Linda, também tremendo as mãos e sem esperar pela resposta, foi abrindo a carteira. Lá estava a foto de Cândida com a menina no colo e Vítor abraçado a ela, todos sorrindo. Também estava a foto dela, Linda, e de Gabriela, abraçadas. A outra era de Pedrinho e de Leonardo. Era obra do destino: a família toda estava reunida na carteira de dona Laura.

A enfermeira chamou por Linda. Laura estava transpirando por todos os poros, pegou até bruscamente a carteira da mão de Linda, e sentiu um alívio no coração. Linda foi levada pelo doutor Roberto e o casal ficou na sala de espera aguardando.

Lourival aproximou-se da esposa e cochichou:

— Pelo amor de Deus, mulher! Para que você anda com todas essas fotografias? Eu fiquei com o coração na mão, imaginando se ali estivessem fotos da Camila com o Pedrinho ou com o Vítor. Quer me matar do coração, Laura? Você não pode facilitar, minha velha! Como é que você poderia explicar uma foto da Camila com o Pedrinho? Eu sei que você tem muitas fotos deles. Ainda mais que você veio contando toda a história da família.

— Você tem razão, Lourival. Se ela tivesse pegado esta foto aqui, teria visto ela com o Pedrinho quando ele ainda era de colo. Jesus, eu pensei que fosse ter um enfarte, meu coração ainda está batendo muito, tenho que tomar um pouco de água.

— Deixe que eu vou buscar água para você, fique sentada aí e, pelo amor de Deus, esconda essas fotos, ela pode pedir para ver de novo, é o instinto do sangue. Esconda essas outras e deixe na carteira as que ela já viu. Pode ter certeza de que sangue chama sangue, ela vai pedir para olhar outra vez, quer apostar?

Dona Laura rapidamente escondeu as outras fotos que pudessem comprometer nos bolsos laterais de sua bolsa. Orava de olhos fechados, pedindo aos mentores que protegessem Camila, que não fosse nada de grave com a sua saúde. Deu um longo suspiro, Deus esse sofrimento não teria fim? Por que estas coisas estão acontecendo na vida desta menina?

Quarenta e cinco minutos se passaram. Eles pareceram uma eternidade para dona Laura. Enfim, doutor Roberto abriu a porta e trouxe Camila pelo braço, dizendo:

— Aparentemente, não há nada de sério, embora precisemos aguardar os estudos mais detalhados do exame. Descanse, tome uma água, um café, e logo mais você será chamada para continuarmos com os procedimentos — antes de se retirar, deu uma piscada discreta para Linda, que respondeu com um sorriso maroto.

— Então, filha? — perguntou dona Laura toda cuidadosa. — Como você está?

— Tudo bem, dona Laura, eu pensei que fosse algo doloroso, mas não. Espero que esteja tudo bem.

Lourival trouxe um café, mas ele não conseguia se aproximar muito de Linda, ele a via ainda como sua patroa Camila, se resguardava no tratamento com ela. Após tomar o café, Linda solicitou com jeitinho:

— Ah, posso continuar vendo aquelas fotos? Achei tão bonitas, acho que não vi todas.

Lourival olhou para a esposa, Linda fingiu não perceber. Dona Laura abriu a carteira e entregou as fotos para ela, que olhava com desespero a do seu filho que não viu crescer. Olhou com ódio as fotos de Vítor, Cândida e aquela pequena intrusa que sorria nos braços da mãe, era sua sobrinha que nem conhecera! Emocionou-se com a foto de Leonardo, alegre e cheio de vida. Fingindo desinteresse, perguntou:

— Você disse que são seus patrões? São bonitos e parecem simpáticos. E quem é esse? — disse apontando para Leonardo.

— Esse é o Leonardo, que morreu naquele acidente que te contei — respondeu a governanta.

— Ah! Esse menininho é o filho da moça que morreu com esse rapaz! E dela, você não tem foto?

— Não, a Camila não gostava de tirar fotos, realmente eu não tenho nenhuma foto dela, não é Lourival? — respondeu a governanta, nervosa e começando a suar.

— A senhora deve gostar muito deles para andar com essas fotos na carteira — comentou Linda.

— É a minha família, não me vejo longe deles. Adoro as crianças, o meu Pedrinho lembra muito o Leo quando era pequeno, brincalhão, alegre, gosta dos meus bolos e está tocando piano que é uma beleza. Se o bisavô estivesse vivo, teria o maior orgulho dele.

— E a menininha? — quis saber Linda olhando a foto e disfarçando seus sentimentos.

— É um amor, a Camilinha é doce como a tia, parece que esse nome foi feito para elas duas. Nessas fotos, eles eram pequenininhos. O Pedrinho já está passando da minha altura e a Camila está no meu ombro!

Linda devolveu as fotos para dona Laura:

— Realmente são pessoas bonitas e, pelo que a senhora conta, são ricos, mas também são pessoas sofridas.

— É verdade, Linda, esta família passou por muitas tristezas, é uma história dolorosa de vida.

Linda olhou para dona Laura e pensou: "A história ainda não terminou, sua bruxa velha e interesseira. Essa linda família ainda vai saber do que a 'Linda' é capaz. Vou retomar tudo o que é meu por direito, vou ter meu filho de volta, mas antes disso, eu vou enlouquecê-los! Sim, vou enlouquecê-los, um por um. Tudo o que eu sofri, tudo o que perdi, será cobrado, cada um de vocês vai me pagar". E continuava em sua ideia fixa de prejudicá-los: "A menina boazinha caiu no rio e perdeu a memória, então vamos transformá-la em uma ribeirinha. Ah, Vítor! Você não perde por esperar! Aquelas lágrimas de crocodilo que você derramou na última vez em que estivemos juntos no barco, você derramar agora em dobro. E por motivos verdadeiros. Ah, Reginaldo, meu bom irmão! Você vai pagar caro por ter uma irmã sem memória e esconder dela sua verdadeira identidade. Canalha! Me deu tantos conselhos sobre a educação de Gabriela, dizendo que os filhos são nossos tesouros mais preciosos deste mundo! E o meu filho, canalha? Não era um tesouro para mim? Ah, minha irmãzinha querida, você com sua beleza e inteligência fez de mim o que bem quis, roubou meu filho, meu marido e me mantém prisioneira, usando estes dois velhos alcoviteiros em seus propósitos."

Mergulhada nestes pensamentos sombrios, nem ouviu que alguém a chamava pelo nome. Dona Laura tocou-a no braço:

— Estão chamando você, filha.

Doutor Roberto acompanhou todos os exames, ficando satisfeito com o primeiro parecer dos colegas. A princípio, não haviam indícios de sérias complicações nos procedimentos, porém, só teriam certeza quando estudos mais aprofundados fossem concluídos.

Com tudo terminado, Linda avisou para Roberto que voltaria para o hotel com dona Laura e Lourival. Ele, então, falou baixinho em tom romântico:

— Pois livre-se deles imediatamente! Ainda é cedo, quero te levar para a praia e almoçaremos por lá. O que você acha?

— Puxa, esse foi o melhor exame que fiz hoje neste hospital. Combinado.

— Então passarei no seu hotel daqui uns quarenta minutos. Não se atrase e, veja bem, eu não tenho nada contra os dois velhotes, mas não quero levá-los conosco. Dispense-os.

Ao entrarem no carro, dona Laura já tinha outros planos:

— Linda, nós vamos te levar para almoçar no shopping. Eu e o Lourival já tínhamos combinado, nós vamos almoçar lá. Depois, quero comprar algumas coisas para você levar para a Gabriela.

Linda, passando a mão pela testa, respondeu com ar de contrariedade:

— Ah, dona Laura, o doutor Roberto me convidou para ir almoçar com ele perto do lugar onde vou fazer outros exames. Foi recomendação do médico que me atendeu, vou explicar: ele me disse que eu preciso colher um material no seu consultório para os resultados saírem mais rápido, entendeu? A senhora e seu Lourival não se preocupem comigo, eu prometo que vou almoçar, me comportar direitinho e, assim que terminar esse exame, eu ligo para a senhora.

Quem sabe hoje à noite nós não poderíamos ir até uma igreja e assistir uma missa? Dizem que por aqui tem muitas igrejas bonitas, eu adoro visitar igrejas.

Dona Laura ficou decepcionada com a resposta.

— Mas os exames de hoje terminaram?

— Era o que eu também pensava. Mas, não terminaram, ainda tem mais alguns. E me falaram que, dependendo dos resultados, ainda vão pedir outros.

— Que pena você não ir conosco. Vamos deixar, então, o nosso almoço para amanhã? Eu quero que você ajude a escolher as compras da Gabriela.

— Está bem, então fica para amanhã — concordou Linda.

No hotel, dona Laura apertou a mão de Linda, não suportou as emoções e as pressões emocionais do dia e deixou as lágrimas descerem pelo rosto.

— Minha filha, por favor, eu te quero tão bem, se cuide direitinho, e qualquer coisa, me ligue. Se você precisar que Lourival vá buscar você, ligue também, filha, não fique inibida, estamos aqui para ajudá-la.

O casal se foi. Linda entrou correndo em seu quarto, tomou um banho e descobriu que não tinha roupa de praia, ela não havia planejado esse passeio. Então, improvisou: colocou uma calça jeans, uma camiseta e um tênis.

No horário marcado, doutor Roberto chegou. Imediatamente puxou-a para perto de si e deu-lhe um beijo.

— Agora sou eu que vou te examinar, linda por dentro, linda por fora, o resultado é que você realmente é Linda!

Pegaram a estrada e foram até o mar. Almoçaram e conversaram bastante. Quando o relógio já marcava quinze horas, doutor Roberto convidou-a para uma caminhada. Passando em frente a uma loja, ele puxou-a pela mão e não deu tempo de ela falar nada. Já pedia para a vendedora:

— Nós precisamos de roupas de banho, viemos apenas almoçar no litoral, mas o mar nos convida para dar um mergulho.

Saíram da loja em trajes de banho, guardaram suas roupas no carro e foram andar pela areia. Andavam de mãos dadas, brincando com as gaivotas que voavam de um lado para o outro. O mar estava calmo, suas águas esverdeadas e brilhantes. Havia poucas pessoas andando pela praia, a maioria delas pessoas de idade. De repente, Linda avistou uma mulher que vinha ao encontro deles, andava bem devagar, suas roupas coloridas chamavam a atenção de longe. Suas pernas tremeram, ela estremeceu toda, suas mãos ficaram geladas. Doutor Roberto parou de andar, amparando-a nos braços.

— Linda, o que houve? O que você está sentindo? Meu Deus, você está pálida, vamos sentar ali naquela barraca, vamos tomar um pouco de água.

Cambaleando pelo choque, Linda andou ajudada por Roberto. Pediu uma cadeira e sentou a namorada, tomando seu pulso. Não entendeu aquele mal-estar repentino de Linda.

A cigana aproximou-se e sentou em uma cadeira ao lado de Linda. Estava com um coco verde na mão e ofereceu para a moça dizendo:

— Não tenha medo, pode beber que vai lhe fazer bem, o moço, que é doutor, pode explicar melhor do que eu.

Roberto olhou para a cigana um tanto desconfiado, mas sentiu no olhar dela muita bondade e, de fato, a água do coco iria repor as energias que ela deve ter perdido enquanto fazia tantos exames. Sentiu-se um egoísta, depois de toda aquela sequência de procedimentos, ainda quis arrastá-la para caminhar. A cigana olhou para a moça:

— Silmara fica muito feliz quando pode ajudar alguém. Se tivéssemos condições de modificar o mundo, tudo seria diferente, ninguém teria problemas, ninguém seria triste, tudo seria perfeito. Mas, a vida não depende de nós, nós é que dependemos dela.

E, voltando-se para doutor Roberto, a mulher pediu:

— Doutor, será que o senhor dá licença para Silmara falar alguns minutos em particular com essa menina? O doutor não precisa se afastar para longe! É que ninguém pode ouvir o que eu vou falar, não que sejam coisas ruins, mas são alguns conselhos pessoais.

Ansiosa, antes que Roberto respondesse, Linda interrompeu:

— Sim, por favor, eu quero ouvi-la, e agora. Às vezes, a sabedoria de pessoas como Silmara nos ajuda muito.

Roberto concordou respeitosamente:

— Se você quer ouvi-la, pode ficar sossegada, vou até à beira do mar. Quando vocês terminarem, me chamem.

Para ficar mais tranquilo, ele foi até Linda, olhou o seu rosto, que já estava corado, tomou o pulso e ficou aliviado:

— Graças a Deus, está tudo bem, foi um susto e muito cansaço. Fique bem, vou ficar te olhando de longe.

Silmara deu um sorriso, tinha traços finos e inspirava confiança. Não haveria problemas em deixá-las a sós.

Assim que ele se afastou, a cigana pegou a mão de Linda e começou a falar:

— Minha filha, as linhas do seu destino estão abertas novamente, não jogue fora esse amor que caiu em suas mãos, ele vem do alto. Esse rapaz será um abrigo seguro para você e mais alguém que depende de você para alcançar as estradas da vida. Esse rapaz é uma oportunidade que Deus lhe oferece. Em troca, não corra atrás do passado, será muito difícil para você esquecer sua dor, mas deve apostar em sua alegria. Saiba esperar, o destino que arrastou você para longe de tudo o que era seu, vai trazer em seus braços o que, de fato, lhe pertence, um único bem que é eterno, um filho. Esse rapaz que está com você vai receber uma grande proposta de trabalho, vá embora com ele e leve sua filha! Agora que já sabe quem é, sabe também que não pode fazer o tempo voltar atrás. Então, faça nascer dentro de você um novo ser. Vá embora! Acompanhe esse rapaz. Nós não vamos mais nos encontrar pelas praias, Silmara sabe disso. Deus está lhe oferecendo uma nova oportunidade que nem estava designada em sua linha do destino. Mas são essas chances que Ele cria em nossas vidas, quando somos atingidos pela solidão e ausência dos outros. Você é uma dessas pessoas que teve a linha do seu destino partida ao meio, você não deve puxar nenhuma das pontas. Siga esta nossa linha que se abriu para você. Não vasculhe o passado, não valerá a pena. Ainda neste novo caminho trilhado por Deus, você vai reencontrar o seu filho que ficou para trás, mas deixe o destino trazer, não vá você atrás. A minha missão terminou, vou me empenhar em outros caminhos partidos e perdidos. Espero que você guarde de Silmara uma boa recordação. Agora que você se encontrou dentro de si e de sua mente, já pode responder pelos seus atos e ações.

A cigana se levantou, Linda puxou sua mão.

— Fique mais um pouco, eu ainda não agradeci a ajuda que você me deu.

— Não precisa se preocupar em agradecer, eu não estou fazendo isso por interesse terreno, mas sim por trabalho celeste. Pense em tudo o que eu lhe disse, mas siga o seu coração, eu não tenho o direito de interferir em suas decisões. Adeus, Camila! — e Silmara foi se afastando lentamente.

Linda correu atrás dela, pegou-a pelo braço.

— Como sabe o meu nome de verdade?

— Quando nos interessamos em ajudar as pessoas, prestamos atenção nelas. Ouvi seu nome no nosso primeiro encontro, quando você estava usando uma aliança que lembra este anel que lhe dei de lembrança. Guardei o seu nome e a sua imagem. Fique com Deus, menina, Silmara já lhe disse tudo.

Roberto chamou por Linda. Vendo que ela correu atrás da cigana, imaginou que alguma coisa tinha acontecido. Ela virou-se para atender o rapaz e, em seguida, voltou-se para agradecer a Silmara pelo anel, mas ela havia desaparecido.

Roberto ficou intrigado: "Como é que as pessoas podem sumir daquele jeito?" Olhava pelos arredores e nem sinal da cigana. Foi até o rapaz que atendia na barraca e perguntou:

— Você viu onde a cigana entrou?

O rapaz arregalou os olhos:

— De que cigana o senhor estar falando?

— Da cigana que estava sentada aqui, conversando com minha namorada!

— Moço, o senhor me desculpe, mas os únicos fregueses que eu recebi hoje à tarde nesta barraca foram vocês dois, não teve nenhuma cigana sentada aqui, não. Se o senhor não estiver brincando comigo, então veio uma alma do outro mundo visitar a minha barraca!

Linda ouviu toda a conversa e não se conformava.

— Moço, não brinque com a gente, você viu que ela me entregou este coco. Ela não comprou em sua barraca?

— Claro que não é da minha barraca! Eu não tenho coco para vender, e não estou brincando com vocês. Estive aqui todo o tempo ouvindo o meu programa de rádio e atendi vocês, que me pediram uma garrafa de água. Fora disso, não aconteceu mais nada.

Linda pegou Roberto pela mão e saíram andando.

— Vamos caminhar um pouco, o mal-estar passou e quero passar pelas sete ondas do mar.

— Linda, você acredita em espíritos? — perguntou Roberto, interessado.

— Acredito. E você? Acredita ou não acredita?

— Até hoje eu não acreditava. Porém, diante dos fatos ocorridos embaixo das minhas vistas, preciso repensar os meus conceitos a respeito da espiritualidade.

— Há muitos anos, eu li muitos livros de Allan Kardec, cheguei a visitar uma casa espírita e tive muitas provas da atuação deles em nossas vidas. Mas, depois do acidente, me afastei um pouco, não pratiquei mais o que eles pedem: fazer o Evangelho no Lar! — explicou Linda.

— Querida, quando você desejar e estiver mais à vontade para falar comigo, eu gostaria de saber desse acidente. Entenda bem: quero saber para ajudá-la. Não tenho nenhuma pretensão de controlar sua vida. E você pode me explicar o que é o Evangelho no Lar e para que serve?

— Bem — disse ela —, o Evangelho no Lar são orações que fazemos, reunindo os membros da família e conscientizando a todos dos deveres cristão e moral que devemos ter. É através dessas orações, da leitura de um trecho do Evangelho e dos comentários feitos que atraímos a proteção de bons espíritos e ajudamos os sofredores, que muitas vezes dividem seus sofrimentos com os nossos.

— Mas, então, é maravilhoso!

— Sim, é maravilhoso! Se você está com o coração limpo e purificado, com fé, amor, e responsabilidade, sua vida melhora muito, você fica em paz.

— Por que você parou de fazer o Evangelho em seu lar? Perdeu a fé e o amor? — indagou Roberto.

— Eu fiquei muito doente, não tinha forças para nada, e sinceramente acho que perdi um pouco a fé. Mas, como disse você, o que vimos hoje é uma prova para mim que devo voltar a fazer o Evangelho no Lar. Aliás, gostaria que você não comentasse com ninguém o que aconteceu hoje, meus pais são católicos demais, eles não gostam de ouvir falar em espíritos. Que essa conversa fique entre nós, combinado?

— Combinado. Mas eu quero participar com você do Evangelho no Lar, eu não sei nada e quero aprender com você.

— Não posso fazer isso na minha casa por causa dos meus pais. Não quero confundi-los nem aborrecê-los. Mas podemos fazer na sua, o que acha?

Ele deu um sorriso, apertando-a contra o peito carinhosamente.

— Olha, estou gostando dessa cigana! Você disse que vai a minha casa? Eu ouvi isso? Ela realmente deve ser um espírito muito bom! E me conta, vai... O que a cigana queria te falar em particular? Eu agora estou curioso, não é todo dia que um espírito fala com alguém bem na nossa frente. Ela falou de mim? Falou que eu te amo, e que você deve me amar tanto quanto eu te amo?

Linda passou o braço na cintura de doutor Roberto e segredou:

— Ela me falou de você, sim! Mas o que ela me contou sobre você, morre comigo.

— Uma coisa eu posso deduzir: ela não falou mal de mim, senão você não estaria me abraçando desse jeito.

— Não seja por isso, eu te solto — brincou Linda, saiu correndo e entrou no mar.

Os dois passaram horas agradáveis. Já escurecia quando saíram das águas.

— E agora, o que vamos fazer? Estamos molhados, famintos e tenho certeza de que não queremos voltar hoje. O que você sugere? — perguntou Roberto.

Linda estava relaxada, um bem-estar tomou conta do seu ser, estava ao lado de um homem em quem podia confiar. Então, respondeu sem cerimônia:

— Eu quero tomar um banho, vestir roupas secas, jantar e, mais tarde, dormir muito bem...

— Muito justa a sua sugestão. E gostei do final de sua proposta, mais tarde dormir... Por que eu não estou com sono e você não me parece sonolenta. Vamos aproveitar bem nosso passeio. — Com as duas mãos sobre os ombros dela, completou com emoção: — Linda, eu estou gostando muito de você. Assim que te vi pela primeira vez, disse para mim mesmo: é ela a mulher que eu procurava. Quero que você confie em mim, não sou um aproveitador de mulheres indefesas. E, por isso, quero ter certeza de que você não está brincando com os meus sentimentos.

Ela, olhando-o nos olhos, lembrou-se do que a cigana lhe disse e afirmou, tranquilizando-o:

— Você é uma chance que Deus me deu para reconstruir minha vida. Não estou brincando com os teus sentimentos, eu preciso de você na minha vida. Quero ser feliz outra vez, quero ter uma nova chance. — Fitando o mar, ela continuou: — Essa nossa vinda à praia não foi em vão, eu estava, de fato, revoltada, aborrecida com tudo e com todos. Ao entrar no mar e passar pelas mornas ondas que se abriram para mim, deixei na água muitos pensamentos tristes que estavam crescendo dentro de mim. E eu te prometo: assim que a ocasião for propícia, vamos sentar e conversar sobre o acidente, o que aconteceu antes e depois. Deixei muitas coisas para trás, mas também encontrei outras tantas pela frente. É isso que eu descobri hoje. Minha vida mudou, eu mudei, o que passou acabou, o importante é o nosso presente, o nosso hoje.

Lágrimas escorriam pela sua face, pensava em sua filha. Ela era filha de Linda, não de Camila. Seu filho hoje talvez olhasse para uma fotografia sua e pensasse nela como uma mãe morta, ele não imaginava que ela estivesse viva. Sua irmã e seu marido reconstruíram uma vida que, com certeza, sempre desejaram ter, já não importava mais se eles sabiam de sua existência ou não. Na verdade, todos talvez já tivessem se esquecido dela. Melhor assim. Seria uma forma de ter uma nova chance de ser feliz.

Roberto, respeitando suas lágrimas, convidou-a para deixarem a praia. Eles se hospedaram em um pequeno hotel à beira-mar. Linda lembrou-se de que precisava ligar para dona Laura, a essa altura deveria estar roendo as unhas de preocupação.

— Nossa, Roberto, você não sabe! Eu prometi para a dona Laura que, se desse tempo ainda hoje, nós iríamos visitar uma igreja. Ela deve estar arrumada e com o terço na mão me esperando — contava Linda de um jeito engraçado.

Roberto gargalhou.

— Me perdoe, Linda, mas você é uma criança. Jura que você fez isso? Depois do que eu vi e ouvi hoje, acho que você não é tão católica assim...

Dona Laura, de fato, já havia se programado para irem à missa das vinte horas. Qual não foi sua decepção com a ligação de Linda, cancelando o compromisso. Disse que iriam em outro dia, ela ligaria assim que pudesse. Dona Laura insistiu e quis saber onde ela estava e se precisava de ajuda, mas Linda somente informou que estava tudo bem e que eles não se preocupassem. Não deu muita satisfação, estava de bem com a vida.

*

De volta à capital, a rotina foi retomada.

Os primeiros exames de Camila estavam normais. Dona Laura chorava de emoção. Os que necessitavam de mais tempo para análise, seriam enviados diretamente para doutor Roberto.

À noite, Linda arrumava a mala para retornar para sua casa. Dona Laura e Lourival estavam com ela no quarto, falando do reumatismo que, de vez em quando, atacava dona Bernardina. Lourival comentou:

— O motorista do doutor Vítor hoje amanheceu de cama, não consegue nem colocar o pé no chão. Eu fui levar e buscar as crianças na escola. Já prometi a eles que amanhã vou levá-los e buscá-los de novo, assim ajudo o coitado do José, que está com o pé todo inchado, não consegue pôr nem os sapatos. Além do mais, o Pedrinho adora andar comigo, vai fazendo mil perguntas, quer saber de tudo, às vezes me pergunta coisas que eu nem sei responder. Ontem, ele me perguntou se realmente era parecido com o tio Leo. Respondi que dona Cândida o achava parecido com o tio, sim.

Linda ficou pálida, continuou arrumando a mala e fez força para não mostrar o que sentia. E perguntou, disfarçando:

— Mas ele é mesmo parecido?

— É sim, é bem parecido com o tio. Não fisicamente, mas nas coisas que faz. É alegre, brincalhão, lembra muito o Leonardo.

— Se o senhor vai levá-los amanhã cedo na escola, não se prenda por mim, pode ir, seu Lourival. Vá descansar — falou Linda.

— Não se preocupe, eu os levo em vinte minutos e com folga. Eles entram na escola oito horas da manhã, saímos de casa vinte para as oito e vamos bem devagar. A escola é bem pertinho.

Linda recordou-se que, de fato, havia um colégio muito bom perto da mansão, já tinha ido algumas vezes na festa de encerramento do ano letivo do filho de uma amiga. Então, o seu filho estudava lá...

Reginaldo apareceu e também veio se despedir de Linda. Entregou alguns pacotes para serem entregues aos pais e à sobrinha, como ele tratava Gabriela. Linda reconhecia que ele sempre fora muito carinhoso com ela.

Laura, Lourival e Reginaldo saíram juntos, prometendo que, em breve, iriam visitá-la. A sós, Linda sentou-se na cama e ficou pensativa, uma vontade imensa de ver Pedrinho de longe tomou conta dela. Ela iria bem disfarçada, ficaria olhando o menino chegar ao colégio, precisava vê-lo...

O telefone tocou, ela se sobressaltou, era Roberto que a convidava para sair.

— Dei tempo suficiente para suas visitas chorarem, te abraçarem e irem embora. Agora, estou morrendo de fome e acredito que você também, não é mesmo? Passo por aí daqui a quinze minutos.

Linda se arrumou, Roberto chegou alegre como sempre.

— Hoje nós vamos comer massa. Vou te levar em uma pizzaria tradicional, vou te provar que eles fazem a melhor pizza desta cidade.

Foram felizes. Para surpresa de Linda, ela já conhecia aquela pizzaria. Era a mesma que ela esteve muitas e muitas vezes, lembrava-se do dia em que sua irmã foi apresentada a Leonardo naquele local, ela, inclusive, estava grávida de Pedrinho. Recordou-se perfeitamente de tudo.

Um garçom veio até a mesa e, olhando para ela, ficou estático. Roberto pediu uma garrafa de vinho tinto suave. O garçom, então, comentou respeitosamente:

— Desculpe, mas eu conheci uma moça tão parecida com a senhora que dá para confundir qualquer um!

— Alguma ex-namorada sua? — brincou Roberto.

— Não, senhor. Ela era esposa de um empresário que frequentava muito a nossa pizzaria. Eu sou um dos mais antigos aqui, tenho vinte e cinco anos de casa, guardo bem as feições das pessoas. Eles vinham sempre, mas depois do acidente que levou a esposa dele, agora ele aparece por aqui uma vez ou outra. Casou-se com a irmã dela, é outra senhora de classe e muito bonita — contava o garçom, anotando o pedido.

Linda mexia nos enfeites da toalha, disfarçava o nervosismo. Sim, tudo ali era tão familiar, nunca imaginou voltar aos mesmos lugares e ainda ser reconhecida. Roberto brincou mais com o garçom:

— A esposa dele pode até parecer com a minha noiva, mas eu duvido que a irmã dela seja tão bonita quanto ela!

O garçom sorriu, pediu licença se retirou.

— O que achou dessa pizzaria, Linda? Gostou?

— Adorei estar aqui — respondeu como se dissesse para ela mesma.

Roberto pegou sua mão e notou que ela estava gelada.

— Nossa, você está com as mãos tão frias. Está se sentindo bem?

— Deve ser o ar condicionado, não estou acostumada. Quando eu tomar uma taça de vinho, vou esquentar de novo — respondeu sorrindo.

A noite foi tranquila e tudo transcorreu normalmente.

De volta ao hotel, ela demorou a dormir. Pensou muito e tomou uma decisão. Apesar de todos os conselhos da cigana Silmara, ela iria tomar aquela atitude. Precisava ver o seu filho! Tinha que ver o seu filho! As suas vinganças, ela já tinha esquecido delas e deixado que o mar levasse. Não queria mais saber de Vítor, Cândida, Reginaldo, dona Laura, Lourival, Camilinha e tudo o mais. Porém, o seu filho era diferente...

No outro dia cedo, levantou-se, pegou uma blusa com capuz e saiu apressada. Quase uma hora antes da abertura do portão do colégio, lá estava ela, torcia as mãos e sentia a boca seca. Deus, será que veria seu filho?

Quinze minutos para as oito, ela viu o carro de Lourival entrando na rua. Seu coração disparou. Ele abriu a porta de trás e uma menininha graciosa desceu e beijou o rosto do velho jardineiro, que colocava a sua mochila no carrinho. Um adolescente desceu do banco da frente do carro, brincando e, descontraidamente, falava com o jardineiro. Algumas espinhas despontavam em seu rosto, alguns fios de barba indicavam que ele se tornava um homem. Sim, era o seu filho! O mesmo bebê que ela deixou nos braços de uma babá no dia do acidente! "Meu Deus! Meu filho!", pensou emocionada. As pernas tremeram e perderam as forças, ela encostou-se no muro para não cair e as lágrimas rolaram quentes pelo seu rosto. Os dois acenaram para Lourival, olhando para trás e entrando de mãos dadas no colégio.

Linda não sabia dizer quanto tempo ficara encostada no muro, chorando. Só se deu conta do que fazia quando se viu cercada por algumas pessoas perguntando se ela estava passando mal, se precisava de ajuda. Foi levada para um bar ali perto e deram a ela água com açúcar. Sua voz estava presa na garganta, a imagem de seu filho não lhe saía do pensamento. Queria seu filho, era tudo o queria, seu filho...

Um senhor bondoso quis levá-la para um hospital, mas ela disse que foi só um susto, estava tudo bem. Ele a levou, então, para o hotel. Chegando lá, subiu rapidamente até o seu quarto e jogou-se na cama soluçando: "Meu filho, meu filho! Eu quero o meu filho!" Sentia uma dor forte no peito, parece que agora tinha despertado do seu sono, nunca mais teria o seu bebê de volta, nunca mais...

Viu as horas. Faltava pouco para Roberto passar para pegá-la e iniciarem a viagem de volta. Lavou o rosto, mas as lágrimas ainda desciam contra a sua vontade, seus olhos estavam vermelhos e inchados. O que iria dizer para Roberto? Sua vida havia desmoronado naquele instante, nada mais fazia sentido. Tentava pensar em Gabriela para se fortalecer, mas parece que sua dor aumentava ainda mais...

Em poucos minutos, a recepção avisou que doutor Roberto a esperava na portaria. Ela pegou os óculos escuros e desceu. No balcão, Roberto já havia acertado sua estadia. Viu Linda, estranhou os óculos, beijou-a, mas nada comentou.

Entraram no carro e partiram. Em meio ao silêncio, ele pediu:

— Posso vê-la? Esses óculos estão te escondendo, quero ver os seus olhos.

— Não posso tirar os óculos, meus olhos estão vermelhos, de repente ficaram vermelhos. Eu tenho isso de vez em quando.

— Linda, você esqueceu que sou médico? Tire já esses óculos, quero examinar os seus olhos, é uma ordem de médico.

Ela ficou parada, retirou os óculos e ele percebeu que ela havia chorado muito. Ele encostou o carro.

— Linda? Vamos conversar. O que aconteceu, ou o que não aconteceu, para você estar desse jeito? Sou o culpado de suas lágrimas? Quero saber o que houve. Ou você confia em mim ou não acredito que, de fato, você me queira ao seu lado.

Ela colocou as duas mãos no rosto e novamente começou a chorar, desta vez, copiosamente. Sua voz não saía.

— Meu Deus! O que houve, Linda? Por Deus, me fale o que está acontecendo? — insistia Roberto desesperado, sem saber o que pensar.

Respirando fundo, ela conseguiu se acalmar um pouco e falar.

— Eu preciso muito do seu amor, Roberto, eu preciso muito de você! Por favor, não me deixe! Eu quero viver! Eu preciso viver!

Ele abraçou-a instintivamente para protegê-la.

— Eu estou aqui, meu amor, vou ficar com você, acalme-se! Por nada deste mundo te deixarei sozinha, minha querida, seja lá o que tenha lhe causado tanta dor. Conte comigo, confie em mim.

Passaram em uma farmácia por insistência de Roberto. Compraram um calmante natural, ele a fez tomar. O médico se perguntava: "O que será que houve com esta menina, o que mexeu tanto com ela? Por que tanta dor? Certamente isso estava ligado ao seu passado... Mas o quê? Preciso ajudá-la, mas não sei por onde começar, parecia que tudo estava tão bem e, de repente, ela mudou! Será que são problemas em casa? Os exames deram resultados ótimos, nada que pudesse deixá-la preocupada. Então, o que será?"

Linda pareceu mais tranquila depois que tomou o calmante, embora seus os olhos demonstrassem uma profunda tristeza. Na parada que fizeram em um restaurante na estrada, ele gentilmente reafirmou:

— Linda, eu quero que você saiba que estou do seu lado, entenderei qualquer situação, mas divida comigo suas dores, seus medos e suas inquietações. Por favor, confie em mim, ficaria muito triste se soubesse que você não confia em mim.

— Roberto, eu começo a ser eu mesma, estou voltando a ter sentimentos que não acreditava existirem mais. Há tanta coisa para te falar, eu não sei se, quando você conhecer a minha verdadeira história, vai querer continuar comigo.

Roberto empalideceu. Um pouco assustado, procurou responder com firmeza:

— O único motivo que, realmente, faria eu me afastar de você, seria descobrir que me enganou, me usou e, no fundo, não havia nenhum sentimento por mim. Se há outros agravantes em sua vida, que eu ainda desconheço, isso foi antes de eu te conhecer. Pouco me interessa o que você foi ou deixou de ser.

— Vou me preparar para abrir o meu coração para você. Vou contar com sua ajuda — disse ela, mais confiante.

— Quando quiser falar, encontrará em mim um amigo, um companheiro, um conselheiro, tal qual alguém dentro de um confessionário. Terá os meus ouvidos e o meu coração para entender a sua história.

A viagem prosseguiu, agora em clima de maior tranquilidade. O tenso episódio já estava esquecido. Quando chegaram em casa, foi uma festa. Gabriela estava eufórica, olhou para Roberto com timidez, perguntando para a mãe se o médico a havia acompanhado por causa da doença. Linda sentiu até remorso de ter deixado a filha viver essa angústia. Arrependida, chamou Gabriela para perto do doutor Roberto e disse baixinho:

— Esse médico está aqui não por causa da minha doença, mas para te conhecer. Nós estamos namorando, você é minha filha e é a primeira pessoa a quem nós queremos comunicar.

Gabriela arregalou os olhos e avaliou sem cerimônia:

— Acho que você escolheu muito bem! Ele é bonito e parece que gosta de você. E, se ele gosta de você e vai te fazer feliz, eu também já gosto dele!

Roberto, satisfeito, abraçou Gabriela e respondeu:

— Eu também estou feliz por saber que você vai gostar de mim, vamos ser bons amigos. Quero lhe dizer uma coisa: não pretendo nunca tomar o lugar do seu pai, mas quero ajudá-la e fazer tudo aquilo que o seu pai não pode fazer porque Deus o chamou mais cedo.

— Gostei das suas palavras — devolveu a garota. — Vamos ser bons amigos, sim. — Olhando firme para ele, questionou: — Você tem filhos?

— Não, eu não tenho filhos — informou Roberto, admirando a inteligência da garota.

— Então eu também posso lhe dar aquilo que você ainda não tem: amor de filha.

— Linda? — chamou dona Bernardina. — Será que a Gabriela não está incomodando o doutor?

Roberto, já de braços dados com Gabriela, tranquilizou a senhora:

— Pode deixar, dona Bernardina. Hoje ela está é me oferecendo um presente. Adorei conhecer a minha nova amiguinha. Além de esperta, inteligente e bonita, é também muito educada.

— Ah, isso é verdade. Nós somos pobres, mas, educação, a mãe dela sempre deu. Linda é a mesma coisa, doutor.

— Eu sei, dona Bernardina, sua filha é a moça mais educada e prendada que já conheci — comentou, dando uma piscadela para Linda.

Gabriela sorriu e noticiou:

— Vovó, eu acho que a minha mãe e o doutor Roberto têm alguma coisa para contar.

— Valha-me Deus, filha! É sobre os seus exames?

— Não, minha mãe. Os meus exames estão ótimos! — disse Linda, abraçando dona Bernardina. — Nós queremos comunicar é que eu e o Roberto estamos namorando! E queremos a sua bênção e aprovação. Assim que o pai chegar do rio, vamos contar para ele também.

Dona Bernardina, suspirando fundo de alegria, falou em voz alta:

— Meu Deus! É a melhor notícia que recebo nestes últimos tempos. — Abraçou Linda desejando felicidades e, estirando a mão para doutor Roberto, com os olhos marejados de lágrimas, quase implorou: — Doutor, eu quero lhe pedir uma coisa muito importante, um desejo de mãe: por favor, faça minha filha feliz, ela já sofreu tanto!

Abraçando a senhora com bondade, Roberto falou com serie-dade na voz e com emoção:

— Prometo para a senhora, dona Bernardina, vou fazer de tudo para Linda ser feliz ao meu lado, eu a amo muito.

Gabriela segurava um sorriso maroto, ela queria ver sua mãe bem de saúde e feliz. E, em seu pensamento, o doutor Roberto po-deria fazer as duas coisas: cuidar da sua saúde de sua mãe e da felicidade dela. Seria a união perfeita!

Antes de ir embora, Roberto quis saber se Linda estava se sen-tindo bem, pois havia ficado preocupado com ela. Linda prometeu se cuidar, pediu desculpas pelo ocorrido na viagem e disse que, as-sim que estivesse em condições, sentaria com ele para terem aquela longa conversa.

De volta a sua casa, Roberto tomou um banho e relaxou. Ten-tava imaginar o que teria acontecido na vida daquela moça. Sabia de algumas passagens tristes, mas tinha certeza de que havia algo mais forte que ele desconhecia. Fosse o que fosse, ficaria do lado dela.

Na casa de Linda, após a entrega dos presentes, dona Bernar-dina chamou a filha até a cozinha. Deu-lhe um copo de suco, queria saber tudo sobre a viagem, como tinham sido os exames, se doeram muito, como aconteceu o namoro com doutor Roberto, como ela havia se sentido na cidade grande, se havia visitado Reginaldo, se tinha ido à casa de dona Laura, enfim, estava preparada para fazer mil perguntas.

— Vamos, Linda, você não vai me contar mais como foi a sua viagem?

— Ah, mãe, eu praticamente não saí de dentro dos hospitais, fiz muitos exames, às vezes entrava de manhã e saía muito tarde, e cansada. A cidade grande já tem esse nome de "grande" porque tudo é muito longe de um bairro para o outro. Reginaldo morava muito longe dos hospitais, eu até o chamei para ir até lá, mas não deu tempo mesmo. Dona Laura e o Lourival deram a mim uma atenção especial, não me deixavam um só instante, foram muito atenciosos. Não cheguei a ir à casa deles por falta de tempo. Quanto ao namoro, o interesse entre nós começou no dia em que nos vimos no consultório, quando fui fazer minha consulta. Ficamos conversando por muito tempo.

Gabriela veio juntar-se a elas para ouvir as histórias também. Dona Bernardina, preocupada, perguntou para a filha como ia ficar aquele curso que ela pretendia fazer. Ela respondeu que, diante das circunstâncias de sua doença, era melhor esperar um pouco, mas que não comentasse com ninguém, conforme haviam combinado.

Aquela primeira noite da volta foi difícil para Linda conciliar o sono. Ela se sentia, de fato, dividida: uma era Linda, a mãe de Gabriela; a outra era Camila, mãe de Pedrinho. Pensava na cigana e, rezando, implorava ajuda. "Então Silmara era um espírito? Será que, quando eu era noiva de Vítor e a encontrei pela primeira vez, ela estava viva e morreu depois, ou ela já era um espírito?", perguntava-se, em dúvida. "Meu Deus, me ajude! Leonardo morreu! Leo me ajude, por favor, você foi a única pessoa que me amparou verdadeiramente naquela casa. O que vai acontecer comigo? Eu só quero o meu filho. Só quero o meu filho, nada mais!", suplicava ela em pensamento.

Se não fosse pelo seu filho, estava disposta a se afastar de tudo e de todos para ser verdadeiramente Linda, a filha de dona Bernardina e seu Jairo, e iniciar uma nova jornada ao lado de Roberto. Mas, como esquecer Pedro, o filho amado?

Lembrava-se de que sua irmã gostava de tudo o que fosse bonito e bom, mas não hesitou em deixá-la na ribanceira de um rio, vivendo miseravelmente. Vítor havia se apoderado dos bens de Leo e, com certeza, havia recebido somas altas do seguro de vida dele. Não tiveram nenhum escrúpulo com sua vida e Linda remoía cada detalhe.

De acordo com o que imaginava e diante de sua raiva, Linda achava que o correto seria procurar um advogado e provar que estava viva e que fora enganada, roubada e traída. Acabaria com a farsa deles dois, Vítor e Cândida, reaveria seus bens e teria o seu filho de volta. Mas, seria tão fácil assim? E novamente a cigana vinha à sua mente, lhe dizendo que nada iria trazer de volta os caminhos que ficaram para trás, que não valeria a pena revolver o que foi enterrado...

Pensava agora em Roberto. Ele seria a sua grande chance de ser feliz, conforme a instruíra Silmara. Deus pode tudo, às vezes Ele concede alguns benefícios que não estavam em nossa programação de vida. O que aconteceria agora com Linda? Assumiria, de vez, ser Camila? Ou deixaria tudo como está para tentar ser feliz outra vez?

CAPÍTULO XIX

Casamento

Dias se passaram. Linda andava calada. Dona Bernardina em sua simplicidade percebia que ela estava inquieta, triste e preocupada com os exames. Rezava e fazia promessas a Nossa Senhora do Perpétuo Socorro, que Ela socorresse a saúde de sua filha do coração. Até que os exames chegaram e os laudos médicos diziam que Linda estava em perfeito estado de saúde. Dona Laura e o marido vieram visitá-los. Linda se esforçou para não demonstrar sua revolta com isso. A sós com o senhor Lourival, Linda fez a pergunta que o seu coração insistia em saber:

— Como vão suas crianças? O senhor continua levando todos para a escola?

— Ah, minhas crianças — respondeu ele, sorrindo. — O José melhorou, quando ele precisa levar o doutor Vítor ou a esposa para algum lugar, eu os levo, eles são ótimos, nunca me dão trabalho.

— O Pedrinho já é um rapazinho, não é?

— Ele vai completar quinze anos no mês que vem. E já falou para os pais que não quer festa de aniversário, ele quer uma viagem para o Nordeste, quer ir aonde tiver praia, ele adora o mar.

Linda ficou pensando em quantos aniversários o seu filho havia cortado o bolo sem sua presença e quantos anos ela também viveu esquecida dele. Parecia agora que tinha acordado de um pesadelo.

Ela pediu sigilo a sua família sobre o seu namoro com o doutor Roberto, não queria ainda apresentá-lo ao casal de amigos e nem a Reginaldo, não que eles não merecessem confiança, mas, por tratar-se de algo de sua intimidade, não estava à vontade para fazer isso agora.

O seu namoro com Roberto estava seguro, Linda encontrou nele tudo o que precisava em sua vida: companheirismo, amizade e amor. Eles já pensavam em construir uma vida a dois. Roberto alegava que eles já não eram mais crianças e, da sua parte, não tinha nenhuma dúvida sobre seus sentimentos. Então, por que protelar?

Uma noite, Roberto chegou à casa de Linda e estava muito sério, até o senhor Jairo notou e arriscou perguntar:

— O senhor está bem, doutor?

— Sim, eu estou bem, mas muito preocupado! Preciso tomar uma decisão muito importante em minha carreira e, sem falar com Linda, não posso decidir nada.

— Ah, então o senhor sente-se aí que ela já vem — convidou Jairo, perguntando-se, curioso, o que seria de tão importante que o doutor queria falar com a filha.

Linda apareceu e se prepararam para sair. Gabriela queria sair com eles, mas Roberto prometeu que no próximo sábado a levaria para tomar sorvete e passear onde quisesse, hoje não. Disse que precisava conversar com a mãe dela e falar coisas muito sérias. Gabriela aceitou resignada, deu um beijo nele e outro na mãe.

— Divirtam-se! Sábado será a minha vez.

Eles foram jantar no lugar de sempre, um restaurante simples e os proprietários muitos amáveis com eles.

Roberto parecia ansioso e, pegando nas mãos de Linda, começou a contar o que o angustiava:

— Hoje, minha vida é você, preciso que me ajude. Ouça o que tenho para falar. Recebi uma proposta para me tornar sócio de um hospital. É um velho amigo e colega de faculdade, pessoa de muita responsabilidade e competência. Só há um porém: este hospital fica na capital de outro estado.

Linda gelou. Ficou calada. Roberto perguntou:

— E então? Estou esperando você me dizer alguma coisa.

— Bem, se esta decisão de se mudar para outro estado vai lhe trazer felicidade e prosperidade, acho que você deve abraçar com as duas mãos.

— Mas não é isso o que estou perguntando. O que eu quero saber é o seguinte: você vem comigo?

— Roberto, eu tenho uma filha, você sabe que eu jamais a deixaria.

— E quem falou que você vai sem sua filha? Inclusive, se os seus pais quiserem vir, eles também serão bem-vindos em nossa casa.

Imediatamente, Linda lembrou-se das palavras da cigana: "Siga o seu destino e espere a vontade de Deus, somente Ele poderá fazer o melhor por todos vocês. Sua dor é grande, mas poderá se tornar imensa, caso você decida agir por conta própria." Roberto olhava com grande expectativa. Linda permanecia de cabeça baixa, pensativa. Ele sabia que a decisão dela não era fácil, dificilmente os seus pais iriam com ela. E separar Gabriela dos avós também seria triste. Mas a menina poderia telefonar para os avós todos os dias e visitá-los nos feriados, tudo daria certo! Essa era a torcida de doutor Roberto.

Linda levantou os olhos e, encontrando os de Roberto fitando-a, quis saber:

— Essa mudança é imediata ou nós ainda vamos ter um tempo?

Ele alegrou-se com a resposta dela e respondeu sem piscar:

— Algumas providências são imediatas. Por exemplo: acertar o negócio, ver a documentação, coisas mais burocráticas. Quanto a nossa mudança, ainda teremos um tempo maior, não muito, mas o suficiente para organizarmos nossas vidas, montar a casa, nos casarmos, providenciar a transferência da escola da Gabriela. Creio que temos uns dois meses, o que você acha?

— Acho que é um bom tempo. Veja, Roberto, eu quero ir com você, eu te amo e quero o seu amor, você é a grande luz que Deus colocou em minha vida. — Ele ia falar algo, mas ela o interrompeu: — Eu ainda preciso ter uma longa conversa com você. Hoje não será possível, nosso assunto aqui é outro, e o que tenho para contar não pode ficar pela metade, é uma longa história.

— Muito bem, Linda. Vamos combinar o seguinte: amanhã tenho poucas consultas na parte da tarde, então vou transferi-las para depois de amanhã e vamos almoçar fora da cidade. Depois, teremos todo o tempo que você precisar.

Terminado o jantar, voltaram cedo para casa, combinaram de encontrarem-se no outro dia. Assim que entrou na sala, Gabriela assustou-se e perguntou:

— Mamãe, você brigou com o Roberto? Por que voltou tão cedo? Eu nem terminei as minhas lições de casa.

Linda achou graça, abraçou a filha e falou ainda rindo:

— Não, nós não brigamos, não. É que amanhã ele tem muito trabalho na clínica e precisa descansar. Mas amanhã na parte da tarde eu vou sair com ele. Nós vamos dar entrada nos papéis do casamento no cartório e não quero que você conte isso para ninguém, eu vou contar para os seus avós, mas, por enquanto, é um segredo só nosso.

Gabriela deu pulos de alegria.

— Mamãe, você vai se casar de verdade? E onde nós vamos morar? Eu não quero ficar longe da vovó e do vovô.

— Calma, tudo vai dar certo, nós não vamos abandonar seus avós, eu jamais faria isso, filha, jamais. Mãe Bernardina e pai Jairo me devolveram a vida.

— Não entendi, mamãe. Como devolveram a vida? Eles deram uma vida — falou Gabriela, corrigindo a mãe.

— É mesmo, você tem razão, Gabi, eles me deram a vida, serei eternamente grata a eles dois.

— Eu também serei eternamente grata a você e ao papai por terem me dado a vida, mas também serei grata ao Roberto porque ele vai te fazer feliz e, se você ficar feliz, eu também fico.

— Termine suas lições, eu vou conversar um pouco com seus avós, está bem? Se você precisar de mim, é só chamar — encerrou Linda aquela conversa cheia de amor dando um beijo na filha.

Dona Bernardina, vendo a filha entrar no cômodo com alegria, convidou-a para sentar-se com eles.

— Linda, minha filha, está tudo bem com você? — perguntou o senhor Jairo. — Eu não sou de prestar muita atenção nas coisas, filha, mas tenho notado que você ultimamente anda preocupada com alguma coisa.

— Pois é, pai, eu vou dizer a vocês qual é a minha maior preocupação. Amanhã, eu o Roberto vamos até o cartório dar entrada nos papéis do nosso casamento e, dentro dois meses, estaremos nos casando. Acontece, pai, que Roberto está se transferindo para outro estado e eu quero que vocês venham conosco. O senhor, pai, já está um pouquinho acostumado com as coisas da cidade. E eu, pai, não vou ser feliz sem vocês perto de mim, quero levá-los comigo. O Roberto foi o primeiro a dar essa ideia.

O senhor Jairo baixou a cabeça, ficou pensativo e mexia na testa em sinal de preocupação. Pensou um pouco e, em seguida, ponderou:

— Minha filha, eu e sua mãe estamos no fim da nossa jornada, você e a Gabriela estão começando a de vocês. A gente fica aqui, minha filha, estamos felizes aqui, temos um ponto de trabalho tão bom, recebemos ajuda do nosso filho Reginaldo, temos o rio aqui perto. Já estamos acostumados nesse lugar, então acho melhor a gente ficar por aqui, minha filha. Você e Gabriela vêm nos visitar sempre, é mais fácil para vocês virem aqui do que nós, que já estamos velhos, irmos até vocês. E depois não sabemos andar muito por cidades grandes sozinhos.

Dona Bernardina só escutava a conversa e enxugava os olhos. Linda foi até ela, abraçando-a e chorando também.

— Mãe, converse com o pai, eu quero que vocês venham morar com a gente. Gabriela vai sentir muito a falta de vocês e eu também. Pensem bem, venham morar com a gente, mãe, vocês nunca vão nos incomodar. Eu amo muito vocês, mãe, muito mesmo.

— Sabe, minha filha, eu ouvi o que o seu pai disse e acho que ele está coberto de razão. Eu vou sentir muito a falta de vocês duas, mas sabemos que é o melhor para vocês. Eu estou feliz pela sua felicidade, você precisa de alguém para lhe amparar e o doutor Roberto foi um presente de Deus na sua vida, Linda. Nós vamos ficar bem, não se preocupe. O Reginaldo vem sempre aqui, dona Laura, o seu Lourival, e nós já temos muitos amigos por aqui. Na beira do rio você precisa ver as prosas que o seu pai já arranjou!

— Como é que eu posso deixá-los aqui e me sentir feliz longe de vocês? — insistiu Linda, chorando.

— Filha, quem não quer pensar agora é você — argumentou o senhor Jairo. — Se estivéssemos em nossa antiga casa, lugar em que não aparecia uma viva alma durante o ano todo, eu até ia achar que você estava certa. Mas a situação agora é outra, nós estamos vivendo num conforto só, temos gente por todos os lados, recebemos a visita do nosso filho e dos amigos. E sua mãe falou certo: eu fiz muita amizade na beira daquele rio!

— Você já comunicou a Gabriela sua decisão, Linda? — perguntou dona Bernardina.

— Que vou me casar, sim, mas que nós vamos embora, ainda não. Eu queria primeiro falar com vocês. E olhe, mãe, eu ainda não aceitei a resposta de vocês como definitiva. Roberto também vai querer conversar com vocês dois.

— Fique calma, filha, cuide dos seus papéis e depois, com jeitinho, a gente prepara a Gabriela. O importante, neste momento, é a sua felicidade.

*

Durante a madrugada, Linda refletiu muito, preparando-se para o encontro com Roberto. Estava decidida a contar toda a sua história, com todos os detalhes. E se ele não a entendesse e a abandonasse? Lembrava-se da cigana Silmara e pedia ajuda, afinal, ela havia dito que ele seria uma chance de Deus. Então teria de correr o risco e falar a verdade para o namorado. Confiava que tudo daria certo.

Pela manhã, Gabriela levantou cedo para ir à escola, abraçou a mãe e disse-lhe baixinho:

— Boa sorte, mãe.

Depois, pediu para a mãe sentar-se, pois ela havia tido um sonho que a deixou assustada. A mãe disse que sonho era sonho, que ela não ficasse preocupada. Mas ela quis saber do que se tratava.

— Mãe, eu sonhei que você estava casando em uma igreja muito linda, toda vestida de branco, com daminhas e tudo, mas o noivo era outro! Acordei assustada porque, quando você saía da igreja, tinha uma cigana falando bem alto para todo mundo ouvir: "Ele vai te abandonar!" Então, você saía correndo e caía no rio onde o vovô pesca. Depois eu fiquei enciumada porque você abraçava um menino que eu não conheço. Mas aí, aparecia o Roberto, ele trazia você para perto de mim e o homem, que era ruim, foi embora com o menino.

Linda ficou surpresa, o sonho de Gabriela mostrava cenas verdadeiras de sua vida. Por que ela sonhou tudo aquilo? Seria um aviso dos espíritos?

Gabriela foi para o colégio. Então, Linda chamou os pais na cozinha, lugar preferido no qual eles gostavam de conversar. Os dois, sentados e apreensivos, aguardavam o que ela tinha para falar. Linda comunicou:

— Mãe e pai, hoje eu vou contar para o Roberto a verdade sobre o meu acidente, como cheguei até vocês, que sou filha adotiva e que vocês me devolveram a vida, mas não me geraram.

— É, filha, acho que chegou a hora. Você precisa falar a verdade para o Roberto, afinal de contas, ele será seu marido e entre marido e mulher não deve haver segredos — apoiou Dona Bernardina.

Enquanto se arrumava para sair com Roberto, Linda se olhava no espelho e dizia para si mesma: "Quem vai casar com o Roberto é a Linda! Portanto, Camila deve ser esquecida! Mas, e o meu filho? O que vou fazer, meu Deus? Não posso virar as costas e fingir que ele não existe, que está morto."

Roberto a pegou no horário combinado. Viajaram até uma pequena cidade próxima, escolheram um lugar aconchegante para almoçar e fizeram suas refeições. Linda comeu pouco. Depois do almoço, foram caminhar, o pequeno jardim da cidade era bonito e muito bem cuidado. Sentaram-se embaixo de uma frondosa árvore, florida e perfumada.

Linda olhou para o alto, como quem rogasse por proteção, e pediu ao noivo, antes de iniciar a sua narrativa:

— Roberto, tudo o que eu vou lhe contar é uma história ver-dadeira. Embaixo desse céu que protege essa árvore em flor, eu vou abrir o meu coração. Por favor, me ouça primeiro, não me interrompa, eu preciso falar tudo.

Apertando as mãos dele para se sentir mais segura, ela começou a contar tudo o que havia acontecido em sua vida, quem havia sido, que seu nome verdadeiro era Camila, o que fez e o que deixou para trás, antes do acidente que apagou sua memória. Revelou sua nova vida na ribanceira do rio depois de ser resgatada por Bernardina e

Jairo, seu segundo casamento, e explicitou suas suspeitas maquia-vélicas a respeito de Reginaldo, dona Laura e Lourival, todos eles empregados do seu ex-marido. Achava que tudo era um plano para mantê-la sumida e afastada do filho.

Fez uma pequena pausa e Roberto quis comentar algo, mas ela colocou a mão em seus lábios. Respirou fundo e prosseguiu. Confessou a ele o motivo de suas lágrimas no dia em que retornavam da viagem. Ela havia visto seu filho de longe, pensou que não iria suportar tanta dor. Lembrava-se dele ainda bebê e deparara-se com um adolescente, forte, risonho, descontraído, e tão longe dela. No momento em que o viu, deu-se conta de que o tempo havia passa-do, e ela não havia vivido a sua vida, mas sim, a vida de uma outra pessoa, como Linda.

Falou de seus encontros com a cigana Silmara, jamais poderia pensar que ela fosse um espírito. Contou que a primeira vez que a encontrou na praia, estava noiva de Vítor. As outras três vezes que a viu, também estava na praia. E relatou ao noivo o que ela havia lhe dito na última vez.

Roberto estava pálido, transpirava muito, surpreso com tudo. Jamais imaginara que Linda fosse contar uma história de tamanha gravidade.

Após horas, quando ela terminou de narrar tudo, ficaram abra-çados em silêncio, o sol já se escondia no horizonte. Camila voltava a ser quem era, colocara para fora um peso imenso, sentia-se mais aliviada, leve, tranquila e em paz com sua consciência.

Roberto permanecia mudo e ainda tentava encontrar as pa-lavras para falar. Tudo aquilo parecia um romance de ficção e não uma história real. Foi Camila quem se sentiu na obrigação de que-brar o silêncio:

— Roberto, não há mais nada a dizer. Eis aqui a minha vida. E se a minha história mudou a nossa história, quero que seja sincero e fique à vontade, eu vou entender. A única coisa que peço a você é que me ajude: não posso ser duas pessoas e também não posso ser apenas uma. Sou Linda, mãe de Gabriela, e sou Camila, mãe de Pedro.

Ele abraçou a noiva, com ternura, e só tinha palavras de amor para confortá-la:

— Minha querida, eu conheci uma garota que é a moça mais linda do mundo e é com ela que vou me casar. Acreditei em tudo o que ouvi de sua boca e o momento pede a nós dois tranquilidade. Tudo o que ouvi sobre sua vida em nada vai mudar o que sinto por você, pelo contrário, vamos ter motivos de sobra para estarmos juntos e mais fortes.

Acariciando o rosto de Camila, quis saber, sereno:

— Agora, como se sente depois de ter colocado para fora tudo isso?

— Estou em paz, é como se tivesse tirado um peso imenso de dentro de mim — disse ela.

— Então, vamos andar um pouco, tomar um suco de frutas, respirar o ar da primavera e caminhar de mãos dadas pelos jardins. Hoje, não vamos mais falar sobre isso, amanhã voltaremos a conversar e, pode ter certeza, vamos encontrar uma saída para todos nós.

Camila parou na frente de Roberto, impedindo a passagem dele.

— Quero que você saiba uma coisa: agora eu descobri os laços do verdadeiro amor. Estou segura disso. Eu temia falar isso para você sem revelar a minha verdadeira identidade. Mas agora, estou plena de certezas, todas elas. E, para encerrar essa nossa conversa de hoje, quem você quer para esposa? Linda ou Camila?

— Eu conheci uma moça linda, a mãe da Gabriela, e é com esta moça que vou me casar. Já te falei isso momentos atrás, lembra-se, Linda? — brincou ele, já fazendo sua escolha.

Caminharam de mãos dadas pela da praça, Linda tirou os sapatos, andou pelo gramado e respirava o ar puro que vinha das flores. Seu rosto estava rosado, parecia uma criança feliz, observou Roberto.

Quando retornaram, já era noite. Gabriela fazia suas lições de casa quando viu o casal entrando na sala. Ela parou e ficou olhando fixamente para a mãe.

— O que foi Gabi? Aconteceu alguma coisa?

— Eu é que pergunto! O que aconteceu que você está tão vermelha? Passou a tarde no sol?

Linda riu, abraçou a filha e explicou:

— Sim, passei a tarde no sol, na lua, nas estrelas, no céu e agora estou aqui de volta para lhe dar uma grande notícia!

— Já sei! Vai se casar com o Roberto!

— Não é só isso! — falou Linda, sentando-se perto de Gabriela.

— Não?

— Eu e o Roberto precisamos te contar algo muito importante para as nossas vidas, especialmente para o seu futuro.

A menina ficou com os olhos brilhando, arregalados, ansiosa, começou a morder o lápis de tanta ansiedade. A mãe a acalmou e tirou o lápis de sua boca. Roberto sentou-se também, pegou a mãozinha da menina e anunciou:

— Gabriela, preste bastante atenção no que nós vamos te dizer. Todos nós vamos mudar para uma casa bem bonita. Você, que gosta tanto do mar, vai poder olhar para ele todos os dias da janela do seu quarto. Ah, e nós convidamos os seus avós para irem com a gente.

— Mas aqui não tem mar! Como vou ficar olhando para o mar?

— Gabriela, você não entendeu? Nós vamos mudar para uma cidade grande, na praia, onde tem boas escolas e muitos shoppings para você passear — explicou a mãe.

— Então nós vamos embora daqui? E minha escola e minhas amigas? — quis saber a menina, um pouco chorosa.

— Calma, filha, é para o nosso bem. E não vai ser amanhã que vamos mudar. Você vai terminar o seu ano letivo, vai ter muito tempo para ficar com as suas amigas e convidá-las para irem a sua nova casa. No outro fim de semana, você vai conhecer a cidade em que vamos morar. E olha só: você vai andar de avião!

Gabriela, de cabeça baixa, respondeu que não.

O casal continuou conversando bastante com ela. Os dois mostravam as vantagens de morar naquela cidade, ela teria opções de estudar em boas escolas, fazer faculdade, trabalhar e crescer na vida. Além de ter a praia sempre pertinho dela. Aos poucos, a garota foi se animando e já planejava o que iria fazer na cidade. Começou a pensar em vários programas e passeios.

— Mas a vovó e o vovô também vão juntos, não é mamãe? — questionou a menina, já aceitando mais a mudança.

Roberto e Linda se entreolharam e a mãe despistou:

— Nós já os convidamos e vamos estar sempre juntos, não se preocupe com isso agora.

— E vó Laura e o vô Lourival? E o tio Reginaldo? A gente não vai mais vê-los?

— Gabriela, não pense em tudo o que você vai deixar, pense em tudo o que você vai conquistar! — observou Roberto, animando a garota.

Minutos mais tarde, na cozinha, Roberto teve uma conversa séria com dona Bernardina e seu Jairo, reafirmando o convite que Linda já havia feito aos dois e esclarecendo que eles seriam muito bem-vindos se fossem morar com eles, alegando também que Linda e Gabriela iriam sentir muito a falta deles.

O senhor Jairo, mais uma vez, franziu a testa e, meio sem jeito até, deu a resposta a Roberto:

— Meu filho, você pode não acreditar no que eu vou lhe dizer, mas mesmo assim faço questão de dizer. Eu tenho um filho que mora na cidade e nunca estive na casa dele. Confesso que morro de medo de entrar num carro e sair por aí nessas estradas. Eu até prometo a você que vou fechar os olhos e vou visitar minha filha Linda e minha netinha Gabriela muitas vezes. Essas duas são dois tesouros que Deus colocou em meu caminho. Mas, definitivamente, morar com vocês não iria dar certo, meu filho. Eu gosto de abrir a janela e ver os animais passando, gosto de sentir o cheiro da terra bruta, de pisar na areia do rio e ficar sentado pescando até anoitecer. Essa é a minha humilde vida. Imagine você, meu filho, retirar um peixe do rio e tentar mantê-lo vivo dentro de uma bacia de água! Quanto tempo você acha que ele aguenta? Essa a minha situação, igual a do peixe! Eu não vou me habituar no asfalto nem com o barulho da cidade. E nem com o cheiro do mar salgado. Eu sou da água doce, filho. Então, me perdoe, doutor, mas eu não posso insistir com uma coisa que não vai trazer felicidade nem para mim e nem para vocês. Mas, eu prometo ao senhor, juro mesmo, que vou conhecer a sua casa nessa cidade, uns dias não vão me matar.

Dona Bernardina apenas arrematou o que o marido já havia dito:

— Doutor Roberto, só de imaginar ficar sem a Linda e a Gabriela, as lágrimas já vêm nos olhos, mas tudo o que o Jairo falou está certo! A gente, com toda a saudade e com toda a falta que vamos sentir delas duas, vamos ficar melhor aqui, pode ter certeza.

Roberto compreendeu o que eles sentiam, ele mesmo estava deixando a pequena cidade porque precisava ampliar seus conhecimentos e ser sócio em um hospital, uma nova vertente de sua carreira. Ali não havia chance alguma de crescimento profissional. Levantando-se do sofá e despedindo-se do casal, Roberto comentou:

— De qualquer forma, vamos precisar muito de vocês, assim que a Gabriela retornar da nossa viagem, para ela não sofrer muito com a separação.

— Fique sossegado, doutor. Nós vamos preparar as duas para elas seguirem os novos caminhos de Deus. Afinal de contas o que um pai e uma mãe querem para seus filhos, se não o melhor? Quero que Linda seja feliz, muito feliz, minha menina já sofreu demais nesta vida... — finalizou Bernardina, feliz e emocionada.

Naquela noite, Gabriela dormiu abraçada com a mãe, disse que estava com medo de mudar de casa. Linda, então, ficou lhe contando como eram os shoppings, as lojas, os parques, as festas, o movimento da praia e que também havia muitas escolas boas. Ela iria fazer novos amigos e continuar com os que já tinha agora. Adormeceu agarrada à mãe. Já Linda não conseguia dormir. O seu sofrimento não havia terminado, porém sua dor fora aliviada. Sentia-se mais forte agora. O fato de poder dividir com alguém a dor de sua alma, já a deixava em paz. Ela olhava Gabriela dormindo e pensava em Pedro, ele também devia estar dormindo sereno e tranquilo naquele momento. Recordava-se da última vez que o teve em seus braços: ele agarrou-se a ela, chorando, não queria ficar com a babá. Naquele dia, ela saíra com o coração apertado, algo dizia que alguma coisa aconteceria, mas ela não pode compreender. Era a sua despedida do filho, era a sua ida, sem volta... Se não fosse por Pedro, de fato iria passar uma borracha em sua vida passada, iria viver em paz com seu marido e sua filha. Mas como poderia esquecer um pedaço de sua vida?

Gabriela virou-se na cama, a mãe observou a filha, pensando: "Como vou explicar para minha filha que ela tem um irmão? Como vou explicar que eu não me lembrava de quem era nem quando me casei com o seu pai? Como vou explicar que o cartório me considera morta e me chamo Camila, tenho uma irmã que vive com o meu marido, e que dona Laura e Lourival são seus empregados? E mais ainda: que o tio Reginaldo sempre soube de tudo e nos enganou." Fechou os olhos e ficou imaginando Cândida e Vítor dormindo juntos, levantando juntos, vivendo na mesma casa onde ela viveu com ele. Parecia que estava vendo: Pedro andando pelos jardins, brincando com a irmã, como se ela fosse sua única irmãzinha. Ele, na verdade, nem imaginava que tinha outra irmã vivendo numa humilde chácara, sem nenhuma regalia. Suspirou fundo, pensou na cigana, ela havia dito que nada que desejasse fazer, iria trazer o tempo de volta.

Era melhor aproveitar a chance que Deus havia concedido e esperar pela vontade Dele. Realmente, sua situação era difícil. Se ela resolvesse revelar toda a verdade diante de um advogado, como ficaria a situação de seus filhos? Como uma morta poderia ressurgir entre os vivos depois de tantos anos? Como iria trazer de volta Camila e o que iria fazer com Linda?

Tudo o que desejava agora, o mais rápido possível, era ir embora daquela cidade, nunca mais queria ver a cara dos três comparsas de sua irmã e do seu marido. Iria fazer o possível para suportar estes dois meses antes da mudança. Ainda bem que nos fins de semana eles estariam sempre fora, cuidando dos preparativos do apartamento onde morariam. Já era um alívio não ter que cruzar com os três. Não podia facilitar e deixá-los perceber que ela sabia de toda verdade, com certeza eles dariam um jeito de matá-la, uma vez que já era considerada morta para a sociedade perante a lei, ninguém iria acusá-los de sua morte.

Roberto também revirava de um lado para o outro na sua cama, não conseguia dormir. Pensava e repensava na situação de sua futura esposa. O que fazer para ajudá-la? Um lado seu, pedia que ficasse quieto diante da verdade; o outro, pedia para procurar uma bom advogado e abrir a verdade, pois omitir-se diante de algo tão sério é crime! Mas, se ele levasse isso adiante como sua consciência cobrava, não poderia mais se casar com Linda. Na verdade, ela deixaria de existir. O que fazer? O que fazer? Não encontrava uma saída para o caso.

CAPÍTULO XX

Uma outra oportunidade de ser feliz

Linda e Roberto definitivamente resolveram assumir o casamento e prometeram mutuamente que esqueceriam que, um dia, Camila existiu. Ela havia morrido e Linda era quem estava ali, presente e atuante na vida deles.

Mudaram-se para a capital praiana, onde Roberto foi administrar o seu hospital. Linda voltou a estudar, Gabriela logo se acostumou com as facilidades da cidade grande. Reinava a harmonia.

Os pais adotivos de Linda, por quem ela nutria verdadeiro amor e gratidão, iam visitá-los de vez em quando, mas não ficavam mais que uma semana, diziam não aguentar ficarem presos dentro de um apartamento. Linda aproveitava para fazer perguntas sobre dona Laura e seu Lourival. Dona Bernardina comentou que, depois que elas deixaram a cidade, o casal também parou de ir lá.

— Fiquei até magoada com eles — reclamou dona Bernardina —, pois pensava que eles também gostavam da gente. Até o Reginaldo tem aparecido pouco em casa, é uma ingratidão muito grande. — Linda fazia as perguntas às escondidas do marido, pois haviam combinado que ela não iria mais remexer no passado para não sofrer.

O tempo foi passando e uma novidade aconteceu... Linda engravidou! Foi a maior alegria na vida de Gabriela, que dizia sempre ter sonhado em ter um irmão. Linda enchia os olhos de lágrimas e pensava consigo mesma: "Esse é o seu segundo irmão, minha filha. O segundo..."

Nove meses se foram e Linda teve um menino saudável e bonito. Deu-lhe o nome de Renato. Ela até pensou em chamá-lo de Pedro, mas Roberto, com muito tato, a convenceu a escolher outro nome, pois, cada vez que ela chamasse por ele, estaria lembrando e sofrendo pelo outro. Isso, inclusive, não seria bom para a relação deles enquanto casal. Linda concordou, seu marido estava certo! Colocou o nome de seu avô paterno, Renato.

O tempo passou depressa e a família se mudara do apartamento para uma nova e grande casa em um condomínio. Linda olhava para o jardim e Renato andava de bicicleta de um lado para o outro, Gabriela já estava terminando o segundo grau e estudava para prestar o vestibular. Linda fazia as contas: Pedro deveria já estar terminando a faculdade e, com certeza, estudou na Suíça. Sua sobrinha Camila deveria estar linda, uma mocinha. E eles dois, Vítor e Cândida? Continuavam felizes? Conforme diziam dona Laura e seu Lourival, os dois se amavam demais, nasceram um para o outro. Pouco importava agora! Ela também tinha sua família, seu marido, a quem amava muito, e seus filhos maravilhosos, Gabriela e Renato.

O telefone tocou. A empregada atendeu e trouxe o aparelho até onde estava Linda, que sentiu um arrepio percorrer o corpo. Era dona Bernardina, que queria falar urgente com ela. Gabriela veio correndo ouvir o que dizia a mãe. Linda ficou pálida, ouvia tudo sem falar nada, o que deixou Gabriela nervosa. Ao desligar o telefone e, olhando para a filha, deu a notícia:

— Dona Laura faleceu.

— Coitada! Ela foi tão boa com a gente, mamãe. Sabe, eu nunca comentei nada, mas sempre me questionei por que você se afastou de dona Laura e do seu Lourival. Eles sempre foram tão bondosos com a gente, compraram aquela chácara onde vivem o vovô e a vovó, pagaram a minha escola e nos ajudavam com outras coisas.

Linda engoliu seco e precisou arrumar uma explicação:

— Filha, eu vou te contar uma coisa: na verdade, não foi bem assim. Agora que você é uma moça, eu posso te revelar a verdade. O dinheiro da chácara, da sua escola e de outras coisas, era meu! Eu entreguei algumas joias para o Reginaldo vender, com a ajuda de dona Laura e Lourival. Eles fizeram muito dinheiro, receberam a parte deles como comissão e deram a nossa.

— Não estou entendendo. Sempre fomos pobres, onde você comprou essas joias? — inquiriu Gabriela, cismada.

— No rio, Gabriela. É isso mesmo, no rio. Eu e seu pai encontramos uma bolsa enroscada numa velha rede trazida pelas águas. Eu não conhecia o valor daqueles brilhantes, mas, tempos depois, ele levou para a cidade e fez uma avaliação. Resolvemos deixar essas joias guardadas.

— Meu Deus! Eu não acredito! — Gabriela estava com os olhos arregalados. — Quantas peças eram?

— Ah, tinha um anel com pedras que brilhavam muito, brincos iguais, um colar e uma pulseira.

— Nesse caso, acho que a senhora até perdeu dinheiro. Nunca apareceu o dono? Vocês não procuraram? — continuava Gabi.

— Não, nunca. Era coisa que já devia estar no fundo do rio há anos, filha! Um dia, é claro, pertenceu a alguém, mas, quando nós encontramos aquilo, era até impossível imaginar de onde veio. O bom foi que depois o Reginaldo, com a ajuda de dona Laura e Lourival, conseguiram vender tudo. Por favor, guarde segredo disso, não devemos comentar com ninguém, nunca toque nesse assunto com seus avós ou com outras pessoas, promete?

— Prometo. Só me fale uma coisa: o Roberto sabe disso?

— Sabe, eu contei tudo para ele, não há segredo entre nós. Ele precisava saber como fomos parar naquela cidade e como compramos a chácara.

— Está bem, mamãe, não está mais aqui quem ouviu! Vamos rezar por dona Laura, que ela encontre a paz.

— Isso mesmo, filha, que ela encontre o caminho da paz.

Gabriela voltou à mesa de estudos, Linda chamou Renato para tomar banho. O garoto entrou e ela continuou andando pelo jardim. Então dona Laura havia partido levando um grande segredo dentro do coração, cada um tinha o seu segredo guardado à sete chaves. Pensou em Pedro. Apesar de conservar dentro do coração a imagem dele, ela vivia em paz com a sua ausência. De vez em quando, se pegava pensando: "Será que ele se lembra do aniversário da minha morte? Tem algum retrato meu em seu quarto? Fala de mim para os amigos?" Parou diante de um canteiro de cravos, que exalava um perfume delicioso. Lembrou-se de Leonardo, ele adorava os cravos vermelhos que ela ajudou a plantar no jardim da mansão. Parecia que tudo o que tinha vivido como Camila fora apenas um sonho. Agora, como Linda, ela tinha uma vida, uma família...

*

Cinco anos se passaram voando. Gabriela estava no último ano de medicina, seguia a carreira do padrasto, que lhe deu todo apoio quando ela optou pelo curso.

Senhor Jairo havia morrido, dona Bernardina tinha ficado muito abalada com o fato, caiu em depressão, mas não quis morar com Linda nem com Reginaldo. Dizia que só deixava aquela chácara quando fosse para o cemitério. Linda pagava uma pessoa de confiança para ajudá-la e fazer companhia.

Reginaldo nunca havia visitado a casa de Linda e ela também não fazia muita questão de recebê-lo. Falava com a mãe por telefone ou por carta, Linda insistia para ela vir morar com eles, mas Dona Bernardina sempre rejeitava a ideia dizendo que o lugar dela era dali para o outro lado.

Com a morte de dona Laura, Linda não teve mais notícias de ninguém da mansão, nem mesmo sonhava com eles. Como estaria o seu filho? Sempre que falava a sós com a mãe por telefone, perguntava se teve notícias do senhor Lourival. Dona Bernardina respondia que nunca mais soube nada dele.

Gabriela formou-se e, logo em seguida, conseguiu uma bolsa de estudos para estagiar fora do Brasil. No início, Linda ficou aflita, mas depois acalmou-se quando viu que, de fato, isso seria de suma importância para a carreira dela. Roberto, como sempre, ajudou Gabriela em tudo o que pode, gerando até um ciúmes em Renato.

Chegara o dia da partida de Gabriela, ela estava tensa e preocupada em ficar longe da família, nunca se separara da mãe. Olhava para Linda e, pela primeira vez, sentiu pena dela. Tão jovem ficou viúva. E lembrou-se das tardes na beira do rio, sua mãe esperando o marido, que vinha remando o barquinho azul e branco, acenando para elas. Gabriela corria, entrava na água e depois no barco, não dava ouvidos às broncas da mãe, que ralhava com ela dizendo para não se molhar, pois não tinha outro vestido para colocar. Seu pai sempre lhe trazia alguma coisa, uma fruta, um doce que ganhava da esposa de outro pescador, qualquer mimo. Gabriela observava: sua mãe sempre fora tão bonita, tranquila e elegante. Ela cresceu ouvindo muitas e muitas vezes o padrasto consolando a mãe por alguma perda. Nunca ficara sabendo o que era, mas tinha certeza de que havia um segredo que envolvia sua mãe e Roberto. O que seria? Algumas vezes teve vontade de perguntar para sua mãe o que tanto a fazia sofrer. Era algo ligado ao seu passado? O quê? Ficara olhando a figura da mãe mais um tempo.

Após a chamada de embarque, Gabriela voltou à realidade. Ela abraçou o padrasto com muito carinho, abraçou o irmão Renato, que chorava muito, dizendo que ia sentir muitas saudades dela e, por fim, foi até sua mãe: abraçou-a em silêncio por longos minutos, mãe e filha choraram entrelaçadas.

— Mamãe, eu te amo muito, nunca esqueça disso. Renato, cuide de nossa mãezinha, por favor. Roberto, eu deixo as pessoas mais importantes de minha vida em suas mãos. Cuide deles, por favor!

— Vá tranquila, filha, você sabe o quanto eu amo sua mãe, seu irmão e você. Vocês são a minha trindade de amor, esperança e vida.

Linda passou a mão no rosto da filha, enxugou-lhe as lágrimas e recomendou:

— Me liga, me escreve, não fique sem comer, cuide-se, minha filha. Vou sentir muito a sua falta, mas ficarei bem tranquila se souber que você está se cuidando.

*

Seis meses depois da partida de Gabriela, dona Bernardina adoeceu. A moça que a servia de cuidadora ligou para Linda, pedindo que ela tomasse alguma providência, dona Bernardina não estava nada bem.

Roberto estava coordenando um congresso científico, não podia acompanhá-la naquele momento, então ela resolveu ir com uma de suas funcionárias. Viajou imediatamente. Chegando na pequena cidade, que continuava do mesmo jeito, ela foi informada pela cuidadora que Reginaldo também já havia chegado.

Um médico e uma enfermeira estavam ao lado de dona Bernardina, que respirava com dificuldade. Vendo Linda entrar no quarto, deu um sorriso e com dificuldade balbuciou:

— Minha filha, você foi um presente de Deus em minha vida, você veio se despedir, agora eu posso caminhar meus caminhos sossegada.

Linda cumprimentou Reginaldo, ambos ficaram em silêncio olhando para a mãe, que estava com uma cor pálida, seus olhos mal se abriam.

O médico chamou os dois na sala e informou que o estado de dona Bernardina era grave, não aconselhava levá-la para o hospital. Era importante a presença deles ali, ela estava chegando ao fim.

Linda encheu os olhos de lágrimas, aquela mulher que estava morrendo a ajudou a reviver, foi graças ao seu amor e cuidados que ela havia sobrevivido. Só não conseguia compreender porque Reginaldo se envolveu com Vítor e Cândida, criando esta distância entre eles.

Os filhos pediram para a cuidadora de dona Bernardina dormir um pouco, eles ficariam fazendo companhia para ela. Uma enfermeira também estava de plantão, qualquer emergência chamariam por ela.

Eram duas da manhã, a enfermeira verificava a pressão de dona Bernardina. Linda disse que iria até a cozinha fazer um café, Reginaldo a acompanhou. Ele perguntou por Gabriela:

— E a Gabi, como vai?

— Ela está estudando fora do Brasil, fazendo um curso de especialização.

Reginaldo ficou feliz com a notícia. Linda, controlando o nervosismo, aproveitou o momento e quis saber:

— E como está o seu Lourival? Ele e dona Laura não se separavam nunca, acredito que ele sinta muita falta dela.

— Depois da morte de dona Laura, ele entrou em depressão. Por sorte, o Pedrinho, com todo seu jeito, conseguiu convencê-lo a morar na mansão. Ele ocupou o quarto do bisavô de Pedro. Mas acho que hoje já está mais tranquilo, passa os dias plantando e replantando aquele jardim.

— Que alma generosa desse rapaz, como é o nome dele mesmo?

— Pedro! — respondeu Reginaldo, tossindo de nervoso.

— O seu Lourival é uma pessoa de ouro, imagino o quanto ele deve paparicar esse rapaz. Ele fazia com Gabriela coisas que você nem imagina! — disfarçou Linda.

— É uma pena que o Pedro não more mais no Brasil. Ele assumiu as empresas da mãe e demora muito para voltar para casa. Fica viajando muito tempo.

Linda sentiu uma pontada no coração. Então, seu filho era um empresário, assumira as empresas de Cândida no exterior. Ela lhe roubara o marido e o filho, e possivelmente estava vivendo tranquila, com dois homens cuidando de sua vida.

A enfermeira veio chamá-los, dona Bernardina estava ofegante. Linda pegou a mão dela:

— Mamãe, nós estamos aqui, fique calma.

Ela, olhando em direção ao filho, falou dividindo as palavras:

— Reginaldo, onde você guardou aquele anel que estava no dedo de Linda? Você disse que ia devolver para ela e não devolveu. Por favor, meu filho, eu sei que você guardou. Devolva para ela o anel com um nome escrito nele. Eu esqueci de perguntar pelo anel todo esse tempo, mas agora ele me veio à lembrança.

Virando os olhos para Linda, completou quase sem ar:

— Oh, filhinha, que Deus a abençoe. Naquela noite que nós a encontramos, eu pensei que você estivesse morta. Quando levamos você para a cozinha para esquentá-la perto do fogo, sua mão e seus dedos estavam cortados. Tive medo que fossem inchar, então retirei o anel que tinha um nome escrito, foi Reginaldo quem depois o guardou. Eu entreguei para ele, peça para ele te devolver. — E virando de lado, disse baixinho: — Olá, Jairo, você veio me buscar, meu velho, eu estou indo... — Ergueu o peito e suspirou longamente, abriu os olhos em direção deles dois e parou de respirar.

A enfermeira confirmou que ela estava sem pulso, o seu coração havia parado, dona Bernardina acabara de falecer.

Reginaldo estava pálido, começou a tremer os lábios, Linda o chamou para sair um pouco do quarto. Ele a acompanhou, foram até a cozinha. Ele sentou, debruçou-se na mesa e começou a chorar como criança.

Linda também chorava, a acompanhante de dona Bernardina estava inconsolável, falava alto:

— Como vou ficar sem a minha melhor amiga e conselheira?

Como sempre, velório e enterro são momentos difíceis para todos. Os amigos vieram e o corpo foi velado. Logo após o enterro de dona Bernardina, Linda voltou com Reginaldo até a chácara e, sentados na cozinha, ela perguntou:

— Reginaldo, sei que não é o momento agora, mas nossa mãe se referiu a um anel que foi retirado do meu dedo. Onde está esse anel? Ela disse que havia um nome escrito nele, que nome era esse? Onde está esse anel?

Reginaldo ficou branco de novo e respondeu:

— Linda, minha mãe pediu que eu o devolvesse, mas eu não posso devolvê-lo por um único motivo: o anel não está comigo!

— E o que você fez com ele?

Reginaldo balançou a cabeça chorando, estava muito emotivo ainda.

— Meu Deus, o que eu fiz para estar passando por isso? Essa história não tem fim, eu não suporto mais.

Linda, como se estivesse dominada por uma força estranha, aproveitou:

— Reginaldo, abra o seu coração comigo, me fale toda a verdade. Eu perdi, de fato, a memória, mas você já deve ter ouvido histórias de pessoas que, depois de muitos anos, lembraram de tudo. Isso aconteceu comigo: eu sei quem fui, de onde vim e o que deixei para trás.

Reginaldo, trêmulo, agora suava frio.

— Você se lembra do que, Linda?

— De Vítor, de Cândida, de meu filho Pedro e que fui Camila! Isso basta para você, Reginaldo?

Ele teve até uma tontura com a revelação da irmã.

— Linda, desde quando você recobrou a memória?

— Antes de me casar com Roberto, eu descobri que você, dona Laura e seu Lourival sabiam quem eu era, me ajudavam para me afastar da realidade, afinal eu não poderia aparecer, pois estava morta para o mundo. Como eu poderia aparecer do nada e dizer: "Olá, eu voltei!" E meu marido? E minha irmã? Além disso, já estava usando outra identidade, registrada como filha chamada Linda e não mais Camila. Já tinha outra vida formada. Mas você, Reginaldo, poderia ter evitado tudo isso, logo no início, se tivesse falado a verdade para os seus pais.

— Não, Linda! Eu não pude fazer nada! Quando voltei da cidade com a certeza de que você era quem eu suspeitava, você estava casada, e o senhor Vítor e dona Cândida também. Eu, dona Laura e Lourival carregamos esse peso durante todos esses anos, não temos culpa nenhuma, apenas nós três sabíamos que você estava viva.

Linda, suspirando quase que aliviada e surpresa ao mesmo tempo, indagou:

— Está me dizendo que Vítor e Cândida não sabem de mim? Que estou viva?

— Claro que não, Linda! Juro pelos meus filhos! — respondeu Reginaldo, com convicção. — Linda, seu anel já me causou tantos sofrimentos e medos que você nem imagina. Dona Laura e seu Lourival passaram vários transtornos também por causa dele. Seu anel está fechado em um cofre, juntamente com outros objetos seus. Esse cofre está hoje com o seu Lourival.

Linda, após ter falado com a família e avisado que voltaria no dia seguinte, fechou a porta da sala e sentou-se com Reginaldo no sofá. Ficaram horas conversando, apurando os detalhes de tamanho enredo nesses anos todos. Por fim, pareciam aliviados e, pela primeira vez, abraçaram-se como dois verdadeiros irmãos. Combinaram que ficariam em silêncio, pois a história de Linda não era a história de Camila, que estava morta. Linda tinha filhos, marido e uma vida para zelar.

Apenas acertaram que Reginaldo iria pedir o cofre para seu Lourival, inventando que corriam perigo de serem descobertos. Com o cofre sob sua guarda, estariam seguros. E, assim que tivesse com as coisas em mãos, mandaria entregar tudo para Linda. Ela também pediu a Reginaldo que sempre transmitisse notícias sobre o filho Pedro, ele era a única pessoa que, de fato, ela não podia arrancar de sua vida. Pediu a Reginaldo que conseguisse uma foto atual dele. Quanto a sua irmã e seu marido, ficou aliviada em saber que eles não tinham conhecimento de sua existência. A mágoa que guardava dos dois acabou naquela tarde. Depois, passou a noite em claro, pensando na vida e em como o destino envolve a vida das pessoas. Camila estava morta, ela tinha que acreditar nisso, seu filho Pedro jamais a amaria, mesmo que descobrisse toda a verdade sobre o acidente e sobre sua nova vida após ter perdido a memória. Ele crescera longe dela, devia ter apagado de seu íntimo todos os sentimentos que pudessem envolvê-los. Sua mãe, de coração, era Cândida...

Nessa agonia espiritual, ela adormeceu. Logo saiu do corpo e deparou-se com Leonardo na porta. Ele sorria e a convidou:

— Vamos andar um pouco por aí? A noite está linda. — Ele pegava sua mão e brincava: — O seu anel de casada que Roberto te deu é muito bonito, não sei porque você insiste em querer de volta um anel velho que não vai mais usar! Pegue aquele anel, venda e doe o dinheiro para um orfanato, asilo ou outro lugar que desejar. Não carregue isso para sua vida, pode lhe causar transtornos e futuros aborrecimentos. Lembra-se do que lhe disse Silmara? Deus lhe deu outra chance, aproveite e viva feliz! Deixe as coisas acontecerem conforme a vontade do Pai.

No outro dia, finalizado o episódio do enterro da mãe, Linda se despediu de Reginaldo e pediu que ele ficasse com a chácara e com tudo que pertencera a seus pais. Ela seria eternamente grata a dona Bernardina e ao senhor Jairo por terem salvado a sua vida. Sua história com eles dois terminava ali com morte da mãe adotiva.

De volta para sua casa, Roberto notou que, além da tristeza pela morte da mãe, algo novo envolvia Linda. Não quis fazer perguntas, preferiu aguardar.

À noite, ela contou para o marido toda conversa que tivera com Reginaldo, que havia revelado que estava curada e que se lembrava de tudo. Ele prometera guardar segredo e havia contado que ninguém da sua família anterior sabia de sua existência, exceto Lourival. Omitiu ao marido que pedira a Reginaldo as fotos e notícias de Pedro, sempre que fosse possível.

Alguns dias depois, Renato chegava da escola e recebeu as cartas da mão do carteiro. Ele achou estranho aquele envelope grande e pediu para mãe:

— Abre logo, mãe, vamos ver o que é isso!

— Renato! Não tem nada de especial aí dentro desse envelope, é uma carta do meu irmão Reginaldo! — falou Linda.

— Eu e minha irmã nos damos bem melhor que vocês dois — rebateu o garoto. — Não vejo vocês se falando, nem você vai visitá-lo e nem ele nos visita, tenho primos que nunca conheci, e esse tio só vi mesmo uma ou duas vezes. Por que vocês não se dão bem?

Linda, com muito jeito, explicou que simplesmente Reginaldo foi embora muito cedo de casa e eles cresceram separados. Mas eles se gostavam sim, apenas não tinham muito convivência. Reginaldo dizia na carta que soube notícias de Pedro, ele estava bem, porém não tinha retornado mais ao Brasil, por isso não mandou fotos e não tinha como pedir isso a Lourival, ele poderia desconfiar de alguma coisa.

*

Faltavam três meses para o Natal. Roberto chamou Linda e Renato, e perguntou se eles estavam com saudades de Gabriela. Eles responderam juntos:

— Sim!!!!

— Pois então ouçam: nós três vamos fazer uma visita a ela e aproveitamos para passar o Natal por lá, conheceremos lugares bonitos, vamos ver neve, fazer compras e uma porção de coisas! O que acham?

Renato e Linda se abraçavam a Roberto e a euforia tomou conta da família.

E os meses se passaram céleres. Tudo acertado, Gabriela estava ansiosa e feliz em poder rever sua mãe, seu irmão e seu padrasto, estava morrendo de saudades.

Em dezembro, os três viajaram e o reencontro com Gabriela foi emocionante, mas muito feliz. A família estava reunida de novo.

A viagem estava sendo maravilhosa. Linda aproveitava todo o tempo perto da filha. Roberto convidou as duas para fazerem uma excursão pelas montanhas geladas com ele e com Renato. Linda não quis ir, Gabriela também não, mas Renato estava entusiasmado e eufórico pela aventura. Linda só concordou em deixar os dois irem quando teve certeza de que não havia risco algum. Era um passeio muito gelado, ela não gostava de frio, mas preparou bem as roupas de Renato e Roberto e os dois se foram. Linda e Gabriela aproveitaram para colocar os assuntos em dia, falaram da morte de dona Bernardina e de outros assuntos de família.

À noite, os dois chegaram mortos de cansaço. Renato, orgulhoso, mostrava o que havia ganho na gincana, não parava de falar, disse que o dono do hotel chamava-se Peter, ele era alegre, jovem e conhecia bem esportes. Brincou com a turma o tempo todo, era um cara bacana e falava muito bem o português, parecia até que havia nascido no Brasil.

Roberto, rindo, comentou:

— Você viu quantas pessoas falavam bem o francês, o inglês, o português, o italiano e o alemão? É por isso que eu falo para você estudar algum idioma, assim os turistas vão pensar que você nasceu na França, na Alemanha, na Itália, entendeu?

Gabriela abraçou Renato, dando muita risada, e continou brincando:

— Não vou me gabar, não, maninho, mas quando eu chegar ao Brasil, vão pensar que sou uma turista. Falar bem uma língua não é difícil, só precisamos treinar bastante.

As férias e o período natalino terminavam, a família iria regressar dentro de três dias para o Brasil. Renato insistia com o pai que queria voltar nas montanhas de gelo, esquiar um pouco mais, havia adorado aquele passeio. Cobrava o pai, lembrando que no Brasil eles quase não saíam para nada e queria aproveitar ao máximo aquela oportunidade. O pai cedeu, e lá foram eles, mais uma vez, esquiar. Desta vez, Renato levou uma filmadora. Pediu para o pai que filmasse tudo, pois, quando chegasse ao Brasil, queria mostrar aos amigos a grande aventura no gelo. Renato dizia, orgulhoso, que iria montar um filme, ele havia aprendido uns truques maravilhosos com o dono do hotel, Peter. Aliás, Renato comentou que Peter não gostava que o chamassem de senhor, pois era mesmo jovem e também muito inteligente. Brincou com Gabriela:

— Você perdeu a chance de conhecer um cara bem legal para namorar! Tenho certeza de que a mamãe e o papai iriam aprovar o seu namoro, e eu teria um lugar sensacional para passar minhas férias!

Todos gargalharam.

— Veja só o que este moleque está falando, mamãe! Ele quer se dar bem me casando com um sujeito que eu nem conheço!

— Eu acho que você iria gostar dele. Ele é boa pinta, pergunte para o papai.

Gabriela e Linda olharam para Roberto, esperando a avaliação dele.

— Bem, moças, eu não tiro a razão de Renato. O sujeito é bem apresentável e simpático, mas o seu irmão não sabe de uma coisa, que eu aproveito agora a ocasião para ensinar a ele: mulher não gosta com os olhos, e sim, com o coração. De repente, sua irmã não ia gostar do rapaz, Renato. Pode acontecer...

Fizeram novamente o passeio e tudo correu bem. Roberto filmou tudo, as manobras de Renato com o esqui, as explicações de Peter e as despedidas daquele hotel. Quando retornaram, já era hora de começarem a arrumar as malas para o retorno. O coração daquela família estava ficando apertado outra vez, principalmente de Linda e Gabriela... Fim das férias!

*

De volta ao Brasil, a rotina voltou ao normal.

Renato estava muito ansioso por chamar os amigos em casa para assistirem o filme. Numa tarde, convidou todos eles, Linda preparou um lanche e, finalmente, foram assistir ao registro de sua aventura. Linda deixou as crianças à vontade na sala, mas ficou assistindo de soslaio, entre outras tarefas, afinal, ainda não tinha visto as estripulias de Renato na neve. Em determinado momento, Renato, empolgado, chamou a mãe:

— Olha essa cena, mãe, olha essa!

Após uma excelente manobra de Renato, Peter veio ao seu encontro para cumprimentá-lo e abraçou-o. Roberto pediu para registrar a cena e Peter arrancou a touca e tirou ao óculos escuros. Linda ficou pálida e sentiu uma vertigem! Aqueles olhos não lhe eram estranhos, eram os olhos de seu filho Pedro! Ela poderia jurar! Parecia o mesmo olhar daquele dia em que ela o viu na porta da escola, escondida para que Lourival não a visse. Linda agarrou-se no sofá, sentou a tempo, e tudo se escureceu a sua volta. Ela caiu no sofá desmaiada.

— Mamãe, o que foi? O que foi? — gritava Renato desesperado, enquanto a empregada acudia a patroa.

Linda recobrou os sentidos em seguida. Continuava abatida e pálida, todos preocupados. Em pouco tempo, Roberto chegava em casa e pediu que a empregada ajudasse Linda. Iriam imediatamente ao hospital, ele queria examinar melhor as causas que levaram ao desmaio. Para isso, teria de fazer alguns exames. Linda resistia, não queria ir ao hospital, alegou que foi um mal-estar passageiro, mas Roberto não aceitou suas argumentações, explicando que ninguém desmaia sem motivos. Estava decidido: iriam e ponto final.

Já no quarto do hospital e feitos os exames, Linda descansava. Quando Roberto veio vê-la, chamou o marido para perto dela e contou:

— Roberto, acho que sei o motivo do meu desmaio. Foi um choque emocional que tomei. Nunca poderia imaginar isso, mas, quando vi a cena no filme de Renato, parece que fiquei sem sangue e gelei. Tenho certeza que o Peter do hotel nas montanhas onde você e Renato esquiaram, é o meu filho Pedro! Juro que é ele! Vi a cena em que ele abraça Renato, tira o gorro e os óculos! Eu conheço aquele olhar!

Roberto passou a mão na testa, suando:

— Linda! Mas será possível isso? Um lugar distante do Brasil... — ficou calado, olhando para esposa sem saber o que pensar.

— Sim, acho que é possível. O olhar é o mesmo! Eu o vi muitos anos atrás, quando ainda era um adolescente, entrando no colégio. Coração de mãe não se engana, Roberto, ele é o meu filho! E eu preciso que você me ajude! Por favor, Roberto, nunca te pedi nada esses anos todos, mas agora, eu preciso da sua ajuda para me aproximar do meu filho, apenas quero tocá-lo.

Roberto ficou sem ação. Não sabia exatamente o que fazer naquele momento e naquelas circunstâncias dentro do hospital. Tentou contemporizar.

— Está bem, Linda. Vamos fazer assim: eu vou me informar, vou falar com o hotel e procurar saber de alguma coisa. Se aquele cara for realmente o seu filho, nós vamos voltar lá semana que vem, e você vai chegar perto dele. Mas, para que isso aconteça, você precisa estar preparada e conscientizada do que vai fazer.

— Eu prometo a você que vou fazer o possível para me conter diante dele. Apenas quero abraçar o meu filho, como o vi no filme abraçando as pessoas.

Roberto investigou rápido e descobriu que realmente aquele hotel fazia parte da rede de hotéis da família de Pedro. Ele administrava os negócios de Cândida fora do Brasil.

Uma semana, depois Linda arrumava as malas, levava poucas coisas. A empregada torcia as mãos de nervoso com aquela situação inesperada. Havia uma tensão no ar. Renato estava inconformado, não ia viajar com os pais desta vez, as aulas haviam começado. O pai inventou que estava indo para um congresso de uma semana, era coisa rápida, e ele iria ficar sob a guarda da empregada e de uns amigos que Roberto escalou para tomar conta dele até a sua volta.

Gabriela ficou intrigada, seus pais estavam voltando para lá. Por quê? Roberto deu uma desculpa, dizendo que precisava embarcar um equipamento e deveria fiscalizar pessoalmente a chegada dele.

Viajaram e se hospedaram no hotel onde Peter trabalhava.

No segundo dia no exterior, logo cedo, Linda levantou-se, estava ansiosa, aflita, justo ela que era tão calma. Foi uma das coisas que deixou Gabriela desconfiada nesse retorno repentino.

Linda não sentia frio nem cansaço, só tinha um desejo: encontrar o filho. Assim que desceram, foram levados ao salão de chá e informados que o proprietário iria acompanhá-los ao passeio. Linda sentou-se com uma xícara de chá nas mãos, tremia, não de frio, mas de emoção. Minutos depois, Peter entrava no salão, vestido para o passeio, seus olhos brilhavam, e ele fazia questão de cumprimentar um por um. Quando se aproximou de Roberto, ele sorriu e perguntou:

— Olá, que bom que voltaram, fico feliz. Onde está o meu amigo Renato, não veio?

— Não, hoje eu só trouxe a mãe dele. Esta é Linda, minha esposa — apresentou Roberto.

— Seja bem-vinda, senhora — apertou a mão dela, olhando-a nos olhos. Fixou mais uma vez o olhar e comentou: — Interessante, a senhora tem algo que lembra a minha mãe, ela faleceu quando eu ainda era um bebê, mas eu cresci olhando a foto dela. E a senhora tem os olhos dela.

— Posso te dar um abraço? — pediu Linda, emocionada.

Ele abriu os braços sorrindo, ela o abraçou forte e, com os olhos cheios de lágrimas, falou:

— Eu também perdi um filho, sei o que é isso. Encontrarmos pessoas queridas em outras pessoas.

Ele ficou olhando para ela alguns segundos e depois mudou o rumo da conversa:

— Não vamos falar de nossas tristezas, estamos aqui para aproveitar este dia maravilhoso que Deus nos deu!

Dando o braço para ela, forma caminhando juntos:

— Sei que a senhora é brasileira e um brasileiro conhece o outro de longe, o coração bate forte. De onde a senhora é?

Ainda tremendo pela emoção, foram dialogando:

— Venho do Rio de Janeiro.

— Bela cidade! — respondeu ele, suspirando fundo. — Eu nasci em São Paulo e cresci viajando com os meus pais por alguns países do mundo. Ultimamente, me fixei aqui, é um lugar agradável, saudável e me faz bem. Depois que me formei em administração, abracei os negócios de minha tia/mãe. Ela é irmã de minha mãe e casou-se com o meu pai, passei a cuidar dos interesses da família no exterior. Assim que terminar essa temporada de férias, estou pensando em ir para o Brasil, estou com saudades da minha casa, do meu povo.

Linda ouvia em silêncio, sentia o calor do braço do seu filho, que lhe enchia o coração de alegria. Como se estivesse esperando uma resposta, ele parou e disse:

— Puxa, me perdoe, acho que estou falando demais.

— Não, não, eu apenas estava admirando o seu amor pela família e a sua responsabilidade em assumir tamanha tarefa longe do apoio dos pais. É tão jovem e já comprometido com um trabalho tão importante. É admirável.

Chegaram no local onde todos receberiam instruções e acompanhamento de um guia. Peter agradeceu a ela e disse que agora ela e o esposo seriam conduzidos por um profissional. Mas, qualquer coisa, ele estaria por ali, era só procurá-lo.

Roberto aproximou-se de Linda, tocou o seu braço e perguntou como ela estava se sentindo.

— Tenho a impressão de que estou sonhando, de que nada disso é real. Meu Deus, Roberto! Tocar no meu filho, ouvir sua voz e escutá-lo dizendo que sua mãe morreu quando ainda era um bebê... E que meus olhos lembravam os olhos da mãe dele. Não estou acreditando!

— Ele te disse isso? — perguntou Roberto, preocupado.

— Contou que tem uma foto da mãe dele, que eu me pareço muito com ela, especialmente os olhos. Que vontade de gritar: "Eu não morri, meu filho! Eu sou sua mãe!" E, mais lindo ainda, ele disse que cresceu olhando para a minha foto.

No almoço, ele veio sentar-se à mesa do casal. Alegre, descontraído, falou de Renato, como ele era esperto e inteligente, comentou que tinha uma irmã, que estudava em Paris, por opção dela, e logo estaria se formando em administração também.

Peter perguntou se Renato era filho único e Roberto apressou-se em responder:

— Temos outra filha que está fazendo mestrado aqui. Ela é médica, assim como eu.

Peter olhava para Linda a todo momento e, a certa altura da conversa, comentou com Roberto:

— A sua esposa me lembra muito a minha mãe. Não me recordo muito dela, eu era quase um bebê quando ela morreu num acidente de barco. Meu pai e minha tia nunca se conformaram, o corpo dela nunca foi encontrado — disse ele, com melancolia na voz.

Roberto tossiu, pediu desculpas e assinalou:

— A morte realmente é sempre muito difícil. Quando enterramos nossos entes queridos, há um certo conforto em ver que o corpo foi entregue à terra. Mas, neste caso, deve ter sido doloroso para todos. Porém, o mais importante é que você foi bem orientado e encaminhado pelo seu pai e sua tia.

— Quanto a isso, fui abençoado por Deus, porque a minha tia sempre foi uma verdadeira mãe para mim. Além de cuidar do meu pai, ela fez com que a família permanecesse unida. Logo após a morte da minha mãe, fiquei muito doente, os médicos acreditavam que eu iria ficar com sequelas para o resto da vida. Graças a Deus, a doença não me afetou nem fisicamente e nem mentalmente, e isto foi pelo zelo e empenho de minha tia, ela viveu a minha doença, sofreu comigo, enfrentou e lutou tudo por mim. Aqui estou são e salvo, graças a Deus e a ela!

Linda teve a impressão de perder os sentidos, ela não sabia que o seu filho havia ficado tão doente e que sua irmã dedicou-se integralmente a ele. Criou coragem e quis saber:

— Me desculpe perguntar, mas qual foi a sua doença?

— Tive meningite, senhora, quase morri e demorei um tempo para me recuperar. Mas superei a doença, foi difícil para o meu pai, mas, pelo que me contam, quem segurou a barra mesmo foi a minha tia.

O mundo parecia rodar diante de Linda, parecia um sonho, ela estava ali conversando com o seu filho sobre coisas de sua infância, descobrindo verdades que a deixavam envergonhada. Sua irmã havia feito por ela o que somente alguém com muita dignidade, bondade e nobreza de espírito poderia ter feito: cuidou de seu filho, fez dele um homem digno e bondoso. Duas lágrimas teimavam em cair dos olhos de Linda, o rapaz percebeu e preocupou-se:

— Por favor, senhora, me perdoe, não deveria estar falando essas coisas para vocês, afinal, vieram aqui se divertir e não para se aborrecerem.

Roberto pegou a mão de Linda e ela, olhando para o filho com carinho, apenas disse:

— Você não me deixou triste, Peter, chorei de emoção, ao pensar que existem pessoas tão boas neste mundo como sua tia.

Ele levantou-se com uma taça na mão e convidou os presentes a fazer o mesmo. Abrindo um sorriso, disse em voz alta:

— Vamos fazer um brinde a este dia maravilhoso, no qual pude conhecer pessoas maravilhosas como vocês, como a senhora Linda e senhor Roberto!

À tarde, Linda ficou ao lado de Peter quase todo tempo. Ele e Roberto ficaram amigos e, era hora de partir, Peter quis tirar uma foto com o casal:

— Gostaria de tirar uma foto com vocês dois e, assim que eu for ao Brasil, quero mostrá-la aos meus pais para comprovar o quanto a senhora é parecida com minha mãe. E quero deixar meu cartão com vocês, existem pessoas que sentimos vontade de selar uma amizade. Vocês são pessoas assim! Quando eu estiver no Brasil, gostaria de rever o Renato, adorei aquele garoto! Vocês moram no Rio, não é? Eu vou até lá e marcamos um jantar ou algo assim, pode ser?

Roberto estremeceu e olhou para Linda.

— Será um prazer para nós recebê-lo, Peter, tenho certeza de que Renato vai adorar a sua visita, ele só fala no que aprendeu com você.

Linda colocou o capuz do casaco e fez o possível para disfarçar o rosto e o seu nervosismo. Se seu rosto aparecesse bem, com certeza ela seria reconhecida pela irmã. Fizeram a foto e despediram-se. Linda trocou um abraço apertado com Peter e saiu sem olhar para trás. Mais uma vez em sua vida ela precisava deixar o seu filho, não sabia quando tornaria a vê-lo.

*

No apartamento de Gabriela, a filha percebeu que sua mãe estava sensível, que estava escondendo alguma coisa dela. Roberto tentava disfarçar a situação.

Antes de se deitarem, Gabriela aproveitou que Roberto foi tomar banho e puxou sua mãe até o quarto. Lado a lado, as duas sentaram-se, a filha intimou:

— Mamãe, olhe dentro dos meus olhos e me fale a verdade, por favor! O que é que está acontecendo com a senhora? Eu sei que há algo que você me esconde, já pensei em muitas hipóteses, sem chegar a nenhuma conclusão. Eu sei que o Roberto é seu cúmplice nesse segredo. Mamãe, eu sou sua filha! Eu me preocupo com a senhora, não sou mais uma garotinha, sou alguém que já pode compreender muitas coisas neste mundo! Eu preciso saber o que está acontecendo neste momento com vocês dois e que segredo é esse que vocês carregam fechado a sete chaves? Perdoe-me, mamãe, mas pensei até em procurar o tio Reginaldo e o Lourival para esclarecer esse bendito mistério que prendem vocês todos, sinto que é algo que obriga vocês a silenciarem. Depois que a senhora casou com Roberto, sei que divide com ele esse segredo. Por que que eu não posso saber? Seja lá o que for, sou sua filha, vou estar sempre do seu lado. Acredito que mereço sua confiança.

Linda colocou as duas mãos sobre o rosto e começou a chorar. Gabriela abraçou-a, puxando-a para perto de si.

— Mamãe, eu só quero te ajudar, você não pode carregar um peso tão grande em sua vida tendo uma filha que te ama, te compreende e quer dividir o seu fardo. Sei que são fatos que ocorreram no seu passado, não estou aqui para julgá-la, condená-la ou deixar de te amar. Seja o que for, eu prometo que não sairei do seu lado.

Gabriela pegou um copo com água e ofereceu a mãe. Carinhosamente, estendeu um lenço de papel e pediu que ela secasse as lágrimas.

Linda, se refazendo, com os olhos tristes e cansados, olhou para a filha como se fosse a primeira vez que via nela não uma menina, mas uma mulher. E resolveu abrir o coração.

— Gabriela, a vida nos leva por muitos caminhos que nem sempre foram determinados por nós, mas por Deus. Minha filha, você cresceu ouvindo uma história que sofri um acidente de barco. Nós escondemos a verdade, sim, não por vergonha, mas para não fazê-la sofrer. Naquele acidente, perdi a memória, fui encontrada pelo senhor Jairo e dona Bernardina, que me julgaram morta. Após verem que eu ainda estava vida, me ressuscitaram, e eu me recuperei. Eles tentaram encontrar a minha família sem obter nenhuma informação pelas redondezas, de onde eu teria vindo e quem eu era. Eu não me lembrava de nada, recomecei a vida com eles dois. Após algum tempo ao lado deles, conheci o seu pai, gostei dele e senhor Jairo e dona Bernardina, que me chamaram de Linda, conseguiram que o padre nos casasse e nos desse um atestado de casamento. Foi através deste documento que, depois, eles conseguiram os meus novos documentos. Quando fiquei viúva, você lembra da nossa situação: não tínhamos como sobreviver do outro lado do rio e voltamos a conviver com os meus pais adotivos, seu avô e sua avó. Reginaldo vivia longe, só soube de mim uma vez, quando veio visitar os pais, e começou a nos ajudar. Ele tinha a família dele, não podia se comprometer em dar atenção direta a nós duas sempre. Foi quando entraram em nossas vidas, como você já sabe, dona Laura e o seu Lourival. Acontece, filha, que antes de me casar com Roberto, comecei a recuperar minha memória. Vou te lembrar até a ocasião em que isso aconteceu: foi quando fui para a capital fazer aqueles exames, lembra-se? Foi quando comecei também a namorar o Roberto, está lembrada?

— Claro que me lembro, mamãe! Foi exatamente no tempo que comecei a perceber que vocês estavam escondendo algo.

— A memória voltou, lembrei-me de quem tinha sido e de onde tinha vindo, mas havia uma outra situação. Eu era outra pessoa, eu era Linda, tinha uma nova família. Minhas lembranças voltaram e me confundiram com o novo presente que eu havia construído para minha vida. Roberto me ajudou muito a encontrar um pouco de paz, e a dar continuidade a minha vida como Linda.

Gabriela estava pálida, ela esperava ouvir qualquer outra história complicada sobre sua mãe, menos essa, que parecia um romance, uma ficção. A filha abraçou-se à mãe e começou a chorar. Logo Roberto apareceu e ficou ouvindo Linda falar, ela revelava fatos de sua vida passada. Chamava-se Camila, era casada tinha um bebê, foi fazer aquele passeio de barco com a família e nunca mais voltou.

Finalmente, contou para Gabriela que encontrara o seu filho. Gabriela tinha um irmão e ele vivia ali perto dela, o seu nome era Pedro. A mãe disse o reconhecera através das fotos e do filme de Renato. Roberto havia investigado e descobrira que o Peter do hotel era o seu filho Pedro. Por isso ela quis voltar tão rápido para ficar perto dele por alguns instantes.

— Mamãe tudo isso parece muito louco e muito triste — falou Gabriela em lágrimas.

— Mas é a mais pura verdade, minha filha. Agora, você conhece as origens de sua mãe. Espero que compreenda a mim e ao Roberto, pois foi nele a força maior em que me agarrei para reconstruir a minha vida. Nós somos felizes, temos você e o Renato, e quero que você acredite e entenda: do meu passado, a única coisa que não consigo me separar é do meu filho Pedro.

Linda sentiu um alívio no coração, agora podia dividir sua vida com Gabriela em plenitude. Além de ser sua filha, ela era uma pessoa generosa, amiga e muito compreensiva. Tudo agora estava mais leve.

Linda e Roberto retornaram ao Brasil. Gabriela não tirava da cabeça a imagem do seu irmão, ela tinha visto as fotos que Renato havia mostrado. Ele até brincou que Peter era um bom partido para ela, meu Deus! Peter era seu irmão.

No domingo, ela não resistiu. Convidou sua melhor amiga, Ronick, que, a princípio, estranhou o convite da amiga. Sabia que ela não suportava gelo, frio e, de repente, queria esquiar? Mas, aceitou o convite. Gabriela era uma amiga especial, iria acompanhá-la.

Na chegada ao hotel, Gabriela procurava com os olhos por Peter. Logo o avistou conversando com um grupo de jovens. Minutos mais tarde, elas já estavam prontas para o passeio, foram convidadas para ir tomarem um chá antes de sair. Peter costumava receber os convidados pessoalmente para aquele ritual. Muito gentil, cumprimentou a todos até chegar a vez de Gabriela: apertou-lhe a mão dando boas-vindas. Parou frente a Ronick, cumprimentou-a também e não escondeu o interesse por ela, fixando-se nos olhos da moça. Ela ficou embaraçada.

No caminho que os levavam à pista de gelo, Peter ficou ao lado das duas moças, fazendo-lhes perguntas, se estavam gostando do passeio e de onde vieram.

Gabriela olhava para Peter e tinha vontade de rir e de gritar para todo mundo ouvir: "Esse cara é meu irmão!" Logo ela foi descobrindo as semelhanças dele com sua mãe. Interessante como eles dois se pareciam.

Ronick, batendo de leve no braço de Gabriela, perguntou:

— Está tudo bem? Parece que você está no mundo da lua. Está prestando atenção nas paisagens? Realmente esse lugar é lindo, e o dono lugar, mais lindo ainda...

— Ronick? Você está de olho no Peter? — perguntou Gabriela, fingindo surpresa. No fundo, ela torcia para que os dois começassem a namorar, seria uma chance de ficar ao lado do irmão.

— Bem, só de olho, não. Eu realmente estou interessada nele — respondeu a amiga, rindo.

— Olha, Ronick, os latinos gostam muito de nissei e você, com este olhinho puxado, deve ter chamado atenção dele. Percebi que ele não tira os olhos de você. Aproveite, de repente este passeio é a porta do céu que se abriu para vocês dois. E quero ser a madrinha do seu casamento...

Na hora do almoço, Peter veio sentar-se com elas e, descontraído, perguntou como foi que elas chegaram até ali. Ronick, rindo, disse que havia sido Gabriela que ficara impressionada com tanta propaganda que os pais dela fizeram do lugar.

— Posso estar enganado, mas vou tentar adivinhar quem são os pais de Gabriela: senhora Linda e senhor Roberto! E ainda mais: ela tem um irmão chamado Renato! Estou certo, Gabriela?

— Nossa, você está certíssimo! Primeiro veio meu padrasto e meu irmão Renato e, no começo desta semana, meu padrasto trouxe a minha mãe, me deixando uma recomendação toda especial: vá conhecer o lugar! Aproveite para fazer isso antes de voltar para o Brasil!

— Quando pretende voltar para o Brasil? — quis saber Peter, interessado.

— Daqui a dois meses termina o meu estágio. Creio que, no máximo em três meses, estarei voltando para casa — afirmou Gabriela.

Ronick pediu licença e entrou na conversa.

— Peter, por favor, convença Gabriela a não voltar. Ela é minha melhor amiga, dividimos livros, tempo livre, lágrimas de saudades, momentos de alegria como hoje. Se ela for embora, como vou ficar?

— Ronick, você sabe que não tenho como me estabelecer por aqui. Meu padrasto está financiando todas as despesas do meu curso, preciso voltar e aplicar o que aprendi em seu hospital. Ele apostou em mim, não posso decepcioná-lo. E depois, minha mãe e meu irmão também me esperam. Você sim, deveria mudar-se para o Brasil, trabalharia no hospital do meu padrasto! Peter, coloque isso na cabeça dela, que volte comigo.

— Moças, que situação difícil vocês me colocaram: uma das duas vai ter que ceder. Ou guardar em cofre de ouro a amizade de vocês e se visitarem de vez em quando. Eu sei o quanto custa viver longe da nossa terra, mais ainda longe da família. Eu sou brasileiro, adoro o Brasil, tudo lá é mais bonito, a terra, o povo, as praias, o verde e o céu. Mas não posso negar o quanto aprendi amar isto tudo, fico sempre dividido em voltar ou ficar aqui. Porém, acredito que, quando temos um objetivo na vida, precisamos fazer muitas opções. Eu fiz a minha, trabalho longe de casa. Pretendo, nestes dois ou três meses, no máximo, visitar o Brasil, rever minha família, minha casa, sentir o cheiro da terra e pegar um pouco do bronzeado brasileiro. Você conhece o Brasil, Ronick?

— Não, Peter, só por fotografia e filmes. Mas tenho vontade de conhecer, sei que é o lugar ideal para quem quer viver com alegria. Lá tem festas maravilhosas, o carnaval, os forrós, as danças regionais, a comida e, principalmente, as praias.

Peter, voltando-se para Gabriela, comentou:

— Combinei com os seus pais que, quando estiver no Brasil, vou visitá-los, quero ver Renato, adorei aquele moleque! E a sua mãe, Gabriela, é muito parecida com a minha. Eu não me lembro muito dela, pois quando ela faleceu em um acidente de barco eu ainda era um bebê. Mas minha tia guardou suas fotos e me passou. Pena que eu não tenha nenhuma aqui comigo, fica tudo lá no meu quarto em nossa casa no Brasil.

Passaram uma tarde descontraída e agradável, conversaram muito sobre trabalho, estudos, passeios e outras coisas relacionadas à vida dos jovens e da sociedade.

Todos se preparavam para regressar do passeio. Peter pegou na mão de Ronick e solicitou, gentil:

— Posso ligar para você? Aceitaria jantar comigo qualquer dia desses? Não sou um galanteador, mas quero lhe dizer uma coisa muita sincera: gostei de você e gostaria de saber o que você achou de mim.

— Eu também gostei de você, Peter. Aqui está o meu telefone, podemos conversar e nos conhecer melhor. Adorei o passeio de hoje, adorei conhecer você.

Foram embora. Ronick pediu para Gabriela ficar no apartamento dela, a fim de conversarem sobre o passeio e tudo o que tinha acontecido. As duas amigas gargalhavam, relembrando com alegria o dia que passaram juntas ao lado de Peter. O telefone tocou, Gabriela atendeu.

— Olá, Peter, já chegamos e está tudo bem! Adorei o passeio, transmitirei aos meus pais e ao Renato suas lembranças. Um abraço para você, vou passar para a Ronick.

— Ronick? Eu não aguentei esperar até amanhã para te ligar, quero saber de você, como está, se ainda se lembra de mim e se amanhã poderemos nos encontrar onde você quiser — dizia Peter, com entusiasmo.

— Peter, não deu tempo ainda de esquecer nada do que aconteceu hoje, principalmente de você. Mas por que tanta pressa em querer me ver?

— Ronick, não é todo dia que encontramos alguém como você, senti alguma coisa muito especial. Acho que precisamos nos conhecer melhor. Só preciso saber de você se há reciprocidade ou não, não quero me iludir, pois as minhas intenções para com você são as melhores possíveis. Responda-me agora, por favor: quer sair comigo amanhã? Só me fale sim, se realmente estiver interessada em me conhecer um pouco mais.

— Aceito sair com você amanhã, Pedro brasileiro, vejo que você realmente tem sangue latino. Eu não costumo brincar com os sentimentos de ninguém, assim como não quero que alguém brinque comigo.

Conversaram mais meia hora. Assim que Ronick desligou, saiu pulando como uma criança atrás de Gabriela para contar as novidades.

— Vou sair amanhã para jantar fora com o Pedro brasileiro, como você o chama. Ah, Gabi, eu acho que vou me apaixonar por ele.

Naquela noite, Gabriela deitou-se e ficou pensando no que era o destino. Ficou planejando: seu irmão Peter estava se apaixonando pela sua melhor amiga. Se os dois levassem o namoro adiante, ela e sua mãe teriam uma chance de ficar mais perto dele, Peter. E se os dois se casassem e tivessem filhos, sua mãe poderia ter os netos no colo! Seria quase inacreditável! Torcia para que realmente os dois iniciassem uma relação e o namoro deles desse certo. Pensava em sua mãe. Jesus, como sofrera sua pobre mãezinha. Sozinha, esquecida e abandonada, foi considerada morta e esquecida pela família. Casou-se com o seu pai, mais por necessidade de ter um lar do que por amor. E não podia culpá-la de nada, ela fez do seu pai um homem feliz, sem saber o que estava fazendo com sua própria vida...

*

Linda e Roberto se sentiram aliviados em dividir com Gabriela aquele segredo tão pesado, especialmente porque sabiam que podiam confiar nela.

Lourival, finalmente, entregou o cofre a Reginaldo, onde dona Laura guardava todos os pertences de Camila. Ele remeteu a peça aos cuidados dela, solicitou que ela decidisse o que fazer com aquilo, pedia perdão por alguma coisa, e, a partir de agora, ele estava lavando as mãos daquele cálice de sofrimentos. Entregando aquele cofre com aliança e fotos, Reginaldo tirava dos ombros uma responsabilidade imensa.

Dias depois, Linda recebeu o cofre e, imediatamente, lembrou-se do seu sonho: "Não guarde este anel! Faça o que quiser com ele, mas não conserve com você, esqueça o que passou e saiba esperar pela vontade de Deus."

Renato chegava sempre afoito da escola, Linda escondeu o cofre e foi receber o filho. Logo mais à noite, decidiria com o marido sobre o que fazer com aquele valioso anel, não queria aquele cofre guardado em casa. Renato contou para a mãe que conheceram uma nova e bela professora de francês. Ela era linda e, se ele fosse um pouco mais velho, iria pedi-la em casamento! Falava o português de uma forma tão bonita! E o francês, então? Ele achava que ela era francesa, pelo jeito de se vestir, de andar e o sotaque lindo com que ela falava o português. A mãe, rindo muito do jeito sempre descontraído do filho, perguntou como se chamava essa fada francesa.

— Camila! — respondeu o menino. — Ah, mamãe, você vai conhecê-la e me dar toda razão. Ela é uma flor bela e perfumada. A nossa sala cheira a ela, mamãe. É o perfume mais gostoso do mundo! Eu acho que estou apaixonado! Nunca senti essa emoção tão boa por nenhuma menina, mas essa professora de francês me tirou o fôlego. Eu agora só tenho uma vontade: ficar na escola!

Linda parou ao ouvir o nome Camila, lembrou-se de si mesma, um dia ela também se chamou Camila...

— Mamãe, não está prestando atenção no que eu acabei de confessar?

— Claro que estou filho! Então, essa Camila virou a sua cabeça! E, como sua mãe, quero saber quantos anos ela parece ter!

— Eu acho que ela deve ter dezenove ou vinte, no máximo. A senhora acha que seis ou sete é muita diferença entre nós dois?

— Bem, se você tivesse dezoito anos e ela vinte e quatro não haveria nenhum problema. Mas você com treze e ela com dezenove ou vinte, aí acredito que seja demais. E se ela já está formada, não pode ter só dezenove anos!

— Não, não entendo isso! Justo você com preconceitos de idade! Eu tenho sentimentos e posso fazer tudo o que um rapaz de dezoito anos faz! Acho que existe mesmo é um grande preconceito! Eu não vou desistir de Camila em hipótese alguma! Foi amor à primeira vista. Assim que a vi, senti dentro de mim algo diferente, entende, mamãe?

— Entendo, mas procure apenas estudar e não se meter em encrencas na escola, combinado? Controle-se, o estudo está em primeiro lugar em sua vida.

— Claro, não é, mamãe? Preciso provar para Camila que sou o cara mais sério, inteligente e bem-intencionado do mundo. Pode escrever, mamãe, ainda vou me casar com ela! Vou me formar, arranjar um bom trabalho e me casar com aquela francesinha, pouco me importa a idade que ela tiver.

Renato saiu assobiando. Linda ficou rindo e pensando: "Meu Deus! Meu filho está se tornando um homem! Está apaixonado pela professora. Como a vida passa depressa, parece que foi outro dia que ele nasceu e já estava vivendo suas primeiras paixões." Ficou pensando também em Gabriela, ela tivera alguns namoros sem importância, e dedicou-se somente aos estudos. Achava que ela precisava se divertir um pouco mais, sair mais, ela era jovem e bonita, e não estava aproveitando essa época tão boa da vida: a juventude.

Naquela noite, Linda contou para Roberto sobre a chegada do cofre. Havia deixado no escritório e gostaria que ele a ajudasse a se desfazer daquele valioso anel. Roberto queria ver a aliança.

— Vamos lá! Vamos acabar com esse fantasma de uma vez por todas!

Roberto abriu o cofre, tirou algumas fotos de Linda com Gabriela e o marido, e lá estava a aliança de brilhantes! Com o nome gravado: Vítor. Roberto pegou o anel e passou para ela perguntando se ela queria mesmo se desfazer dele.

— Faça o que o seu coração pedir e acabe de uma vez com esse medo do passado.

Ela olhou o anel. Recebera aquela aliança no altar de uma igreja, diante de um padre, e jurou amor e fidelidade até que a morte os separassem. E sim: a morte dela como Camila a havia separado de Vítor para sempre, aquela aliança, de fato, deveria desaparecer de sua vida. Assim, decidida e resoluta, ela optou por se desfazer dela, desaparecendo com anel e com o nome gravado nele.

— Quero mesmo me desfazer desse anel. O que podemos fazer, Roberto?

— Eu tenho uma ideia, não sei se você vai gostar.

— Qual?

— Podemos colocar esse anel em leilão. Assim que recebermos o dinheiro, você doa para uma instituição de caridade e, assim, terminamos com essa sua história. O que acha?

— Excelente ideia! Amanhã mesmo, se você puder me acompanhar, vamos ver isso, eu agradeço. Vamos colocar em leilão.

Assim fizeram. Foram até a instituição, inscreveram a peça e autorizaram o leilão. Linda voltou aliviada, parecia que estava enterrando o que sobrara do seu passado.

CAPÍTULO XXI

Desvendando segredos

Cândida estava preocupada com o estado de saúde de Lourival. Ele agora ficava falando sozinho, levantava-se à noite e ficava andando pelos jardins, parecia conversar com alguém, ria, chorava e ficava triste. Vítor o levou ao médico e tudo o que ele havia recomendado estava sendo feito, mas ele parecia não ter melhora alguma. O que mais intrigava Cândida é que ele não esquecia os nomes de ninguém: falava de Pedro, que estava no exterior, de Camila, que agora era professora de francês em outra cidade, e da outra Camila, sua menina patroa. "Como estaria ela agora? Não tive mais notícias dela, preciso ver Reginaldo, quem sabe se ele não dá notícias dela?" Lourival ficava falando isso o tempo todo. Dizia para Cândida que ele precisava mandar rezar uma missa para todos familiares, especialmente para o seu patrão Leonardo e Laura, eles viveram ali e devem sentir muita saudade do local. Cândida então estranhou:

— Lourival, por que não quer rezar uma missa também pela minha irmã Camila?

— Por que ela não está morta. Devemos rezar muito por ela, que ela tenha saúde, paz e sorte com sua filha e seu marido. Eu não consigo me lembrar dos nomes deles. A menina deve estar uma moça feita. E Camila? Como será que está? Por que o Reginaldo não vem mais aqui, dona Cândida?

— Porque nós não temos o endereço dele, seu Lourival. Ele fez acordo na empresa, pegou outras economias que tinha e foi embora da cidade com a família. Disse apenas que iria abrir um negócio próprio, um comércio. É por isso que nós não temos mais notícias dele.

— Ah, eu pensei que ele tivesse morrido também. Será que ele está com o cofre em segurança? A Laura guardava aquela aliança com um cuidado que só vendo! A senhora não viu as fotos dela com a menina e o marido, viu? Como a menina era bonitinha e meiga, pena que eu esqueci o nome dela. Seria Linda? Não! Linda, era o nome da mãe. Meu Deus, eu não consigo lembrar de mais nada. Como gostaria de ver o Reginaldo...

Cândida sentiu pena dele.

— Meu Deus, o que podemos fazer? Não vou interná-lo, preciso contratar alguém para cuidar dele.

Lourival corria para o jardim, falava com as flores, sentava e ficava horas e horas, olhando para o vazio. Precisava alguém ir buscá-lo para comer, sair do sol ou da chuva, tomar banho e trocar de roupa. Ele perdera a noção do tempo e das palavras.

Vítor recebeu a indicação de um médico que tinha curado casos semelhantes ao de Lourival. A clínica do médico ficava no Rio de Janeiro. Cândida animou-se:

— Eu vou com vocês! Só o fato de ficar ao lado de minha filha já valerá a viagem! Eu não consigo entender, Vítor, por que Camila escolheu essa profissão? Primeiro, queria fazer administração, fiquei orgulhosa, os irmãos iriam administrar as empresas que, no futuro, serão deles. De repente, resolveu ser professora! Não que eu não admire a profissão, é uma das mais nobres que existem. Mas Pedro acabou ficando sozinho no controle das empresas.

— Cândida — rebateu Vítor, arrumando o nó da gravata e a olhando-a pelo espelho — você sempre incentivou nossos filhos a seguirem o que estava dentro deles e não dentro de nós. Lembra-se?

— Claro, querido. Eu jamais em momento algum critiquei a decisão de Camila, só estou desabafando com você.

— Eu sei, meu amor. Não pense você que eu também não sonhei em ver os dois irmãos administrando nossos negócios, brilhando e fazendo sucesso no meio empresarial. Mas, tenho que admitir que as suas parábolas estão certas: "O homem deve ser aquilo que nasceu para ser, e não aquilo que quer ser sem ser!" Quer saber, Cândida? Eu estou orgulhoso de nossos filhos e da capacidade que demonstram.

Tudo acertado, eles iriam viajar com Lourival na próxima segunda-feira. O velho jardineiro ficou animado, falava o tempo todo sozinho e para quem encontrasse: "Vou viajar a semana que vem, vamos visitar a família de Linda, desta vez eu não vou mais esquecer o nome da menina, ela deve estar bem crescida."

Chegado o dia da viagem, embarcaram tranquilos. Em pouco tempo, já estavam no Rio de Janeiro. A filha Camila os esperava no aeroporto e se abraçaram com emoção.

Cândida aproveitou a viagem para visitar alguns lugares e fazer compras. Na quarta-feira, Camila avisou os pais que teria uma reunião de avaliação na escola com os pais dos alunos, talvez atrasasse um pouco, mas que eles não ficassem preocupados. O pai, rindo, brincou:

— Camila será que você não confia no seu pai dirigindo um carro alugado aqui no Rio de Janeiro? Pode deixar, eu vou buscar a minha professora de francês preferida na escola.

— Eu também vou buscar a minha professora de francês. — Olhando para o marido, brincou mais: — Existem pais muito egoístas! Querem exclusividade com os filhos! Mas, mãe é mãe! Ela não quer nem saber, passa na frente de tudo e de todos, eu estarei lá também!

Naquele quarta-feira, pela manhã, antes de sair de casa para a aula, Renato voltou três vezes, recomendando à mãe que não esquecesse de fazer, logo mais à noite, certos comentários positivos a respeito dele para a professora Camila, por quem ainda estava apaixonado, durante a reunião de pais. Queria que a mãe dissesse coisas como "é namorador, mas muito cavalheiro", "tem treze anos, mas cabeça de dezoito" e "às vezes, é ele quem me aconselha." Linda ria muito, não conseguia ficar séria diante das recomendações do filho.

— Mãe, não esqueça da reunião hoje! Chegue cedo para sentar-se bem perto da Camila. E não esqueça de falar bem de mim! Eu prometo que vou arrumar o meu quarto, não vou jogar mais toalhas molhadas na cama nem no chão!

— Está bem, Renato! Eu vou dizer para sua professora que você é o melhor rapaz deste mundo, que ela não jogue fora esta oportunidade, pois outro igual será difícil encontrar.

Antes de fechar a porta do carro, Renato ainda teve tempo para mais uma tirada:

— Mamãe! Vai bem bonita na minha reunião hoje, hein?

No início da noite, Linda se arrumava para a reunião e pensava no filho. Ele lembrava o avô: o verdadeiro pai dela era sonhador, romântico e extrovertido. Maquiou-se e colocou um vestido bem cortado. "Acho que ficou bom!", pensava ela se olhando no espelho. "Era só o que me faltava: agora tenho dois homens para me cobrar presença, o marido e o filho."

A reunião da escola de Renato foi ótima. A professora Camila realmente era uma moça muita meiga, fina e bonita. Ela elogiou muito Renato, disse para as mães que ele era de uma maturidade impressionante. Dedicado, gentil, cavalheiro e muito aplicado. Linda ficou orgulhosa dos comentários feitos a respeito de seu filho, e ela sabia a razão: Renato estava apaixonado por ela, queria impressioná-la. Coisa de adolescente, mas ele estava curtindo essa paixão, vivenciando uma nova fase, descobrindo sentimentos.

Terminando a reunião, os pais, satisfeitíssimos com a nova professora, pararam para comentar algumas coisas a respeito de seus filhos. Renato e alguns colegas chegaram ansiosos, perguntando o que os pais tinham dito à professora sobre eles. Uma das mães se antecipou e comentou:

— Ah, Renato! Sua professora nos disse que você é o garoto modelo da escola! Parabéns! Continue dando bons exemplos aos seus colegas.

Renato se despediu dos amigos, colocou o braço sobre o ombro da mãe e saiu com ela todo orgulhoso. O motorista abriu a porta do carro, Linda estava entrando no veículo enquanto Vítor estacionava o seu. Cândida ficou pálida, branca, e colocou a mão no coração.

— Vítor...

— O que foi Cândida? — perguntou o marido, aflito.

— Está vendo aquele carro azul virando a esquina? — apontou ela.

— Sim, o que tem ele?

— A moça que estava entrando no carro era tão parecida com Camila. Eu pensei estar diante dela!

— Que susto, Cândida! Sim, realmente existem pessoas que nos lembram outras, minha querida, e daí? Você se lembra do que nos disse o garçom da pizzaria que costumávamos frequentar em família? Ele também disse que serviu a mesa de um casal que a moça era parecida demais com Camila, lembra-se? E aquele rapaz que encontramos em Londres? Santo Cristo! Eu jurava ser o Leo: cabelo, altura, maneira de vestir-se, lembra-se?

— Sim, lembro sim. Realmente ficamos perplexos, a semelhança dele com o Leo era impressionante! Nossa, agora eu gelei. A moça de perfil era minha irmã toda! Quando a gente é pego de surpresa, dá uma pontada no coração, não é? Bem, vamos avisar a nossa gatinha que estamos aqui a sua espera. Falando em nossa gatinha, Vítor, hoje de manhã eu recebi um telefonema da França. Era um rapaz com uma bonita voz, forte, procurando por Camila. Será que ela deixou algum pretendente lá e não nos falou?

— Você, que é mulher e mãe, tente investigar. Acho normal que ela tenha um namorado, nós só precisamos ter o cuidado de saber com quem nossos filhos estão se relacionando. Nos dias de hoje, dá até medo.

— Falando em filhos e namorados, você sabe que Pedro continua firme com a namorada nissei, não sabe? Sinceramente, acho que vai dar casamento, pelo jeito dele falar dela ao telefone, acho que ele está preso, caído e amarrado pela japonesinha! Ele me avisou que, no próximo mês, vem para o Brasil e a namorada vem com ele, mas que ela vai ficar na casa de uma amiga médica aqui no Rio.

— Eu estava certo quando disse que você é a melhor pessoa para investigar a vida dos nossos filhos. Eu, por exemplo, não sabia que ela era mestiça, nem médica e nem que estava vindo com ele para o Brasil! Mas, isso é maravilhoso! Você já pensou nossos netos com olhinhos puxadinhos? Eu acho lindo crianças mestiças.

— Vítor? Eu ouvi bem? Você falou em ser avô? — gargalhou Cândida, batendo de leve no ombro dele.

— Se Deus quiser, eu quero ser avô, sim! Ninguém melhor do que eu para saber como é bom ter avô.

— Mas nós ainda somos muito novos para sermos avós!

— Não, não acho — analisou ele. — Eu teria muito orgulho se hoje já fosse avô. Sairia com o meu neto por aí, iriam me perguntar se era meu filho! Veja que maravilha! Alguém chegar para você e falar: a senhora pode entrar com o seu filho...

Camila chegava com os braços carregados de cadernos, bateu no vidro do carro e surpreendeu os dois:

— Ninguém avisou que é perigoso um casal ficar namorando dentro do carro e na porta da escola?

— Oi, filha! Estávamos conversando e nem percebemos que você chegou. Foi tudo bem com a sua reunião? Muitas reclamações dos pais e dos alunos?

— Olha, papai, eu estou perplexa! Meus alunos são maravilhosos! Seus pais são pessoas educadas e atenciosas. Por exemplo, eu tenho um aluno chamado Renato, mamãe, você não acredita, esse garoto é um gênio! Além disso, é gentil, solidário com toda classe e me dá a maior força em aula.

— Cuidado para não se apaixonar pelo aluno, Camila! — brincou o pai.

— Falando em apaixonar-se, hoje cedo ligou um rapaz lá da França, com uma bela voz, e deixou o telefone dele. Algum pretendente que deixou por lá, Camila?

— Como é o nome dele, mamãe? A senhora perguntou?

— Claro que sim. Ele se chama Felipe.

Camila ficou corada e a mãe percebeu. As duas estavam sentadas no banco de trás, o pai estava dirigindo atento, mas interessado em ouvir a conversa das duas.

— Ah, Felipe... Eu não esperava que ele fosse me ligar. Ele disse a que horas eu posso ligar, mamãe?

— Não, ele não me disse o horário. Mas, por que essa sua preocupação com as horas?

— Ele é ator, mamãe. Às vezes fica no estúdio horas e horas gravando, e não pode ser interrompido. A vida dele é muito difícil, a família de um ator sofre junto com ele por conta da falta de privacidade. Na verdade, Felipe tem razão quando diz que o maior personagem que ele vive é o da sua própria história de vida. Precisa se privar de tudo, não pode andar pelas ruas, ir à praia, passear em shopping, entrar e sair de um cinema ou teatro, andar de mãos dadas com uma namorada. É um inferno, mamãe! — explicou, magoada.

— Camila você namorou esse rapaz? — quis saber a mãe.

— Sim, eu sofri muito e resolvi desistir dele. Eu o amo, mas sei que não vou suportar a vida que teria que levar ao lado dele. A vida de esposa de um ator é complicada: ou ela entende essa rotina e engole tudo, ou morre mais cedo e acaba fazendo outras loucuras. Eu desisti! Sofrer por sofrer, então quero ficar longe dele. Eu sei que ele também me ama, mas não dá, mamãe, não dá! — e começou a chorar...

— Camila, fique calma, minha filha. Eu não sabia de nada disso. Quando chegarmos em casa, você vai me contar tudo, está bem? Sua mãe está aqui para te ouvir. Além de sua mãe, sou sua amiga mais vivida e mais experiente.

— Obrigada, mamãe, você não imagina o quanto sofri. Nunca quis preocupá-los com os meus problemas sentimentais, mas está sendo difícil, muito difícil. Não posso pedir que ele deixe sua carreira, pois é a vida dele, é o que gosta de fazer e tem talento. Mas, ao mesmo tempo, não suportaria viver na mira das fofocas.

O pai ouvia tudo em silêncio. Preocupado, pensava consigo mesmo: "Os pais pensam que sabem tudo de um filho e, de repente, descobre, que não sabem nada! Eu jamais imaginei que minha filha tivesse um problema tão sério em sua vida, um problema sentimental. Eu bem sei o que é isso, vivi anos no inferno por causa da mãe dela. Não sei o que dizer para minha filha! Espero que Cândida, como sempre, encontre as palavras corretas e possa ajudá-la."

Assim que desceram do carro, Vítor piscou para Cândida e propôs:

— Meninas da minha vida, olhem que noite bonita! Que tal jantarmos fora? Não pensem muito, quero a resposta agora!

Camila, com ar melancólico, não queria ir.

— Vão vocês dois, eu fico batendo papo com o seu Lourival.

— Vou me sentir ofendido pela sua recusa! Há quanto tempo não saímos os três para jantarmos? — perguntou Vítor.

— A última vez foi uns meses antes de Camila vir para o Rio — reforçou Cândida.

— E então? Vai fazer essa desfeita comigo? — insistiu o pai.

— Tudo bem! Você venceu! Vou com vocês — concordou a moça.

No quarto, enquanto se preparavam para sair e depois de se certificarem que seu Lourival estava bem, Vítor pediu para Cândida que, com todo o jeitinho, tentasse falar algo para Camila a respeito do rapaz. Ele ficou preocupado com ela.

— Para falar a verdade, Vítor, eu estou chocada. Jamais desconfiei que a minha menininha estivesse apaixonada! Como nós não enxergamos os corações dos nossos filhos, é impossível saber....

— Eu pensei a mesma coisa quando a ouvi contar sobre o romance dela com esse ator. Precisamos saber quem é ele! Eu sou sincero, não gostaria de ver minha filha apaixonada por um ator, mas, se aconteceu, paciência! Quero vê-la feliz!

— É por isso que eu te amo, meu amor! Você apoia nossos filhos em tudo. Mas vamos sair e nos divertir. Quando o momento se fizer oportuno, eu vou entrar com a conversa e você me dá suporte, combinado?

O jantar foi agradável e, conforme combinaram, quando Camila estava mais relaxada, Cândida puxou o assunto e pediu para a filha não se precipitar em desfazer o namoro, que ligasse para o rapaz. Se eles se amavam, valeria a pena investirem no amor. Ela sabia de casos de atores muito famosos que viviam anos casados e felizes. Vítor também entrou na conversa, dizendo que Cândida estava certa. Ela não deveria fugir, deixando para trás um caso de amor sem solução. Isso é terrível, pois poderia levá-la a cometer muitos enganos, sofrendo, e fazendo outras pessoas sofrerem.

Camila, rindo e sentindo-se mimada pelos pais, falou surpresa:

— Gente! Meus pais são modernos demais! Eles estão me aconselhando a curtir o meu amor por completo! É isso, papai?

— É sim, Camila! Não quero que sofra o que eu sofri! — respondeu sério.

— Papai, você passou por uma situação dessas?

— Sim, passei. Eu me casei com sua tia Camila, amando loucamente sua mãe! Achava que ela não era mulher para mim e, por isso, resolvi me casar com a irmã. Sei lá, talvez, na minha loucura, quisesse ficar perto dela. Graças a Deus tive uma chance e alcancei o meu sonho de amor. Nem todas as pessoas têm essa oportunidade que eu tive, a vida nos empurra para caminhos diferentes. Siga os conselhos de sua mãe, além de experiência ela tem o dom de acertar tudo.

— Está bem, vou seguir os conselhos de vocês, vou ligar para o Felipe e seja o que Deus quiser! Sofrer por sofrer, vai doer menos ao lado dele. É isso, mamãe?

— Exatamente! Mas procure fazer as coisas com calma, não se precipite.

— Ok, entendi. Voltando um pouco ao assunto, papai, você não contou seu drama de amor para o Pedro, contou? Ele iria ficar muito magoado e poderia não entender o que o senhor fez com a mãe dele.

— Fique tranquila, Camila, eu jamais magoaria o meu filho. Contei para você porque sei que posso confiar em seu discernimento.

Cândida resolveu mudar o rumo daquela conversa, o clima já estava começando a ficar pesado com as lembranças do passado.

— Bem, chega dessa história, já foi. Camila, você já pediu sua transferência para São Paulo? Filha, nós não vemos a hora de vê-la subindo e descendo as escadas de casa, batendo o salto de sua sandália!

— Eu já entrei com o meu pedido, mas acho que só no começo do ano vou ter retorno. Fiquem tranquilos, eu estou gostando tanto dos meus alunos quanto da escola! E depois, daqui até em casa é um pulo. Em breve, eu vou passar um fim de semana com vocês. E vou sem avisar!

Todos riram e terminaram a noite.

CAPÍTULO XXII

Pedro na casa de Linda

Segundo os médicos, o problema de Lourival era mais psicológico e emocional do que físico. A morte da esposa e esse processo de perda abalaram muito o velho jardineiro. Eles não tiveram filhos e viveram um para o outro. Foi uma perda irreparável, concluiu também Cândida.

De qualquer forma, o médico passou alguns medicamentos e aconselhamentos, esperando que ele melhorasse gradativamente. Ele não poderia descrever com exatidão ser só um problema psicológico, mas o melhor era que toda a família se empenhasse em ajudá-lo. Afinal, ele perdera sua companheira de toda a vida. A consulta estava finalizada e todos retornaram para São Paulo satisfeitos: Lourival estava medicado e o casal feliz pela visita a Camila.

Passada uma semana, Pedro ligou. Falou com a mãe, com o pai e avisou que chegaria em dois dias. A sua namorada Ronick vinha com ele, mas ela preferiu ficar hospedada no Rio de Janeiro na casa de uma colega, as duas eram como irmãs. Viria, porém, passar uns dois dias na casa deles em São Paulo para conhecer a família.

Cândida não se continha de alegria. Vítor, eufórico, perguntava a Cândida se não precisava repor nada no quarto de Pedro, que ela pedisse para as empregadas arrumarem os outros quartos de hóspedes. De repente, a moça podia mudar seus planos e vir com ele, assim tudo já estaria no lugar. Precisava também avisar Camila, quem sabe ela pudesse vir no fim de semana para uma reunião de toda a família? Vítor não parava de distribuir recomendações, feliz como um adolescente.

No Rio de Janeiro, Linda também estava ao telefone. Gabriela falava com a mãe e o irmão Renato. Contava as novidades:

— Mamãe, nós estamos chegando depois de amanhã aí no Brasil. Minha amiga Ronick vai comigo, ela é a namorada do Pedro brasileiro. O Peter do gelo! Prepare um café e o seu coração, ele vai até a nossa casa, acompanhando a namorada. Arrume uma cama para Pedro, ele vai dormir em nossa casa. Por favor, tome um calmante e procure se controlar. Acredito que o destino nos empurra um para perto do outro.

Linda tremia a voz no telefone, Gabriela pedia que ela tivesse calma, tudo no universo acontece independente da nossa vontade. Não foram elas que programaram tudo isso, mas a Providência Divina, que vinha do Alto. Ela estava tão apegada a esse irmão, que não saberia mais viver sem ele, confessou para mãe.

Renato dava pulos de alegria ao saber que Peter viria em sua casa para dormir.

— Mamãe, eu ajudo a melhorar o meu quarto. Por favor, deixe o Peter dormir comigo! Eu sei que ele vai gostar, ele é um cara legal. Tomara que a namorada dele também seja. Eu torci para que ele namorasse a Gabriela, mas, se ele gostou da amiga dela, paciência! O papai sempre fala que coração de mulher é cego, mas eu acho que o coração dessa Ronick enxerga muito bem!

À noite, Linda contou para Roberto a boa nova. Ele, balançando a cabeça, lembrou do que a cigana havia dito. Estava acontecendo, seu filho iria dormir em sua casa, seus três filhos estariam juntos! Não era uma bênção de Deus?

Ele pediu que ela tomasse um calmante natural, as emoções seriam grandes. Ela aceitou, realmente o seu coração estava acelerado, ela nunca imaginou arrumar a cama para o seu filho dormir. Iria colocar um prato na mesa para ele, tudo aquilo era um sonho, antes inalcançável.

Linda encheu a casa de flores, Roberto pedia para ela se acalmar, estava agitada, andava para cima e para baixo, olhava se as coisas estavam nos lugares certos.

Enfim, chegara a hora de irem ao aeroporto. Fariam um pequeno comboio com dois carros. Linda estava ansiosa, Renato já discutia impondo que queria voltar no carro que trouxesse Peter. A mãe chamou-lhe a atenção, pedindo que ele se comportasse como um jovem de dezoito anos e não como um menino! Que ele se comportasse diante de Pedro e da namorada dele!

— Mamãe, ele se chama Peter! Por que você o chama de Pedro?

— Porque o nome dele é Pedro e não Peter!

No salão de espera, Linda aguardava com extrema ansiedade a chegada dos filhos. O coração batia forte, Roberto apertava sua mão e tentava acalmá-la com carinhos. E eles apontaram no largo corredor. Finalmente chegaram! Pedro estava com barba e cabelos compridos, lembrava muito Leonardo. Gabriela, bonita e elegante, acenava alegre para eles. Ronick, a namorada de Pedro, era uma jovem delicada, de uma beleza exótica, cabelos negros e lisos, os olhos puxadinhos, parecia uma boneca japonesa.

Foi uma festa no saguão. Gabriela correu, abraçou e beijou a mãe, abraçou e beijou Roberto e agarrou-se com Renato, beijando o rosto dele. Pedro abraçou Roberto, rindo, abraçou Renato, e aproximou-se de Linda, que tremia olhando fixamente para ele.

— Dona Linda, como vai a senhora? — abraçou-a e beijou-a na testa.

Gabriela fez a apresentação da acompanhante.

— Bem, pessoal, essa é Ronick, a minha melhor amiga. É como se fosse minha irmã. E ela é a namorada de Pedro.

Após os renovados abraços e beijos, Renato, como sempre, não deixou de fazer o seu comentário:

— Pedro, sua namorada é linda! Puxa, já vi que você tem muita sorte mesmo!

Todos riram do comentário do jovenzinho. Roberto cordialmente convidou:

— Vamos para casa? Acredito que vocês estejam precisando tomar um banho, comer alguma coisa e relaxar.

— Você acertou Roberto, essa viagem é um tanto cansativa — concordou Pedro. — Amanhã será outro dia e nós precisamos amanhecer bem descansados.

No caminho para casa, Gabriela ia mostrando para a amiga os pontos turísticos do Rio. Ronick estava encantada com a beleza da cidade.

Pedro foi acomodado em um dos quartos de hóspedes, e Ronick em outro. Renato arrastou Pedro até o seu quarto, queria lhe mostrar tudo, mesmo sob protesto da mãe, alegando que Pedro estava cansado.

Após o jantar, Pedro pediu para fazer uma ligação para os pais, precisava avisar que chegou bem. Linda ficou pálida, era uma sensação de que Vítor entraria em sua casa.

— Posso abusar do telefone? Preciso também avisar a minha irmã que estou aqui no Rio. Antes de embarcar para São Paulo, quero vê-la e apresentar Gabriela e Ronick para ela.

— Você não precisa pedir licença para fazer suas ligações, você está em sua casa — disse Gabriela, olhando para a mãe, que estava tensa. — Sua irmã está trabalhando aqui no Rio, não é? Que tal convidá-la para almoçarmos juntos amanhã?

— Vou ligar, se ela puder, está fechado.

Renato, que estava meio de lado da conversa, falou alto:

— Eu não vou poder ir com vocês, amanhã tenho aula de francês e, por nada deste mundo, iria perder.

Gabriela aproximou-se dele e estranhou, abraçando-o:

— Será que ouvi direito? Você está me dizendo que não pode perder uma aula de francês por nada deste mundo? Posso saber o que está acontecendo?

Ele explicou, sem nenhum constrangimento:

— Não é pela aula que, para ser sincero, eu não estou nem aí. É pela professora, eu estou a fim dela.

— Olha só esse garoto! — disse Pedro, rindo muito. — Coitada dessa professora, está correndo um sério risco nas mãos desse conquistador.

Pedro ligou e, do outro lado da linha, sua irmã dava pulos de alegria.

— Você está no Rio? Que notícia maravilhosa! Quero te ver, maninho.

— Mila, eu quero que você conheça Ronick, minha namorada, e uma grande amiga nossa que, na verdade, é quase uma irmã. Estou na casa dela agora. Mas, e então? Vamos almoçar amanhã? Combinado, Mila, me passe o endereço, Gabriela nos leva até lá, ela conhece tudo por aqui — falou olhando para Gabriela, que ria do jeito como ele falava com a irmã.

Linda estava calada. Sentada em uma poltrona, ela apenas olhava para os três filhos e não acreditava no que estava acontecendo. Seus três filhos brincando, rindo, trocando ideias. Gabriela sabia que Pedro era seu irmão, dividia olhares de cumplicidade com a mãe e com Roberto. Mas ela, mãe de todos eles, olhava aquela situação com um misto de satisfação e incredulidade.

Naquela noite, Linda não conseguia fechar os olhos. Roberto também estava tenso, afinal, o filho de sua esposa estava dormindo ali, embaixo do mesmo teto que eles. Aquilo só podia ser obra do destino! Olhou para a esposa, ela estava pensativa, e ele não sabia o que dizer. Era uma situação estranha, delicada.

Abraçando-a na cama, ele quis saber o que se passava no íntimo da esposa naquele momento:

— Está feliz? Seus filhos estão todos dormindo debaixo do mesmo teto. Eu estava aqui pensando como Deus faz as coisas acontecerem. Como iríamos imaginar que, um dia, Pedro pudesse vir até nós e desta forma? Como a cigana havia dito, minha querida, a vida iria se encarregar de trazer o seu filho até você, o que, de fato, lhe pertencia. Agora, o seu filho está aí, e, pelo o que posso sentir, ele está muito apaixonado por essa moça, que é muito bonita, educada e também gosta dele. Acho que vamos ter netos com olhos puxados e você vai poder brincar muito com eles.

Linda sorriu.

— Roberto, meu querido, ter meu filho aqui dentro da nossa casa é como se fosse um sonho! Tudo parece estranho e, ao mesmo tempo, real, está acontecendo! Tenho até medo de dormir, acordar e ver que foi apenas um sonho mesmo.

Gabriela também estava acordada e pensava em sua mãe. "Meu Deus! Pobre mamãe! Ao mesmo tempo que é uma felicidade para ela, também é uma dor muito grande não poder tratá-lo como trata a mim e ao Renato." Ela se recordava das cenas entre Pedro e Renato. "É como se os dois, de fato, se conhecessem, é a história do sangue. Eles dois foram atraídos pelo poder do sangue que corre em suas veias. Amanhã vou conhecer a minha prima, irmã do meu irmão! Que história louca, parece mais um romance..."

No outro dia cedo, Roberto convidou Gabriela, Ronick e Pedro para visitarem as dependências novas do seu hospital. Elas ficaram curiosas e logo manifestaram o desejo de ir com ele. Gabriela avisou a mãe que eles iriam almoçar com a irmã de Pedro, que ela não os esperasse. Ela ligaria da rua avisando sobre a programação deles, talvez depois do almoço fossem passear no shopping ou fazer compras. Linda fez um sinal para Gabriela ir até o quarto, puxou a filha pela mão e pediu:

— Tire algumas fotos de sua prima, quero vê-la.

Gabriela passou a mão no rosto da mãe, com certa piedade, e concordou:

— Tudo bem, mamãe, vou fazer isso. Eu também estou curiosa para conhecer a sua sobrinha.

Antes de saírem, combinaram que, à noite, iriam jantar todos juntos em um restaurante que eles costumavam frequentar.

Ronick ficou admirada com o hospital do doutor Roberto. Comentou com Gabriela:

— Realmente agora entendo por que você se empenha tanto em seu trabalho.

Roberto, mostrando as aparelhagens do laboratório, parou e voltou-se para a amiga de sua filha:

— Ronick, quero fazer um convite a você: por que não vem trabalhar conosco? Não precisa me responder agora, pense com calma, mas gostaria muito de ouvir um sim de sua boca. Não estou te convidando só pela sua amizade com Gabriela, não! É pela sua competência mesmo. Acabo de descobrir que você é uma profissional e tanto! Preciso de gente boa em nossa equipe.

— Puxa, senhor Roberto, o senhor me honra muito com esse convite tentador. Primeiro, vou trabalhar ao lado de profissionais invejáveis; segundo, tenho certeza de que vou adorar trabalhar em sua equipe, principalmente conhecendo a competência da doutora Gabriela. Como o senhor mesmo disse, não vou responder agora, vou pensar, mas saiba que estou fascinada pelo Brasil, e muito me agradaria trabalhar em seu hospital.

Pedro, abraçando-a, completou:

— Pelo que pude sentir, vou voltar a morar no Brasil logo logo!

Na hora do almoço, eles foram ao encontro de Camila, que logo apareceu correndo e abrindo os braços para o irmão.

— Pedro!!! Que saudades, meu querido! — seus olhos se encheram de lágrimas, estava emocionada.

Pedro a levantou nos braços com alegria:

— Mila, como minha irmãzinha cresceu! Está pesadinha, mas continua linda como sempre! Puxa, eu também estava com muitas saudades de você, Mila.

Pedro pegou na mão da irmã e a levou para perto das duas moças. Faria as apresentações:

— Esta aqui é a doutora Gabriela, da qual já te falei por telefone, e esta é a Ronick, a garota que virou a cabeça do seu irmão! É a mulher da minha vida.

Gabriela ficou atenta olhando para a prima e reparando em sua semelhança física com os traços de sua mãe. Eram bem parecidas, tinham o mesmo sangue.

O almoço foi agradável. Conversaram sobre muitas coisas, colocaram os assuntos em dia e Camila comentou que, possivelmente no começo do ano, estaria voltando para São Paulo, seus pais cobravam muito a sua volta para casa. Ela gostava do seu trabalho, adorava dar aulas de francês e fazer traduções. Gabriela pediu para tirarem umas fotos juntos, seria uma recordação eterna do dia em que se conheceram.

Camila olhou para o relógio e disse que tinha uma aula às quinze horas não podia faltar, seus alunos eram aplicados e ela precisava dar bons exemplos. Convidou Pedro para ir conhecer sua escola e sugeriu que ele pegasse um táxi e levasse Ronick para conhecer os pontos turísticos da cidade depois do passeio no shopping.

As moças aceitaram acompanhar Camila até o colégio. Gabriela percebeu que ela fazia o caminho da escola do seu irmão, não comentou nada, mas começou a pensar com seus botões: "Não é que este mundo é pequeno mesmo? Renato estuda francês com a prima, eis a história da atração dele pela professora! É o bendito sangue! Acho que nem vou comentar nada com a minha mãe, já é muita coisa para a cabeça dela. Vou falar que as fotos não deram certo, sei lá... O engraçado é que a minha mãe conhece a Camila das reuniões da escola, só não percebeu como são parecidas."

Resolveram ir até o shopping. Ronick estava adorando tudo aquilo. De repente, se depararam com um cartaz em uma loja: "Leilão de Joias — Oportunidade única, venha conferir". Ronick leu e ficou imaginando como seria esse leilão. Pedro a puxou pelo braço, vendo o interesse da namorada, e decidiu meio sem pensar:

— Vamos entrar e ver como é esse leilão? Topa Gabriela?

— Vamos! De repente, podemos até comprar alguma coisa. Esses leilões, às vezes, têm coisas preciosas, não custa nada entrar, vamos lá!

As peças estavam expostas numa sala, os compradores podiam ver cada uma delas sem tocá-las, todas estavam bem protegidas por um vidro. Uma peça chamou a atenção de Ronick: um anel com brilhantes, trabalhado com delicadeza e de um bom gosto fora do comum. Pedro notou o interesse dela e perguntou:

— Gostou desse anel?

— Estou encantada com os detalhes das pedras, é muito bonito!

Um leiloeiro, vendo o interesse dela, correu para atendê-la, foi logo passando as informações sobre a peça, disse que era todo trabalhado em ouro, com diamantes de primeira, era uma joia raríssima! Era uma das peças mais finas daquele leilão e estava em oferta por um terço do que realmente valia, só porque havia um nome gravado nela. Mas orientou que o comprador poderia levar a um joalheiro de confiança e mandar apagar o nome.

Pedro disse baixinho para Ronick:

— O nome a gente manda tirar. É o que menos interessa. É um anel bem feminino, suponho que a garota esteja vendendo porque desistiu do cara e, pelo menos, quer ficar com alguma grana. Vamos comprar? Se você realmente gostou da peça, eu quero te dar de presente! Você não é supersticiosa, né?

— Ah, Pedro, assim você me deixa sem graça! Eu quero comprar e pagar as minhas coisas, você nunca me deixa fazer isso! Os seus pais podem pensar que eu estou querendo me aproveitar de você!

Rindo, ele disse no ouvido dela:

— E quem disse que eu não quero que você se aproveite de mim?

— Pedro, eu estou falando sério! Eu quero comprar este anel, mas vou pagar com o meu dinheiro.

— Este anel, eu faço questão de te dar. E faço um pedido junto com ele: quer ser minha esposa?

Ronick não acreditava que Pedro, ali naquele momento, a estava pedindo em casamento. Ela abriu um enorme sorriso e, por esse e outros motivos, estava achando a viagem ao Brasil maravilhosa! Abraçaram-se. Gabriela observava a cena, com vontade de rir de tanta loucura junto e, ao mesmo tempo, de felicidade por ver seu irmão e sua melhor amiga unidos.

O leiloeiro os levou para acertar os detalhes da compra. Foi até a vitrine, abriu o cadeado e retirou o estojo, entregando nas mãos de Pedro. Ele abriu a caixa, pegou o anel e pediu para Ronick:

— Feche os olhos, por favor — colocou o anel em seu dedo. Parecia que ele realmente havia sido feito para o dedo dela, pensou ele. — Pode abrir! Veja que encanto você deu a esse anel, ele era bonito na vitrine, mas, agora, veja como ficou maravilhoso em sua mão!

Ronick abriu os olhos e, de boca aberta pela beleza da peça em seu dedo, sorriu emocionada. Realmente aquele anel lhe dava uma sensação maravilhosa! Gabriela também achou o anel perfeito para o dedo da amiga. Mas avisou que era melhor ela tirar o anel e guardá-lo. Não era muito bom exibir uma joia tão cara como aquela por ali. A amiga retirou o anel e o guardou com todo cuidado dentro do estojo. No corredor do shopping, Ronick lembrou que eles nem olharam o nome escrito dentro da aliança! Os três gargalharam e Pedro nem ligou:

— Agora é tarde para nos preocuparmos com o nome da vítima! Depois a gente vê...

Aproveitaram bem a tarde. Já estava escurecendo quando os três chegaram em casa carregados de sacolas. Renato assobiou:

— Meu Deus! O Rio de Janeiro ficou menor lá fora e maior aqui dentro da nossa casa! Mamãe, veja quantas coisas eles compraram! Quero ver como vão levar tudo isso. A fiscalização vai pegar tudo!

— Que tal dividirmos em três passageiros? Você volta conosco? — brincou Pedro, rindo.

— Por mim, tudo bem. Eu iria numa boa. Adorei o seu hotel.

— Mamãe, vem dar um jeito nesse moleque! — gritou Gabriela, apertando carinhosamente o braço dele.

Linda, ansiosa, olhava para Gabriela querendo saber das fotos. Vendo tantas sacolas, comentou:

— Nossa, vocês hoje andaram muito, não? Compraram coisas interessantes?

Pedro começou a procurar a sacola onde estava o estojo do anel.

— Dona Linda, a senhora vai ver que compra valiosa nós fizemos hoje!

Achou o estojo, abriu a caixa e pediu que Ronick viesse pegar o anel e mostrasse para Linda verificar qual era o nome que estava escrito nele. Quando Ronick se aproximou, Linda pegou o anel e, imediatamente, ficou pálida, teve a impressão que ia desmaiar, respirou fundo e se apoiou no sofá. Aquele anel era a sua aliança! Ela tinha certeza! E agora? O que poderia acontecer se Ronick mostrasse aquele anel na casa de Pedro? Certamente, eles iriam atrás de quem vendeu a peça à loja e chegariam até ela. Ronick pegou a aliança de volta e, finalmente, olhou o nome gravado.

— Pedro, olha! É o nome do seu pai! — disse ingenuamente a moça, maravilhada com a descoberta.

— O quê? Deixa eu ver. Nossa! É verdade! Como é que pode? Olha que coincidência — comentou, também encantado com o nome do pai naquela aliança.

Ronick, vendo que ele ficou parado virando o anel, olhando para o nome, sugeriu:

— Pedro, quer levar de presente para a sua mãe? Já tem o nome do seu pai no anel mesmo. Fica de presente.

— Nem pensar! Este anel foi comprado para você. A única coisa que eu gostaria de pedir a você é que não apagasse o nome do meu pai. De repente, fiquei pensando na minha mãe... Não quero nem que você mostre ou fale para eles sobre esse anel, você me entende?

— Claro, meu amor. Aliás, peço perdão se o entristeci.

— Não, você não me entristeceu, pelo contrário. Realmente esse anel de noivado é como se fosse tirado do dedo de minha mãe e passado para o seu. Guarde o estojo e vamos agora falar de coisas alegres.

Linda foi falar com Gabriela e saber das fotos. A filha inventou uma história e disse que acabou esquecendo, mas prometeu que, na volta de Pedro, ele passaria mais dois dias com todos, aí ela providenciaria as fotos de Camila.

— Como ela é? — quis saber Linda, curiosa.

— Ah, mãe, é graciosa, meiga, muito educada e simples. É assim que é a sua sobrinha, eu adorei conhecê-la. Eu adoraria conviver com ela, é uma gracinha.

Como combinado pela manhã, saíram todos para jantar e Pedro informou que, no dia seguinte, eles iriam viajar. Levaria Ronick com ele para casa e gostaria muito que Gabriela fosse junto. Ronick implorava para que a amiga aceitasse. Linda suava nas mãos, um suor frio. Afinal, Gabriela poderia ser reconhecida por seu Lourival. Fazia tempo que seu Lourival não via Gabriela, ela estava mudada, mas esse encontro sempre seria arriscado.

Gabriela, tocando no pé da mãe por debaixo da mesa, concordou:

— Tudo bem! Eu vou com vocês, mas só fico dois dias, preciso começar a colocar a minha vida em ordem. E depois, vocês precisam ficar à vontade, se conhecerem melhor, sogros e futura nora.

Roberto percebeu que Linda estava aflita, e não era só pelo fato de Gabriela ir viajar com o irmão. Alguma coisa mais estava acontecendo, ele conhecia sua mulher.

Quando voltaram, já em casa, Linda foi correndo ao quarto de Gabriela.

— Filha, você acha que pode ir mesmo com eles?

— Eu vou sim, mamãe, fique sossegada, não vou deixar que nada aconteça. Lá serei convidada de Pedro, acompanho a minha amiga, é só isso. Vou olhar tudo com cuidado, quero até descobrir o que tem seu por lá.

— Cuidado, pelo amor de Deus! — implorou Linda.

Será que Deus queria colocá-la à prova mais uma vez? De repente, as coisas estavam vindo tudo de uma só vez, será que ela iria aguentar tanta pressão? A sós com o marido, ela contou sobre o anel e que depois se tranquilizou, pois o próprio Pedro pediu a Ronick que não mostrasse e nem falasse da aliança para os pais. Ele não queria apagar o nome do anel.

Roberto ficou sem fala. Como é que, em uma cidade do tamanho do Rio de Janeiro, eles acabaram caindo em uma loja com aquele leilão, um programa jamais procurado por jovens, e, ainda por cima, com Ronick gostando justamente daquele anel! Era muita coincidência ou realmente uma ação do destino!

— Vamos manter a calma, Linda. Deus está cuidando de tudo, tomando Suas providências. Não podemos mudar Suas determinações. Ele sim, pode mudar nossas vidas, e sempre faz as coisas com bondade, justiça e inteligência. Veja bem, Linda: se analisarmos com amor no coração, foi uma bênção de Deus este anel ter voltado para as mãos de seu filho. Quanto à viagem de Gabriela até a casa de Pedro, não é motivo para você se preocupar, ela sabe o que faz, já é adulta.

Levantou-se, pegou um copo de água e colocou algumas gotas do calmante natural e pediu que ela tomasse. Linda tomou e, em poucos minutos, relaxou e dormiu.

CAPÍTULO XXIII

O inusitado encontro dos filhos

No outro dia, Linda acordou com o coração batendo forte. Abraçou os filhos, que iriam viajar juntos. Em poucas horas, estariam na casa onde ela viveu com Pedro, Cândida e Vítor. Que ironia do destino! Quantas voltas a vida dá! Mas a sorte estava lançada. Eles se despediram e foram para São Paulo.

Não demorou muito e o avião pousava. Pegaram um táxi e foram em direção à casa de Vítor e Cândida, que já aguardavam, aflitos, a chegada do grupo.

Enquanto descarregavam a bagagem no portão da mansão, Cândida apareceu e abriu os braços cheia de saudades.

— Pedro, meu querido! Quantas saudades! Quanto tempo, meu amor.

Vítor veio logo atrás e abraçou o filho, com muita emoção:

— Meu filho, como vai você?

— Vou bem, graças a Deus. Nossa, realmente fazia tempo! Também estou com saudades de vocês.

Após os saudosos abraços, Pedro tratou de apresentar Gabriela e Ronick, sua noiva. Ambas foram recebidas com muito carinho e atenção. Conversaram um pouco descontraidamente sobre a viagem. Gabriela agia normalmente, mas também aguçava sua observação: Cândida e Vítor pareciam realmente um par perfeito. Analisava aquele homem tranquilo, sereno e educado, olhava para ele e falava consigo mesma: "E pensar que ele foi marido de minha mãe."

Os empregados levaram as bagagens e as moças foram acomodadas no andar de cima. Cândida, pessoalmente, acompanhava as visitas. Abrindo a porta de um quarto, ela orientou:

— Gabriela, você vai ficar no quarto que pertenceu à mãe de Pedro. Não precisa ficar com medo, a mãe dele era um anjo. E você, Ronick, vai ficar no quarto vizinho ao do Pedro, que pertenceu ao bisavô dele. Até a semana passada, ele estava sendo usada pelo senhor Lourival, mas a saúde dele agravou-se, ele tentou pular da janela e tivemos que transformar a sala de jogos, no térreo, em um quarto para ele.

Instalada no antigo quarto de sua mãe, quem diria, Gabriela começou observar todos os detalhes. Sua mãe dormiu naquela cama. Ela sorria com o canto da boca, olhava aquele espaço e não acreditava nas artimanhas do destino. Andando a passos lentos pelo aposento, descobriu em cima de uma cômoda uma foto de sua mãe com Pedro nos braços, ele ainda pequeno. "Meu Deus! Como o mundo era pequeno! Que ironia do destino! Eu estou na antiga casa de minha mãe, sendo recepcionada pela minha tia, que não sabe que sou sua sobrinha.", raciocinava Gabriela. E gostara de sua tia: ela era amável, bonita, inteligente e o marido não escondia o quanto gostava dela.

Todos instalados, desceram e foram atualizar os assuntos. Pedro falava dos negócios e contou como conheceu as duas amigas. Foram se entrosando de forma natural. Gabriela sentia uma pontinha de ciúmes quando Pedro beijava, abraçava e elogiava Cândida. Dizia para Ronick:

— Essa é a minha mãe adorada, tudo o que eu sou na vida, ela é responsável. Eu amo e me orgulho muito desta minha mãe — e encostou cabeça no peito dela.

Cândida não escondia o orgulho que sentia dele, acariciava os seus cabelos. Relembrava:

— Quando Camila era criança, morria de ciúmes de Pedro. Dizia que nós amávamos mais o Pedro do que a ela. Mas, isso não é verdade. Divido entre meus filhos a minha própria vida, eu jamais poderia dizer qual dos dois eu amo mais. Adoro meu pequeno filho, Pedro é minha vida, Ronick. Quero que você cuide muito bem deste meu tesouro, sei que ele vai ser entregue em boas mãos, tenho certeza.

Cândida virou-se para Gabriela e indagou:

— E você Gabriela, namora?

— Dona Cândida, eu me apaixonei tanto pelos livros da medicina que, sinceramente, ainda não tive tempo de olhar para ninguém. Agora que me formei e vou trabalhar, quem sabe possa, com calma, encontrar o meu príncipe encantado.

— Você é uma moça muito bonita e educada, seus pais devem ter muito orgulho de você. Você tem irmãos, Gabriela?

— Tenho sim, dona Cândida, eu tenho um irmão de treze anos, é um moleque terrível, pergunte para o Pedro!

— Ah, Renato é um garoto especial — disse Pedro. — Ele é alegre, pega tudo fácil. Eu adoraria ter um irmão como o Renato. Mãe, você e o meu pai desistiram de ter filhos?

— Pedrinho? Que conversa é essa? Eu e seu pai estamos na idade de ter netos! É você quem tem de pensar em se casar e ter filhos.

— Por que só eu? E a Camila, não? — protestou ele.

Cândida mudou o semblante e ficou séria.

— Pedro, eu e seu pai estamos preocupados com a Camila. Ela gosta de um ator francês, mas não aceita muito a vida dele. Você sabe, filho, a vida de um ator não é fácil, então ela preferiu fugir do que tentar viver essa paixão. Você também pode ajudá-la, Pedro, nós estamos tentando colocar na cabecinha dela que, quando se ama de verdade, tudo vale a pena.

— Puxa, ela não me disse nada! Tenho conversado com ela por telefone, mas, também, só falo de mim! Coitada da minha irmãzinha! Fui egoísta, só falava da minha felicidade e nem me importei em saber como ela estava. Neste fim de semana ela estará aqui com a gente, vou aproveitar para conversar com ela. E você, me perdoe, mãe, eu não sabia que a Mila estava envolvida sentimentalmente com alguém.

Pedro se levantou e perguntou para a mãe sobre Lourival, queria conversar com ele. Mesmo sabendo que ele não estava falando coisa com coisa, queria ficar um pouco com ele. Virou-se para as moças e convidou:

— Querem ir comigo?

Elas concordaram, os três pediram licença a Cândida e foram em direção ao jardim. Lá estava Lourival, ajeitando um canteiro. Quando ele viu Pedro, parou e ficou puxando pela memória como se tentasse lembrar de alguém muito querido. Abrindo os braços, ele comemorou:

— Leo, meu filho! Você voltou!

Pedro o abraçou sem falar nada, tinha os olhos cheios de lágrimas. Lourival também estava com os olhos marejados. Secando as lágrimas na manga da camisa, o bom jardineiro reclamou até com bom humor:

— Ah, meu filho, que saudades! Eu não sei o que está acontecendo, mas todo mundo está indo embora! Ainda bem que você voltou. E essas mocinhas, quem são?

— Deixa eu te apresentar, Lourival. Essa aqui é a minha namorada Ronick e esta outra, eu considero como uma irmã, chama-se Gabriela.

Lourival apertou a mão de Ronick.

— Você é muito bonita, filha, parece uma princesa do oriente e você, Gabriela... meu Deus! Eu me lembrei! Agora eu me lembrei! O nome da menina que eu queria me lembrar e não tinha jeito era

Gabriela! Olha, filha, você me lembra a menina Gabriela que eu conheci no interior. A mãe dela eu não consigo me lembrar o nome, mas a conheci muito bem também. Eu e minha esposa Laura gostávamos muito delas. É que aconteceram tantas coisas e a gente foi cada um para o seu lado. Deus chamou a Laura e eu fiquei por aqui dando trabalho. Leo, meu filho, você acha que o jardim do seu avô está bonito? Tenho me esforçado para manter essas rosas bem viçosas e bonitas. Quando ele voltar, quero que ele fique bem feliz e satisfeito com o jardim.

— Está lindo sim, Lourival. Ninguém cuida tão bem desse jardim como você.

Lourival, com todo o cuidado, cortou uma rosa para cada moça e recomendou:

— Levem com carinho porque as rosas sabem quando são bem recebidas e amadas.

As moças deram um beijo em seu Lourival, se despediram dele por ora e eles se afastaram. Pedro estava triste com a cena vivida e com a situação de Lourival. Ele realmente perdera a noção de tudo, não se lembrava mais das pessoas, trocava nomes e não sabia mais qual era o dia da semana. Entraram calados na mansão.

*

Gabriela foi convidada para um evento especial naquela noite. Era um jantar com os amigos dos pais de Pedro. O buffet, preparado com bom gosto, luxo e requinte, reuniu muitas pessoas importantes. Gabriela e Ronick comentavam entre si que nunca estiveram em um jantar assim, elas se sentiram um pouco intimidadas.

Pedro apresentou muitos amigos, todos filhos dos amigos de seus pais. Um rapaz de olhar negro e profundo, chamado Marcelo, mostrou-se encantado por Gabriela, ele era engenheiro eletrônico com empresa montada e dava assistência às empresas de Vítor. Logo

Ronick notou que o rapaz não tirava os olhos de Gabriela. Assim que todos foram convidados para o outro salão de baile, ele veio convidá-la para dançar. Não demorou muito tempo para Pedro e Ronick rirem baixinho, falando sobre o envolvimento dos dois, que ficaram esquecidos do mundo em meio à música que tocava.

Quando chegaram de volta à mansão, o dia já estava clareando. Cândida trocou um olhar de cumplicidade com Vítor e perguntou para Gabriela:

— Você se divertiu muito, filha?

— Sim senhora, foi uma noite maravilhosa para mim. E creio não precisar esconder o que ficou visível. Eu e Marcelo ficamos bem interessados um no outro. Não sei muito sobre ele, mas, como diz o meu padrasto, coração de mulher não tem olhos nem ouvidos e, no entanto, se apaixona com facilidade. Acho que poderemos nos conhecer melhor.

Vítor deu seu depoimento em auxílio a Gabriela:

— Eu posso lhe garantir que, nos negócios, ele é leal, honesto e batalhador. Não posso responder em relação à vida pessoal dele. Mas, no comércio, é muito respeitado pelo perfil de suas empresas.

Gabriela ligou para os pais. Havia concordado em ficar dois dias a mais com os amigos. Na verdade, ela queria também conhecer e ficar com o futuro namorado.

Numa noite, saíram os quatro: Pedro com Ronick e Gabriela com Marcelo. Foram ao teatro. Cândida ficou tranquila e orgulhosa. Os jovens estavam felizes.

*

Dias depois, Gabriela estava de volta ao Rio de Janeiro e a sua casa.

Linda não aguentava de curiosidade, queria saber tudo.

— Gabi, que bom que voltou! Pode contar tudo. Como você foi tratada lá, filha? Como se sentiu dentro daquela mansão?

— Mamãe, calma. Em primeiro lugar, eu vou falar de mim. Conheci um rapaz chamado Marcelo e meu coração bateu muito forte, acho que a trava quebrou-se e me apaixonei por ele. Estou namorando, mamãe! No próximo fim de semana ele vem ao Rio e talvez eu o traga aqui para apresentá-lo a vocês.

— Meu Deus! Você está mesmo apaixonada, conheceu o rapaz ontem e já quer se comprometer perante a família. É amor mesmo, Gabriela?

— Nunca senti por ninguém o que estou sentindo por Marcelo, estou aqui e meu coração ficou lá com ele. Isso é amor, mamãe?

— É sim, filha, Deus a abençoe, se é isto o que quer para a sua vida. Eu quero que você seja feliz, não importa quem seja ele. Ter bom caráter, ser honesto e gostar de você é o que interessa.

Gabriela contou como estava a casa, o estado de saúde de Lourival e, sobretudo, que dormiu em seu antigo quarto. Falou que havia uma foto dela com Pedro bebê em cima de uma cômoda. E, por fim, salientou que foi bem tratada e, sinceramente, a tia dela era uma criatura angelical.

As coisas ocorreram como o combinado. Pedro voltou para o Rio com Ronick e ficaram mais dois dias na casa de Linda, antes de partirem. Ronick aceitou o convite para trabalhar com Gabriela no hospital de Roberto, era só questão de tratar da burocracia, dos papéis, Roberto iria ajudá-la. Pedro falou para os pais que talvez voltasse para o Brasil em breve. Ronick voltando, ele voltaria também.

*

A vida voltou ao normal e todos seguiram seu rumo.

Gabriela começou a trabalhar no hospital e o seu namoro com Marcelo estava firme, ele também pensava em expandir parte dos seus negócios para o Rio, queria ficar perto da namorada alguns dias.

Linda falava sempre com Pedro, ele ligava toda semana e queria sempre falar com todos. Todas as vezes que o telefone tocava, à noite, Linda saía correndo para atender. A família achava engraçada essa cena que se tornara rotina.

E assim, entre rosas e espinhos, cada um ia levando sua missão...

Certo dia, Renato chegou da escola revoltado. Estava muito aborrecido com a sua professora de francês. Camila anunciou o seu casamento com um tal ator francês e informou que estava indo embora do Brasil. Onde ele iria arrumar outra professora tão boa e bonita como ela?

Gabriela, que já sabia em segredo do casamento de sua prima, fez cara de espantada diante de Renato.

— Pode acreditar no que eu vou te dizer: virá uma outra professora mais bonita e você vai poder se apaixonar de novo. A paixão é o caminho que nos leva ao amor. Fique tranquilo, continue estudando o seu francês, mesmo porque, se não vier outra francesinha preencher o seu coração, você pode ir até a França e encontrar a francesinha dos seus sonhos por lá.

Os dois caíram na risada e Renato prometeu que ia dar a volta por cima e esquecer a professora.

Gabriela já tinha enviado o presente de casamento para Camila, muitas e muitas vezes elas se encontraram no Rio, almoçaram juntas e ficaram bem amigas. Linda nunca ficou sabendo. Agora, Camila estava de partida para a França.

As coisas caminhavam rapidamente ao longo dos meses. Ronick já estava trabalhado com Roberto e morava em um apartamento próximo ao hospital. Pedro estava retornando ao Brasil em breve e queria montar um escritório em São Paulo em parceria com Marcelo, agora noivo de Gabriela, que também já tratava de alguns negócios da família. A sensação era de que vida havia parado de mexer com o destino de todos.

CAPÍTULO XXIV

Toda a verdade vem à tona

Eram cinco horas da manhã quando Linda deu um salto e sentou-se na cama, Roberto acordou.

— O que houve? Estava sonhando? Tenha calma, está tudo bem. Quer um pouco de água?

Ela agradeceu e disse que já ia se levantar. Uma angústia oprimia o seu peito. Foi até o quarto de Renato, ele dormia tranquilo, Gabriela também, sua casa estava tranquila e serena. Linda, então, sentou-se na sala, fechou os olhos e começou a rezar. Pensava em seu filho Pedro, sentia que algo estava acontecendo com ele. A sensação era a mesma do dia em que o deixou nos braços da babá, para nunca mais recebê-lo de volta.

Olhou no relógio, eram cinco e meia da manhã, não deveria ligar nesse horário para saber se estava tudo bem, embora sua vontade fosse fazer isso. Algo apertava o seu coração, ela começou a chorar, alguma coisa iria acontecer com o seu filho. Ela sentiu isso no dia em que o deixou.

Roberto chegou à sala e, vendo-a naquele estado, ficou preocupado. Sentou-se perto dela e insistiu:

— Linda, por favor, fale comigo. O que está acontecendo com você?

— Eu não sei explicar, Roberto, é uma angústia muito grande. Só senti isso quando me separei do Pedro aquela vez, é como se ele estivesse me chamando. Eu preciso saber se está tudo bem com ele!

— Calma, eu vou ligar para o Pedro, assim você fica mais tranquila.

Ironia da vida, quando Roberto levantou-se para pegar o telefone, ele tocou. Do outro lado da linha, Pedro chorava muito, quase não conseguia falar. Linda olhava para o marido, ele estava pálido. Ela desesperou-se:

— O que foi Roberto? Fale, pelo amor de Deus! O que foi?

Roberto conversava com Pedro e não respondia à mulher.

— Tenha muita calma, Pedro, nós estamos do seu lado. Vou chamar Gabriela e Ronick e vamos tomar todas as providências. Tenha calma!

Linda gritava, chorando em desespero.

— Eu sabia que alguma coisa tinha acontecido com o meu filho! Eu sabia, meu Deus! O meu filho...

Gabriela e Renato apareceram assustados, Renato abraçou-se à mãe tentando acalmá-la:

— Mamãe, não aconteceu nada comigo, eu estou aqui! Está tudo bem, mamãe! Está me vendo? Estou inteirinho, estou bem, foi só um sonho...

Gabriela pegou água e deu um calmante para a mãe, pedindo que se aquieta-se.

Roberto, segurando Linda pelos ombros, explicou o que estava acontecendo:

— Ouça, Linda, ouça primeiro. Está tudo bem com Pedro. Os pais dele é que sofreram um acidente e nós precisamos ajudá-lo, inclusive indo até São Paulo. Você fica com o Renato. Pedro está vindo no primeiro voo que encontrar para o Brasil.

Roberto, virando-se para Gabriela, completou:

— Precisamos ir com urgência. Ligue para Ronick, avise a ela o que está acontecendo. Eu vou correr atrás do nosso voo para São Paulo. Linda, você fique calma. Não aconteceu nada com Pedro, o acidente foi com os pais dele. Não se sabe ao certo o que houve. Nós vamos até lá e você vai ser informada de tudo, não acho bom você ir conosco. Está certo? Fique tranquila.

Chamou Renato e pediu que ele cuidasse da mãe, ela estava muito abalada. Ele prometeu ficar ao lado dela. Linda não insistiu em ir com o marido, já estava mais tranquila ao saber que seu filho estava bem. Começou a rezar para Cândida e Vítor, que eles fossem ajudados, que Deus olhasse pelas suas vidas.

Roberto, Gabriela e Ronick seguiram para São Paulo. Ainda no aeroporto, eles ficaram sabendo pelos noticiários de TV que o avião particular da família havia caído poucos minutos depois de deco-lar. Ainda não se podia afirmar, mas eram fortes as chances de não haver sobreviventes.

Linda ligou a TV e o rádio ao mesmo tempo, precisava ter in-formações do acidente. Alguns minutos depois, um canal de TV dava a notícia de que o empresário Vítor e sua esposa Cândida haviam sofrido um acidente aéreo pela manhã. Os moradores reportavam o estrondo com fogo que cobriu o céu das redondezas. As matérias de TV mostravam fotos do casal e associavam o fato ao histórico de tragédias na família: primeiro, os pais dele, depois, a esposa de Vítor e o marido de Cândida. Agora, eles eram as vítimas.

Linda colocou a mão no coração, sem acreditar.

— Meu Deus, minha irmã morreu! Vítor morreu! Eu preciso ficar ao lado do meu filho, ele pensa que não tem mais pai nem mãe, mas eu estou aqui.

Linda não desligou a TV. Renato, sentado do outro lado do sofá, estava preocupado, aflito e confuso. Vendo a mãe tão abatida, ele perguntou:

— Mãe, por que você estava chorando e dizendo que tinha acontecido alguma coisa com o seu filho? Eu tenho certeza de que ouvi você falando isso para o papai.

Linda abriu os braços e o chamou para junto de si, tentando acalmar o pobre garoto diante de tanta tragédia.

— Venha cá, meu filho, fique aqui perto da mamãe. — Renato deitou a cabeça no colo dela. Passando a mão em seus cabelos, Linda explicou: — Meu filho, uma mãe tem pressentimentos e sabe quando algo está acontecendo.

— Ah, entendi, você sentiu que alguma coisa estava acontecendo com a mãe do Pedro, foi isso?

— Foi Renato, eu senti em meu coração que alguma coisa estava acontecendo e que nós precisávamos ajudar o Pedro.

— Que legal, mamãe, quando você pressentir que alguma coisa pode me acontecer, você me avisa?

— Não vai acontecer nada com você, meu filho, vá se deitar um pouco mais em sua cama, eu vou ficar aqui na sala. Ainda é cedo vá dormir, fique sossegado.

— Eu prometi ao papai que ficaria com você. Depois, eu não sei se vou conseguir dormir, a gente precisa saber das notícias.

Linda pegou na mão dele, olhou para o seu rosto e sentiu um carinho imenso pelo filho. Ainda era um menino! Tão cheio de vida, o futuro pela frente! Insistiu com ele:

— Vamos, filho, a mamãe vai te levar até a caminha. Não precisa se preocupar comigo, eu estou bem, vem comigo...

Linda colocou Renato na cama, e voltou para sala. A TV dava as últimas notícias do acidente, um repórter estava no local e dizia que, infelizmente, não havia sobreviventes. O piloto e os quatros passageiros morreram carbonizados. Informou que os passageiros, efetivamente, eram Vítor, sua esposa Cândida, além do jardineiro Lourival e do motorista da família, José. Segundo as informações preliminares, o casal estava conduzindo o velho empregado da família para fazer exames médicos. Ainda não se sabia a causa do acidente. O piloto era experiente, trabalhava para a família há muitos anos.

Linda ficou paralisada, sua irmã estava mesmo morta!

— Meu Deus! Como isso é possível? Lourival também estava morto, Vítor estava morto, todos morreram...

O que fazer? Sua vontade era sair correndo, ir até onde estavam sua irmã e seu ex-marido, pedir perdão por tudo, receber o seu filho e contar toda sua história. O que podia lhe acontecer? Pouco importava o que pudesse lhe acontecer...

O telefone tocou, era Roberto. Antes que ele falasse qualquer coisa, Linda atropelou:

— Roberto, ouvi pela TV, minha irmã morreu, todos morreram! Eu preciso ir até aí, Roberto, quero ver a minha irmã!

— Linda, acalme-se! Por favor, me escute! Os corpos estão carbonizados, não há rostos para serem vistos, não há nada para ser visto. Fique aí em casa, nós vamos cuidar de tudo. Vamos ajudar o Pedro e depois o levaremos para nossa casa. Aí sim, você vai poder ajudá-lo muito! Fique tranquila, se precisar de alguém para lhe fazer companhia, chame uma amiga sua, mas fique em casa.

Gabriela também falou com a mãe e solicitou calmamente que ela se controlasse. Em nada iria mudar sua história se ela fosse lá, tudo o que ela precisava era manter-se serena. Ela, Roberto e Ronick estavam providenciando tudo, Pedro estava chegando, Camila também estava voltando para o Brasil.

Após desligar o telefone, Linda ficou andando de um lado para o outro e tomou uma decisão: iria para São Paulo, ela precisava ir ao velório de sua irmã. Foi até o quarto de Renato, ele dormia. Chamou a mãe e um colega de Renato, amigos da família, e explicou que precisava fazer uma viagem de urgência. Tudo acertado, a mãe do amigo de Renato já estava a caminho. Linda tomou um banho rápido, vestiu-se, pegou a bolsa e fez um bilhete para Renato: "Você fique com dona Sílvia e Fernando, comporte-se! Mamãe precisou sair, ligo para você depois. Tome café, cuide de suas tarefas, almoce e vá para escola. Dona Sílvia vai cuidar de você. Um beijo".

Linda chegou ao aeroporto e embarcou na primeira ponte-aérea que encontrou. Quando desceu em São Paulo, pegou um táxi e só então se deu conta para onde deveria ir: ela respirou fundo, fechou os olhos antes de falar, e deu o endereço de sua antiga casa, aquela mesma mansão de outrora.

Linda olhava as paisagens pelo caminho, tudo estava tão diferente, era como se nunca tivesse passado por ali. Chegou. Na entrada da casa, um segurança barrou o táxi, pedindo que ela se identificasse:

— Sou amiga da família, esposa do doutor Roberto, mãe da doutora Gabriela, amiga da doutora Ronick e de Pedro.

— Pode entrar, senhora. Eles estão aí esperando por Pedro e por dona Camila, eles devem estar chegando também.

Linda desceu do carro e encaminhou-se até os degraus da sua antiga morada. Avistou a casa onde moravam dona Laura e seu Lourival, estava do mesmo jeitinho. Achou a mansão idêntica: o jardim coberto de flores e, ao lado, lá estava o banco onde Leonardo gostava de ficar sentado. Linda estava tão absorta que nem percebeu a presença de uma empregada convidando-a para entrar.

Subiu os degraus observando os detalhes das floreiras. Foi o bisavô de Pedro quem desenhou tudo aquilo. As hortênsias que rodeavam os muros da casa estavam lindas! Depois de tanto tempo, ela voltava a sua antiga casa. E nutria naquele momento um sentimento interessante: aquela mansão agora lhe parecia estranha, em nada lhe despertava saudades, ela não tinha sido feliz naquela casa, agora tinha certeza disso.

Roberto e Gabriela arregalaram os olhos vendo Linda entrar.

— Mamãe, o que você faz aqui? — falou Gabriela correndo ao seu encontro.

— O mesmo que vocês estão fazendo. Nessas horas, precisamos esquecer as diferenças, é por isso que eu estou aqui. Não aguentei e vim, deixei o Renato com a Sílvia e o Fernando. Está tudo bem, eu quero ficar ao lado de vocês.

Roberto abraçou-a, penalizado com a dor que imaginava Linda estar passando

— Está bem, querida, se você se sente melhor assim, fique conosco.

— Onde está Ronick? — quis saber Linda.

— No andar de cima, foi ver se os quartos de Pedro e de Camila estão prontos — respondeu Gabriela.

Sem falar nada, Linda começou a subir as escadas. Entrou em seu antigo quarto de casada. Os móveis eram os mesmos, pouca coisa havia mudado. Sua foto estava sobre a cômoda, ela sorria com Pedro, ainda bebê, nos braços. Não se lembrava mais daquele presente que tinha ganhado de Vítor: em uma de suas viagens, ele trouxe um cisne de cristal que ficava iluminado à noite. Ela sorriu. Como poderia ter esquecido daquele cisne? Será que havia outras coisas que ela não se lembrava mais? Olhou tudo a sua volta, o espelho antigo embutido na parede. Abriu a porta do seu antigo guarda-roupa e, para sua surpresa, lá estavam algumas coisas de sua estima: seu vestido de noiva ainda embalado, suas joias, sua coleção de bonecas, seus livros espíritas que dividia com Cândida, seus perfumes... Pensou emocionada: "Meu Deus! Cândida não jogou fora as minhas coisas! Todos esses anos, ela me conservou aqui dentro de casa perto dela. Minha irmã..." E chorou em silêncio.

Gabriela entrou no quarto e a chamou:

— Mamãe, Ronick já está na sala, vamos descer?

— Gabriela, venha até aqui. Olhe este cisne, foi o Vítor que me deu. Veja o meu vestido de casamento, minhas joias, os meus perfumes... Veja tudo isso.

— Mamãe, por favor, isso tudo era da Camila e não de Linda. Você esqueceu que não é mais Camila?

— Filha, por um momento eu esqueci, sim. Vamos descer.

Na sala, Linda observava os detalhes, alguma coisa na decoração havia mudado, mas o quadro do velho morador da mansão, o avô de Vítor e Leonardo, estava lá no alto da parede, imponente, como se o tempo não fizesse diferença para ele. Parecia sorrir na moldura. Ronick, notando a atenção de Linda no quadro, adiantou-se e disse, prestativa, como se Linda não conhecesse aquela obra:

— É o bisavô de Pedro. Ele tem verdadeira paixão por esse quadro. O doutor Vítor, então, nem se fala! Dona Linda, a senhora entrou no quarto da mãe de Pedro? Viu a foto dela sobre a cômoda? Realmente, a senhora lembra muito a mãe dele. Ele tem loucura pelas coisas que pertenceram à mãe: o vestido de noiva, as joias e outros objetos que pertenceram a ela, estão guardados naquele quarto. Eu sou medrosa, tenho medo de ficar lá. Me falaram que não é bom guardar coisas de pessoas que já morreram. Será que é verdade isso?

Linda olhou para Ronick com dó da inocência da moça naquela história toda e respondeu, gentil:

— Nós deixamos de amar as pessoas quando elas morrem? Não guardamos o sentimento no coração? Por que haveria de fazer mal algum objeto que pertenceu a alguém que conservamos no coração? Não devemos guardar coisas que poderão ajudar outras pessoas a viverem melhor, mas, se você decide guardar um objeto que pertenceu a alguém querido, não creio que vá te prejudicar. A não ser que você fique todos os dias chorando, sofrendo, olhando para o objeto, aí sim, acredito que ele não vá lhe fazer bem. Mas a culpa não é do objeto e, sim, da sua relação com esse sentimento de perda. Quem vai sofrer mais ainda com o seu choro será o espírito. Nesse caso, o melhor é se desfazer desses pertences. Mas, no caso do Pedro, eu ouço ele falar da mãe com tanto carinho, não é verdade?

— Isso é verdade, dona Linda. Pedro é sensível. Me contaram que, no aniversário dela, ele sempre colocava um vaso com flores perto daquela foto da cômoda onde estão os dois. Ele já me revelou que aquilo que ele mais sente na vida foi não ter crescido ao lado da mãe. Que dona Cândida foi, verdadeiramente, sua mãe, mas queria ter convivido mais com sua mãe biológica.

Voltaram lentamente para a sala, cabisbaixas.

Roberto, Gabriela e Ronick saíram e acompanharam o advogado da família, que estava resolvendo o processo de liberação dos corpos. Linda ficou na mansão, ficaria de plantão caso Pedro ou Camila chegassem.

Assim que eles saíram, Linda desceu as escadas foi até o jardim. Tudo estava silencioso, apenas um sabiá cantava como se estivesse lhe dando as boas-vindas. Ela foi até o canil e emocionou-se: lá estavam os descendentes da Raposa balançando o rabinho. "Meu Deus! Leonardo adorava aqueles animais, eles sentiam tanto a falta dele...", recordou.

Passou pela casa de dona Laura, as portas estavam fechadas, as janelas abertas mostravam as cortinas balançando ao vento. Linda parou e ficou olhando: "Será que tudo isso que está acontecendo é real?"

Foi até o outro lado da mansão, onde ficavam as dependências de Leonardo. Sentiu vontade de entrar, apresentou-se à empregada que estava limpando a casa como amiga da família, e disse que estava conhecendo a mansão dos amigos. Entrou na "casa de Leo", como era chamada. Tudo estava bem arrumado e limpo. Na estante, muitos livros e revistas; na parede, uma moldura com uma foto de Leonardo andando de patins; outra, com ele no meio dos filhotes da Raposa. As coisas dele também continuavam lá... Linda foi até o quarto, parecia que uma mão a guiava. Na cômoda, muitos carrinhos e alguns brinquedos de sua infância. Na parede, um violão encostado. Ela abriu um armário e lá estavam os álbuns de família.

Pegou-os, sentou-se na cama e começou a folhear. Lá estavam os pais de Leonardo e Vítor, os dois primos em uma pescaria, os dois com o avô, na escola com os colegas. Em todas as fotos, Leonardo sorria, parecia que estava ali, vivo. Lágrimas escorriam pelo seu rosto, como Leonardo fazia falta...Ele era tão alegre, transmitia tanta paz, tanta ternura...

Guardou os álbuns e ficou olhando cada objeto daquele quarto que abrigou Leo. Sua energia e seu cheiro pareciam estar presentes dentro daquele quarto. Como que hipnotizada, foi até o violão. Puxou o zíper da capa e descobriu que havia um envelope junto com o instrumento. Ela abriu, os escritos estavam amarelados pelo tempo, havia vários textos. Ela sentou-se e, curiosa, começou a examinar o que era aquilo. Eram letras de músicas! Letras, poesias e mensagens. Ela nunca soube que Leo gostava de escrever. Pegou uma das folhas e o título da canção lhe chamou a atenção: enquanto lia, seu rosto se transformava, estava pálida.

"LINDA"
Lindo também é o fruto do vosso ventre,
você é linda e lindo será o teu fruto,
como é belo sentir um ser, dentro de outro ser.
Como é lindo sentir a vida batendo forte dentro de outra vida, um coração
batendo dentro de outro coração!
Fantástica lei da vida! Invejável o seu estado...
Jamais deixarei de te amar, jamais poderei esquecer essa força saindo
de você e movendo meus sentimentos, me encantando, me fazendo rir
do nada,
como se fosse um menino.
Quem gera luz à vida por todo sempre há de viver,
você é vida, você é luz, guardarei a tua imagem
por todo o sempre dentro de mim, isso eu posso fazer, sem culpa de me
sentir um pecador.
Bendita entre as mulheres é você, e bendito seja
o fruto do teu ventre...

Sem pensar duas vezes, dobrou o papel e colocou no bolso. Deixou o quarto de Leo e saiu andando, passou pela empregada, que achara estranho aquela moça entrar no quarto do finado, como era chamado.

Linda andou mais um pouco pelo jardim, revia os cantinhos que mais gostava quando morou naquela casa. Parou em frente ao gramado, onde algumas vezes engatinhou ao lado de Pedro. Algumas coisas estavam intactas, como se o tempo não tivesse passado por ali. Que destino daquela família! Seria a casa? Os seus moradores morriam de morte trágica.

Pensou em sua irmã. Ela criara o seu filho... Ela não teve culpa nenhuma pela sua suposta morte. Pensou: "Coitada, morreu acreditando que a irmã estava morta e, no entanto, eu estou aqui, desfrutando da vida, do amor de uma família. Ela amou e respeitou a minha memória, meus pertences prediletos continuam intactos. Como fui injusta em meus pensamentos sobre Cândida e também injusta com Vítor. Ele não me amava de verdade, casou-se comigo para vingar-se de Cândida, mas, agora, tudo isso já passou, não tem mais importância. Eu estou feliz, tenho um marido, filhos lindos, e Deus me colocou de volta naquela casa."

Uma das empregadas veio chamar Linda dizendo que alguém queria falar com ela ao telefone. Ela pensou que fosse Roberto ou Gabriela, mas, ao atender, parou ofegante e quase não conseguia falar: era Reginaldo.

— Linda, pelo amor de Deus, o que você está fazendo aí, minha irmã? Eu estou desesperado, essa tragédia me abalou muito. Liguei para sua casa no Rio, o seu filho Renato me disse que você tinha ido para São Paulo ao encontro de Roberto e de Gabriela, que estavam na casa de Pedro. Liguei aí procurando por Gabriela e qual não foi o meu susto quando me disseram que você estava aí. Linda, por favor, eu sei que o momento é muito triste e muito difícil para você, mas eu te peço, pelo amor de Deus, não faça besteira, pense nos seus filhos, pense em Camila e no Pedro, no que poderá acontecer com eles. Você quer que eu vá até aí, Linda? Pego o carro agora e vou, são oito horas de viagem, logo mais à noite devo chegar aí.

Suspirando fundo, Linda conversou, serena, com o irmão.

— Reginaldo, fique tranquilo, não vou causar mais um sofrimento na vida do meu filho, é por isso que estou aqui. O destino trouxe meu filho de volta. Não posso abraçá-lo nem chamá-lo de meu filho, mas posso vê-lo, tocá-lo e amá-lo. Para mim, basta.

Os dois conversaram por mais alguns minutos e Reginaldo ficou mais calmo. Acreditou em Linda e descontraiu. Perguntou se ela estava bem, disse que sentia muitas saudades da Gabriela, mas ficava feliz por saber que ela estava bem também e já era uma doutora. Cumprimentaram-se e desligaram. Quem sabe quando falaria outra vez com Reginaldo?

Alguém anunciou que Camila estava chegando. Linda saiu para esperá-la e qual não foi o susto de ambas! Ela era a professora de Renato! As duas, admiradas com a triste coincidência naquela situação, não falaram nada e Camila caiu nos braços de Linda chorando copiosamente. Uma tragédia! A empregada logo trouxe uma xícara de chá e fez com que ela tomasse.

Mais calma, começaram a conversar aos soluços:

— A senhora é a mãe do Renato, não é? É amiga dos meus pais?

— Sim, era muito amiga de sua mãe, nossos filhos amigos também. Conheci bem o seu pai, bom marido para a sua mãe e acho que deve ter sido um excelente pai para você.

— Foi o melhor pai do mundo — respondeu ela, entre lágrimas. — O meu irmão ainda não chegou?

— Deve estar chegando, filha — respondeu Linda com as suas mãos entre as dela. — Você não quer descansar um pouco, tomar um banho, trocar de roupa? O meu marido, a minha filha e Ronick estão cuidando de tudo, logo eles estarão dando notícias, fique calma. Eu posso ajudá-la, se você não se importar. Você veio sozinha?

— Meu marido está filmando fora do país, não daria tempo de ele vir. Está arrasado, não sei nem se vai conseguir gravar suas cenas.

No andar de cima, Camila foi ao seu antigo quarto, também tinha sido o quarto de Pedro em sua adolescência. Tomou um banho e trocou de roupa. A empregada veio avisar que Pedro havia acabado de chegar.

Linda desceu com ela. Os dois irmãos se abraçaram e choravam juntos como duas crianças. Logo após, ele veio até Linda, abraçou-a em silêncio. Linda também chorava.

Sentado no sofá e tomando o chá, Pedro tremia os lábios enquanto falava:

— Dona Linda, eu não posso acreditar que isso seja verdade, falei com minha mãe e com o meu pai ontem! Eles me falaram que iam levar o Lourival para fazer um acompanhamento médico de um novo tratamento que havia começado. Eles estavam felizes e alegres, como é que pode? Falamos sobre o meu casamento, meu pai estava animado, disse que iria procurar um local e uma casa onde nós pudéssemos morar bem. A minha mãe brincou comigo dizendo que estava esperando por netos. Também brinquei com ela, perguntando se já tinha falado com Camila sobre isso. Oh, meu Deus! Como pode? Dona Linda, eu acho que isso é uma brincadeira! A senhora já passou por momentos assim em sua vida?

Ela, com o braço entrelaçado ao dele e com o rosto molhado de lágrimas, tentou consolá-lo:

— Sim, Pedro, eu já passei um momento muito difícil como este em minha vida. Perdi pessoas queridas, tive a impressão que não iria sobreviver. Mas, Deus dá a sustentação necessária para todos nós. Eu consegui sobreviver e recomeçar tudo de novo. O seu sofrimento hoje é muito grande, mas você não está só: tem Ronick e tem a nós. Vamos ficar juntos, a vida continua, meu filho, e nós devemos continuar para frente.

Ele olhou para ela com um olhar suplicante e pediu:

— Conte para nós quem a senhora perdeu e nos ajude, com seu exemplo, a superar esta perda tão inacreditável.

Linda baixou a cabeça e comentou, de forma solidária:

— Perdi toda a minha família. Eu perdi um filho, um marido, minha casa, minha vida... Perdi tudo! E estou aqui, com uma nova família, com outros filhos e vivendo. Não posso lhes dizer que a minha felicidade é completa, pois o espaço vazio deixado por eles dentro de mim sempre vai existir, são perdas que não se substituem. Um filho não substitui o outro.

Camila aproximou-se dela e a abraçou com ternura.

— Desculpe-nos, dona Linda, nunca imaginamos que outra pessoa já possa ter passado por coisas dolorosas. Sempre achamos que a nossa dor é a maior dor do mundo, como agora. Jamais imaginei que a senhora já tivesse passado por uma tragédia dessas em sua vida.

— Perdoe-me, dona Linda — completou Pedro — nunca perguntei a Gabriela sobre esses assuntos de família, eu não conhecia essa sua história. Confesso que, de alguma forma, ela me confortou. Se a senhora conseguiu sobreviver a todas essas perdas, nós também temos que aprender a viver sem os nossos pais, não é mesmo, Camila?

Fez-se um silêncio na sala. Três rostos sofridos, mãe e filho, lado a lado, cada um com o seu sofrimento.

Finalmente, Gabriela, Ronick e Roberto chegaram. O advogado e amigo da família estava arrasado, tinha marcado uma reunião naquela tarde com Vítor.

Ronick abraçou-se a Pedro e a Camila. Gabriela e Marcelo, que chegara a pouco também, ficaram ao lado de Linda, que chorava no ombro do marido. Uma cena desoladora. O advogado intercedeu:

— Nós precisamos ir. Os corpos já foram liberados. Camila e Pedro, por favor, entendam. Foi um acidente aéreo, o avião incendiou-se no ar, os quatro corpos foram carbonizados e os caixões estão fechados. Não tem como ver seu pai e sua mãe.

Camila soluçava e chorava chamando pela mãe, Pedro balançava a cabeça, não podia ser verdade! Não entendia como isso tinha acontecido. Será que seu pai era vítima do destino? Foi assim que sua mãe havia morrido, em um trágico acidente. Seu pai contara que os barcos estavam em perfeito estado, tinham sido revisados. De repente, uma explosão! E sua mãe também se foi, desaparecida nas águas. Ninguém nunca mais a vira, seu corpo desaparecera no rio! Agora, o seu pai também seria enterrado praticamente sem corpo, isso era muito triste.

Como em todo velório, a situação era muito dolorosa para todos, especialmente para Linda. Ela abraçou-se ao caixão da irmã, parecia que seu coração ia saltar do seu peito. Ali estava alguém muito especial em sua vida, sua única irmã. Gabriela e Roberto abraçaram Linda, oferecendo-lhe um calmante. Gabriela olhava para sua mãe e entendia o que ela estava sentindo. De repente, estava diante do seu filho, do seu antigo marido e de sua irmã. Gabriela orgulhou-se da mãe, era uma mulher forte. Talvez ela mesma não conseguisse suportar o que sua mãe estava enfrentando. Olhava para o irmão, para a prima, para a mãe, para os caixões e se perguntava em silêncio: "Como essa história vai terminar? Eu não sei mais o que dizer ou fazer, as coisas estão ficando complicadas, minha mãe entrou em sua antiga casa. Que loucura, Santo Deus! "

Após o enterro, feito em um clima comovente e desesperador para os filhos, Pedro pediu que Gabriela e sua família ficassem com eles pelo menos aquela noite. Gabriela entreolhou-se com Roberto e ambos olharam para Linda, que estava pálida e permanecia calada. Pedro caminhou até ela e reforçou:

— Dona Linda, a senhora poderia ficar esta noite conosco? Vocês agora são a nossa família.

Ela abraçou-o com todo o carinho e concordou:

— Sim, meu filho, nós vamos ficar com você e sua irmã. Camila, minha filha, venha até aqui, me dá um abraço? — abraçou os dois irmãos e as lágrimas desciam pelo seu rosto.

Voltaram, então, para a mansão, acompanhando os dois irmãos. Camila falou com o marido por telefone e disse que retornaria para a França assim que pudesse. Pedro estava em silêncio, Ronick sempre ao lado dele.

Já na casa, todos permaneciam na sala sentados em silêncio. Linda levantou-se e dirigiu-se à cozinha, solicitou que preparassem um chá e uma sopa para todos. Deu algumas ordens, entrou aqui e ali tomando providências, e pediu aos empregados que não passassem ligações telefônicas para os dois irmãos.

Voltando para a sala, falou para todos:

— Por favor, relaxem um pouco, vamos tomar o chá que será servido daqui a pouco e, depois, deitem uns minutos, descansem. À noite, estaremos mais tranquilos e poderemos conversar melhor.

Camila, mesmo na sua dor, admirou-se muito com a mãe de seu aluno Renato. Ela era formidável, não era à toa que o menino era tão cavalheiro e solidário com todos.

Após o chá, Linda convenceu todos a irem se deitar. Marcelo despediu-se e prometeu ligar à noite para Gabriela.

Também cansada, Linda aproveitou o momento e ligou para sua casa. Renato, alegre pela companhia do amigo, perguntou do pai, da irmã e quando eles iriam voltar. Sílvia, a amiga da família, informou que estavam todos bem e que resolvessem tudo com calma, sem pressa. Renato era uma ótima companhia.

Mais tranquila, enquanto todos descansavam, Linda foi até o jardim e sentou-se no banco em que ela e Leo, muitas e muitas vezes, estiveram juntos conversando e brincando. Sentiu um sono repentino e encostou a cabeça no encosto do banco, logo adormeceu. Em segundos, Linda se desdobrou, estava saindo do corpo. Imediatamente, Leonardo veio em sua direção de braços abertos e rindo para ela.

— Não mereço um abraço?

Linda, fora do corpo e meio surpresa, correu para ele e o abraçou, com ternura. Emocionada, saíram de mãos dadas pelo jardim. Do outro lado, avistaram, em espírito, uma cigana conversando com um senhor de meia-idade muito simpático e alegre. Ela recuou e ele não entendeu:

— O que foi, Linda? Vamos falar com os meus avós.

— Aquela cigana ali! Eu a conheço da praia!

— Aquela é a minha avó Silmara. Venha, quero te apresentar o meu avô.

A cigana aproximou-se dela e ofereceu um sorriso.

— Como vai, minha querida? Os bons ventos nos aproximaram de novo.

Linda mal pode reagir, a cigana chamou o senhor e lhe disse:

— Pierre, esta é a mãe do nosso bisneto, você estava louco para conhecê-la, venha até aqui.

O senhor se aproximou com muita bondade.

— Meu Deus, como você é linda! — disse Pierre apertando-lhe a mão. — Então você é a moça do rio? A mãe do meu Pedrinho? Jesus que alegria, minha filha!

Linda abraçava o bom senhor tentando entender quem era quem. Foi percebendo aos poucos que se tratava do avô de Leonardo, aquele senhor do quadro na parede da mansão.

Alegre, tal qual um menino, Pierre puxou Linda pela mão e saiu correndo pelo gramado, gritando para um grupo de espíritos próximos dali:

— Vejam quem está aqui! Venham ver!

Era uma emoção! Aquele grupo era composto pelos espíritos Vítor, Cândida, dona Laura, seu Lourival, seu Jairo, dona Bernardina e outros novos companheiros de espiritualidade. Eles riam felizes, pareciam brincar uns com os outros. Foram se aproximando.

Vítor parou de rir e olhou sério para a ex-esposa, em sua expressão havia bondade e respeito. Cândida abriu os braços e, com os olhos cheios de lágrimas, veio ao encontro da irmã:

— Camila! Que saudades, minha irmã! Que alegria! Puxa, a nossa família está começando um novo ciclo de vida, estamos juntas de novo no mesmo plano.

A cigana, passando o braço em torno dos ombros de Cândida, explicou:

— Não, filha, ainda não. Você desencarnou, mas ela ainda não.

— Ah, me perdoe, eu ainda estou confusa com o meu estado espiritual. Mas agora não entendi: a minha irmã desencarnou, sim, morreu quando o filho era bem pequeno, eu o criei. Acho que ela veio na minha frente. Me perdoe, senhora, mas esta é a verdade e foi isso o que aconteceu.

A cigana apenas sorriu, com paciência.

— Em breve, você realmente vai entender o que aconteceu, minha querida! Fique calma e abrace a sua irmã, por enquanto...

— Camila, eu nunca te esqueci, minha irmã, eu te amo muito. E agora que estamos deste lado, quero ficar com você. Por favor, diga que não me odeia por eu ter me casado com Vítor.

— Não, Cândida, eu não te odeio por ter se casado com Vítor. Aliás, quero agradecer por tudo o que vocês fizeram pelo meu filho. Eu também te amo muito e agradeço a Deus por você estar aqui.

Vítor se aproximou de Camila, seus lábios tremiam um pouco. Ele estendeu as duas mãos em direção a ela e pediu:

— Me dê suas mãos.

Ela estendeu as mãos, ele as tomou para si e beijou-as carinhosamente como nunca fizera antes.

— Camila, me perdoe por eu ter te magoado tanto! Ao lado de Cândida, eu aprendi a respeitar as pessoas. Errei muito com você, eu sei disso. Graças a Deus, você é um espírito iluminado. É capaz de me perdoar? E você está feliz agora, Camila?

— Sim, eu estou muito feliz. Amo meu marido, tenho os meus filhos e agora também tenho o Pedro ao meu lado. Mesmo ele não sabendo que sou sua mãe, ele está próximo de mim. Não posso me queixar da bondade de Deus comigo. O meu sofrimento foi muito grande depois daquele acidente que levou o Leo, mas, agora, está tudo bem.

Vítor e Cândida se entreolharam. Estranharam a conversa. Do que Camila estava falando? A cigana, mais uma vez, veio para auxiliar.

— Cândida e Vítor, vocês precisam saber. Naquele acidente de barco, Camila não desencarnou. Ela foi levada pelas águas e, como Deus não permitiu, vocês não encontraram o corpo. Ela foi encontrada com vida, mais tarde, por Bernardina e Jairo. Camila perdeu a memória por muitos anos, não se lembrava quem era ou de onde viera. Casou-se, teve uma linda menina chamada Gabriela e ficou viúva logo. Tempos depois, ela foi descoberta por Reginaldo, filho de dona Bernardina, e, com ajuda também de dona Laura e seu Lourival, ela chegou aos caminhos que se encontra hoje. Casou mais uma vez com Roberto, um bom homem a quem ama e é amada, teve mais um filho e, como Deus tudo pode, hoje ela se encontra aqui entre nós nesse encontro para que possamos entender o que aconteceu, nos perdoarmos mutuamente e procurar nos ajudar uns aos outros.

Todos cercavam Linda, com carinho. Dona Laura apertou a mão dela.

— Camila, me perdoe, só fiz o que achei que seria melhor para o Pedrinho. Sei que errei, mas nunca te fiz mal algum, te amo muito.

Todos ali demonstravam por ela um amor todo especial. Leo, rindo, indagou brincando:

— E então, dona Linda? Descobriu o meu segredo tão bem guardado dentro do meu violão? Veja só: quando escrevi aquela letra, você estava grávida e linda. Nunca me passou pela cabeça que um dia você se chamaria Linda.

O senhor Pierre arrumou as mangas da camisa e solicitou a palavra ao grupo:

— Bem, pessoal, eu gostaria de propor uma coisa a todos. Cândida, a mulher do meu neto, é uma das mais sábias mulheres que conheço e ela disse algo que merece a nossa atenção. Estamos começando um novo ciclo em nossas vidas. A nossa família, agora, está em um número bem maior deste lado do que do outro. Temos que trabalhar para nos fortalecer e nos unirmos cada vez mais. Minha proposta pode não estar certa, mas creio que também não está errada. Camila precisa tomar coragem e contar para Pedro e aos demais membros da nossa família terrena toda a verdade. Não é justo que Pedro deixe de desfrutar dos carinhos da mãe que está tão encarnada quanto ele. Não é justo para esta mãe não poder abraçar o próprio filho em plenitude dentro de sua casa. Mas precisamos ouvi-los também. Por favor, me ajudem a ajudar esta moça.

O bondoso senhor aproximou-se de Camila, que tinha os olhos cheios de lágrimas. Os espíritos se entreolhavam. Silmara, com as duas mãos na cintura, apresentou-se na frente deles e propôs:

— Aqueles que acham que Linda ou Camila deve colocar um ponto final nesta saga de sofrimento e revelar sua história a Pedro e aos encarnados, levantem a mão.

Todos levantaram a mão. A proposta ganhou por unanimidade. Silmara virou-se para Linda e disse:

— Agora, minha querida, a decisão é sua. Um dia, eu dei a você um conselho para não contar a ninguém a sua situação, que deixasse nas mãos de Deus, Ele saberia o que fazer. Hoje, o meu conselho mudou: Deus lhe deu uma outra oportunidade de contar a verdade para quem precisa de você.

Leo veio até ela.

— Camila, minha querida, nós estamos do seu lado. Assim que retornar ao seu corpo, não deixe de colocar em prática o que acabamos de conversar.

— Vocês querem que eu conte para Pedro que sou a mãe dele? — perguntou ela, assustada com aquela situação.

— Isso mesmo. Porém, pela lei do livre-arbítrio, faça o que o seu coração mandar, mas o caminho certo é sempre a verdade. Quando Deus nos concede uma chance, não devemos desperdiçar tempo.

Cândida aproximou-se e reforçou o pedido:

— Camila, por favor, Pedro precisa de você. Ajude nossos filhos. Ajude a minha filha, ela é fechada demais, puxou o Vítor, está sofrendo muito, mas não demonstra. Me perdoe, minha irmã, por tantos sofrimentos. Eu jamais imaginei que você estivesse viva.

— Mas será que vou ter coragem de fazer isso? — quis saber Camila, olhando para a cigana.

— Só depende de você — respondeu ela.

Pierre encerrou aquela reunião. Camila deveria retornar.

— Bem, pessoal, está na hora de levarmos Vítor e Cândida para sua nova morada. Leonardo, meu filho, você leve Camila de volta e venha nos encontrar.

Leo pegou na mão dela, todos a olhavam com bondade, o senhor Pierre sorria e vieram, um a um, abraçá-la. Vítor tinha os olhos marejados de lágrimas, a abraçou emocionado:

— Me perdoe, em nome de Deus, por tudo que eu te fiz sofrer.

— Vítor, você já foi perdoado por Deus e por mim. Eu é que agradeço por tudo de bom que fez ao meu filho e a minha irmã.

Leonardo chamava Camila mais uma vez. Já era tempo.

*

Linda sentiu um choque e acordou assustada. "Meu Deus! Eu adormeci no jardim!" O céu estava límpido, sem nuvens de chuva, e Linda assustou-se com o que lhe pareceu um raio, subindo do jardim para o céu. Seria um relâmpago? Não havia sinal de chuva...

Colocou a mão no coração, lembrava do seu sonho em detalhes. "Acho que não foi um sonho, eles estiveram aqui", pensava. Ela levantou-se e foi até o local onde os espíritos estavam reunidos. As flores do canteiro eram exatamente como tinha visto no sonho, tudo fora muito real.

Sentou-se no banco, ficou apreciando as borboletas sobrevoarem de um lado para o outro, o sol já se escondia no horizonte. Ficou pensando no encontro que tivera a pouco. Pode vê-los como estavam, pode abraçar sua irmã e conversar com ela. Embora ainda estivesse claro, uma estrela piscava no céu, ela ficou pensando nos mistérios de Deus. Assim como aquela estrela dava sinal de vida à distância simplesmente com um piscar de luz, os espíritos também vinham de outros planos darem sinais de sua sobrevivência após a morte. Foi o que ela tinha vivido instantes atrás. Estavam todos vivos!

Se optasse por revelar tudo a todos, ficou pensando em qual seria especialmente a reação de Pedro. Quanto a Roberto e Gabriela, sabia que podia contar com eles, eram seus companheiros de missão. Sua filha era maravilhosa, nunca havia dado o menor trabalho, sempre fora um anjo em sua vida. Tinha certeza de que eles ficariam do seu lado incondicionalmente.

Linda, então, fez uma reflexão íntima: "A vida é um desafio para o espírito e ele não tem o direito de desistir. Se eu me calar, estarei impedindo muitos espíritos comprometidos com a nossa história de evoluírem. Estarei condenando-os a pararem no tempo. Não posso atrasá-los em seus deveres. Não tenho esse direito. Hoje mesmo colocarei toda a verdade sobre a mesa! Vou arrancar este espinho do meu coração! Se não pude ver o meu filho Pedro crescendo, vi os outros dois. Se perdi muitas coisas que julguei importantes, ganhei outras tão valiosas quanto. Passei esses anos todos lamentando o que ficou para trás e não enxergava o que Deus me dava todos os dias. Tenho um marido maravilhoso, saúde, filhos saudáveis e inteligentes, não posso ficar mais olhando para uma cicatriz que já não dói."

Levantou-se e, mais decidida do que nunca, decretou para si mesma: "Pela primeira vez em minha vida, vou fazer algo excepcional. A partir de agora, quero a verdade, quero ser simplesmente a mãe dos meus filhos. Pouco importa o nome que me derem, Camila, Linda ou se me acharem louca. Quero ser feliz com a minha família!" Olhou para a estrela no céu e abriu um sorriso: "Cândida, Vítor, Silmara, cigana de luz, Leo e todos os outros companheiros, vou seguir o que me diz esta estrela, não há distância onde a luz não possa chegar. Vou chegar até o coração do meu filho Pedro e reacender nele a chama da fé e do amor."

A empregada veio ao seu encontro, retirando-a de seus pensamentos.

— A senhora quer provar a sopa? Acho que ficou boa. Eles ainda estão dormindo, estão cansados e não é para menos, não é, dona Camila?

Ela arregalou os olhos e ficou esperando a empregada corrigir o erro por ter trocado o seu nome. A mulher, serenamente, com as duas mãos cruzadas sobre o peito, confidenciou:

— Eu sei que a senhora é a mãe do Pedrinho. Sou aquela babá dele, foi a senhora mesma quem me contratou. Todo mundo achava que Lourival tinha perdido o juízo, mas ele, simplesmente, estava emocionalmente triste depois da morte da esposa. Ele me contou que a senhora vivia com outro nome, mas ele não se lembrava qual. Falou que somente o Leo tinha morrido naquele acidente, eu acreditei nele. E quando a senhora chegou hoje na cozinha, eu não tive mais dúvidas que a senhora era a dona Camila. Estou aqui para testemunhar o quanto a senhora amava o seu filho. Me perdoe, dona Camila, é que estou muito emocionada.

— Meu Deus, você é a Judite?

— Sim senhora, sou sua empregada, pois foi a senhora quem me contratou. Eu era muito novinha, vi o seu filho crescer chamando dona Cândida de mãe e posso também lhe assegurar que ela fez por ele tudo o que a senhora teria feito. Confesso que muitas vezes me revoltei, vendo ela demonstrar muito mais afeição por Pedro do que por Camila, que é uma doçura de menina. Mas logo entendia que o que ela fazia por Pedro era também pela senhora.

— Judite, venha até aqui, sente-se e me fale do meu filho, da minha irmã, da vida que deixei aqui.

As duas ficaram conversando até oito da noite, quando Roberto apareceu na porta e perguntou:

— Linda, você não foi descansar?

— Eu nunca estive tão bem, meu querido. Venha até aqui, quero lhe apresentar Judite, a babá de Pedro, eu mesma a contratei. Ela ficou todos esses anos aqui ao lado dele e da minha irmã.

Roberto ficou branco, Linda não estava bem, ele não devia tê-la deixado sozinha. Ela conhecia aquela expressão de preocupação do marido e, sorrindo, acalmou-o:

— Roberto, eu estou bem, meu amor, nunca estive tão lúcida! Vou esperar todos se levantarem, vamos para a mesa tomar nossa sopa e, depois, vou aproveitar e revelar, para todos que ainda não sabem, que eu sou a mãe de Pedro e a tia de Camila.

Roberto sentou-se ao lado dela. Estava realmente preocupado e sem saber direito o que fazer diante da decisão da mulher. Tomando suas mãos, tentou demovê-la da ideia:

— Linda, você não quer pensar um pouco mais no assunto? Já pensou em todas as consequências?

— Não se preocupe, Roberto. Este assunto já ficou muito tempo parado, esperando o momento certo para ser conversado. Hoje é a grande oportunidade que nós temos para esclarecer estas pendências de família, de uma vez por todas.

Virando-se para a empregada, solicitou:

— Judite, você me disse que ainda sou sua patroa. Então, por favor, vá até à adega e, se Cândida e Vítor não fizeram nenhuma mudança por lá, na terceira prateleira do seu lado direito ficam guardados os melhores vinhos de reserva. Pegue uma garrafa do primeiro bloco. Vamos abrir uma das relíquias da família, precisamos fazer isso para marcar a importância deste dia.

— Vou buscar agora mesmo, acredito que a adega continua como a senhora deixou.

— Linda! — chamou o marido. — Pelo amor de Deus, o que deu em você? Acabamos de enterrar o pai de Pedro e de Camila, eles não podem sofrer outro choque hoje!

— Fique tranquilo, Roberto. Não será um choque, será um motivo para que eles dois enxerguem que, mesmo à distância, tem alguém irradiando um pouquinho de luz para eles. Eu sei que meu filho não está preparado para me receber em seu coração. Estou consciente que ele me enterrou. Assim como também tenho consciência de que, por mais que fiquemos juntos daqui para frente, ele jamais terá intimidade comigo como teve com minha irmã.

A mesa foi preparada. Linda subiu, tomou um banho, arrumou-se, desceu e ficou ao lado do marido. Os outros já haviam se levantado e também se preparavam para descer. Ela esperaria, não tinha pressa. Logo descia Ronick com Gabriela. Em seguida, desceu Camila e, por último, Pedro, que estava abatido e com ar de cansaço.

Linda se levantou e os convidou a sentarem-se à mesa.

— Vamos tomar uma deliciosa sopa que mandei preparar?

Eles continuavam em pé, olhavam para a mesa e pareciam não ter coragem de sentar. Linda insistiu:

— Não me venham dizer que não conseguem comer! Vocês precisam se alimentar, eu sei que vocês não comeram nada! E também quero aproveitar a oportunidade de vê-los sentados em volta da mesa para conversar sobre um assunto de extrema importância que tenho para tratar com vocês.

Camila foi a primeira a sentar-se e deu sinal para o irmão, Pedro. Foram se posicionando um a um, em silêncio.

Sentados à mesa, eles se entreolhavam. Gabriela olhou para Roberto e logo entendeu. Sua mãe iria revelar para Pedro que era sua mãe. Suspirou fundo e pensou: "Deus que me livre, mas, se for isso mesmo, é a coisa mais certa que já vi minha mãe fazer! Não suporto mais conviver com meu irmão e minha prima ignorando o que somos de verdade uns para os outros. E não aguento mais o sofrimento de minha mãe."

Linda pediu que o vinho fosse aberto e servido nas taças.

— Eu sei o que vocês devem estar pensando: como, num dia triste como hoje, dona Linda manda abrir uma garrafa de vinho de reserva para comemorar a morte? Quero que vocês saibam que eu estou tão triste e magoada com o destino quanto vocês. Quero que vocês dois, Pedro e Camila, ouçam bem o que eu preciso falar. Prestem muita atenção.

Linda fechou os olhos por segundos e, tomando fôlego, iniciou sua narrativa:

— Pedro e Camila, eu conheci bem esta casa antes de vocês nascerem. Eu morei aqui também. Camila, minha filha, você perdeu seus pais, eu perdi minha irmã! Pedro, você perdeu o seu pai e a sua tia, porém, quero que saiba: sua mãe está aqui diante de você!

Ronick estava pálida.

— Dona Linda, por favor. O Pedro não está bem.

Ele estava imóvel, olhava para Linda e para os outros, como se estivesse tendo um pesadelo. Mas Linda retomou:

— Por favor, não me interrompa! Preciso contar toda história para que vocês me entendam e não julguem nem a mim e nem a Vítor e Cândida.

Assim, ela foi contando toda a sua trajetória de sofrimento pelos caminhos da vida. Enquanto ela falava, eles se serviam do copo de vinho. Pedro estava com a face em brasa. Camila, pálida, ouvia todo o relato de sua tia e lembrava-se com carinho de Renato, então ele era seu primo! Que bênção de Deus, ela não sabia explicar, mas sentia algo diferente por aquele garoto desde que o conhecera.

Judite estava sentada em uma cadeira ao lado, a pedido de Linda. Enquanto ela contava sua vida, a empregada secava os olhos: quanta dor, quantas noites de tristeza, Pedrinho chamando pela mãe...

Quando Linda acabou de falar, Camila levantou-se, foi até onde ela estava e estendeu os braços:

— Posso lhe dar um abraço, minha tia? A minha mãe me deu o seu nome em sua homenagem pela grande mulher que a senhora sempre foi. A minha dor pela perda de hoje já diminuiu um pouco com o fato de ter ganhado uma tia. Antes, minha família estava reduzida ao meu irmão, pois só me restava ele. Agora, sei que voltei a ter uma família grande!

Também abraçou Gabriela, chorando.

— Eis o porquê de gostar tanto de vocês, quem me dera, neste momento, poder abraçar Renato também.

Pedro continuava sentado de cabeça baixa, tentando absorver tanta informação nova. Camila foi até ele e o abraçou.

— Pedrinho, Deus levou nossos pais. Mas veja: nós dois ganhamos alguém especial que vai continuar nos amando! Temos uma família, Pedrinho!

Ele levantou os olhos e reagiu com voz rouca:

— Dona Linda, o que a senhora acabou de dizer para mim é algo absurdo! Digamos que tudo isso seja verdade, não espera que eu me atire em seus braços agora gritando o seu nome, não é mesmo? Se me amava tanto assim, por que esperou todos esses anos para me contar? Quando eu mais senti a sua falta, foi na época da escola, daria tudo para tê-la ao meu lado! A senhora contou que, um dia, foi me olhar na porta da escola. O que sentiu? Nunca imaginou o que eu poderia estar sentindo? Se esta casa é sua, ela vai continuar sendo sua, eu me retiro hoje mesmo! Vejo que estou sobrando entre vocês, família! Gabriela, minha doce irmã, então você sabia o tempo todo que éramos irmãos? Por que nunca contou para Ronick? E você, Ronick, também me traiu?

Camila gritou alto com o irmão:

— Pare com isso, Pedro! Como sua irmã, tenho o direito de falar! Será que você ouviu o que sua mãe disse? O que você faria no lugar dela? Me responda! Sofrer um acidente, ser levada rio abaixo, esmagada pelas pedras, perder a memória por anos a fio, viver miseravelmente na beira de um rio. Anos depois, descobrir que seu marido e sua irmã estão casados e tem uma filha. Você acha, Pedro, que sua mãe poderia aparecer na porta do colégio e lhe dizer: "Olá, Pedrinho, lembra-se de mim? Sou sua mãe! Venha aqui me dar um abraço, mamãe veio te buscar." Acorda, Pedro! Mesmo em uma hora difícil como esta, você não tem o direito de falar dessa maneira com alguém que sacrificou a sua própria vida por você.

Ele debruçou-se na mesa e começou a chorar. Ronick e Camila o cercaram com os braços em silenciosa solidariedade.

— Pedro — falou amorosamente a irmã —, por favor, querido, eu sei o quanto você está sofrendo, enterramos nossos pais a pouco. Mas veja só o que Deus está te dando de presente: sua mãe, outros irmãos, uma família, Pedro!

Linda sentou-se numa poltrona, chorava muito, amparada por Roberto e Gabriela. Ficaram alguns minutos em silêncio. Até que Linda que se levantou e comunicou:

— Gabriela e Roberto, como ainda está cedo, podemos voltar para o Rio agora mesmo. O que eu tinha para fazer nesta casa, já fiz. Pedro, meu filho, compreendo toda a sua dor. A minha não é menor, fique sabendo. Se sua vida foi difícil sem a minha presença, tente imaginar o que foi a minha vida, esquecida de mim mesma. E, quando acordei do meu grande pesadelo, o tempo já tinha levado para longe cada um de vocês. Eu estou indo, meu filho. Quero que saiba que, em nossa casa, sempre vai ter um lugar reservado para você. Em meu coração você vai estar sempre, sempre, e por todo o sempre.

Judite foi até onde estava Linda e quase implorou:

— Dona Camila, por favor, me leve com a senhora. Ninguém aqui precisa mais de mim, nunca tive coragem de deixar o seu filho porque a senhora me pediu que eu cuidasse dele até a sua volta. Agora que a senhora voltou, eu não quero mais continuar aqui.

— Pode arrumar suas coisas, Judite. Fui eu que a contratei como babá do meu filho. Portanto, a responsabilidade ainda é minha, vamos embora.

Linda subiu as escadas, Gabriela ainda chorava em um canto. Roberto, pálido e trêmulo, levantou-se da poltrona e conversou com o filho de Linda:

— Pedro, eu vou te falar agora como marido de sua mãe: posso lhe garantir que ela viveu todo esse tempo sofrendo por você, dores maiores que a dor do parto que o trouxe ao mundo. Espero que você pense em tudo o que ouviu da boca dela e tire suas próprias conclusões. Você vai encontrar em mim um amigo, a nossa casa é sua casa.

E virou-se para a irmã de Pedro:

— Camila, conte conosco no que você precisar, somos a sua família.

Ela o abraçou, emocionada:

— Obrigada, tio Roberto. Como é bom ter alguém para chamar de tio! Hoje eu enterrei a minha mãe, e meu irmão encontrou a dele! Eu daria tudo para encontrar a minha mãe, poder abraçá-la e beijá-la novamente. Mas não será possível agora. Desculpe-nos, tio Roberto, espero que meu irmão entenda que Deus o recompensou com o mais rico dos presentes. Gabriela, por favor, eu quero que você saiba, estou muito feliz em tê-la como minha prima. E não sairei do Brasil sem ver meu primo Renato!

Minutos depois, Gabriela, Roberto, Linda e Judite entraram no carro e rumaram para o aeroporto. Linda solicitou:

— Ronick e Camila, por favor, não deixem o Pedro sozinho. Fiquem ao lado dele, não façam perguntas, mas não o deixem só.

A família voltou para o Rio naquela noite...

*

Passaram-se quinze dias. Camila ligou para Linda perguntando se podia ir até sua casa, estava voltando para a França, mas não queria viajar sem ver o primo Renato e também se despedir de todos.

Foi para o Rio.

Já na casa de Linda, Camila parecia mais animada. Brincava com Renato, que disse sem rodeios:

— Desde o dia em que te conheci eu senti no meu coração uma paixão, um amor forte, sei lá o que era! Eu só sabia que você era alguém que eu amava muito e queria perto de mim. Por obra do destino, não é que você é minha prima? Olha a história de minha mãe, um dia eu vou escrever o roteiro de um filme! Vou ficar rico com essa história verdadeira! Mas, veja bem, Camila, você já pensou no que passou a minha mãe? Eu estou muito chateado com o Peter, ele que me parecia tão avançado, agora fazendo isso com a nossa mãe! Ele me deixa aborrecido, eu gostaria que ele me aceitasse como irmão.

Camila, abraçando Renato, consolou o garoto:

— Eu tenho certeza de que, quando tudo isso passar, Pedro vai entender tudo o que aconteceu e, quando você menos esperar, ele vai estar batendo na sua porta, perguntando se você gostaria de conversar com o seu irmão mais velho.

— É, tomara que isso aconteça logo. Se eu ficar mais velho vendo a minha mãe sofrer por causa dele, no dia em que encontrá-lo, vou dar um soco na cara dele.

No intervalo, enquanto Renato tomava banho, Linda quis saber como estava Pedro.

— Ele anda muito calado, passa os dias andando pelos jardins, Ronick está com ele o tempo todo. Ele me parece mais calmo, está se alimentando e dormindo, fique tranquila quanto a isso. Vamos dar tempo ao tempo, eu sei que um dia ele vai entender o que a senhora passou e vai compreender o quanto está errado a seu respeito. Ah! Dona Linda! A Ronick me pediu que entregasse este estojo, disse que pertence à senhora. Confesso que não sei do que se trata.

Linda abriu a caixa, era a sua aliança. Ela mostrou a Camila e disse:

— Este anel também vai parar de andar de um lado para o outro. Esta foi a aliança que seu pai me deu quando me casei com ele. Não tem sentido nenhum que ela continue comigo, tem o nome do seu pai gravado. Quero que fique com ela, por favor.

*

O tempo corria célere e mais um ano havia se passado. Gabriela se casara com Marcelo, que agora era sócio e amigo de Pedro. Eles haviam conseguido montar o escritório em São Paulo. Por isso, Ronick deixara o hospital e se transferira para a capital paulista, onde Pedro tocava as empresas da família. Ele pediu que ela tivesse paciência com ele, a amava muito, mas queria poder casar com ela tranquilo e cheio de alegria no coração, ao que ela concordou. Continuavam noivos.

Gabriela, Roberto e Camila se preocupavam muito com Linda. Ela agora era uma mulher calada, não falava mais em Pedro nem em ninguém. O marido e a filha insistiam para que ela fizesse terapia, mas ela se recusava e dizia que sua terapia maior era com Deus! Reconhecia que precisaria de um bom profissional para ajudá-la, mas ainda não era a hora.

Linda convidou Reginaldo, Gabriela, Roberto, Renato e Judite para irem até sua antiga casa perto do rio. Roberto relutou, mas acabou cedendo ao desejo da esposa. Iriam também voltar a sua pequena cidade e, de lá, iriam até o local onde Gabriela havia nascido.

Assim fizeram. Partiram todos em um fim de semana, lá encontraram Reginaldo, cabelos grisalhos e bem diferente daquele moço que Linda conheceu em sua juventude. Foram até a ribeirinha, Gabriela chorou muito, lembrando das dificuldades que passaram ali naquele casebre. Mas fora ali que também recebera muito amor, ali nascera o que ela carregava dentro do seu coração: amor, fé e respeito. Ali estava sua história: os avós Jairo e Bernardina, o cachorro que tanto foi seu amigo, e especialmente o seu pai, que ela guardava poucas lembranças dele.

Roberto, com o braço nos ombros do filho Renato, fitava o casebre coberto de folhas totalmente abandonado. O tempo agora era o seu senhor, ali viveu sua mulher e sua filha adotiva... Renato observava o abandono do lugar e tentava imaginar como foi que sua mãe e sua irmã sobreviveram ali? Começou a filmar tudo e, enquanto filmava, pensava no irmão Pedro: "Quero que ele veja isso! Não acredito que alguém pode ser tão insensível."

Linda quis ver o lugar onde foi encontrada Parecia que a natureza não havia se modificado, até as pedras continuavam no mesmo lugar. Amparada por Roberto e Gabriela, ela chorava. As únicas lembranças que guardou foi do barco partindo-se e ela afundando naquelas águas profundas. Ali, em desespero, só pensava em Pedro, foram suas últimas lembranças enquanto mergulhava nas águas escuras do rio.

Terminaram o passeio e Linda encerrou essa visita ao seu passado. O que o futuro lhe reservaria?

*

Semanas depois, Pedro mandou perguntar a Linda, por intermédio de Ronick, se ela gostaria de reaver seus direitos de forma legal através da Justiça. Aquilo foi uma facada em seu coração: ela queria era o seu amor e não o seu dinheiro! Linda, então, respondeu que o único direito desejado por ela, era de ser sua mãe, direito este que lhe foi negado. Que Pedro cuidasse de sua vida, pois nem ela nem a sua família desejavam nada. Os únicos legítimos herdeiros eram ele e Camila, também sua irmã legítima.

Camila, sua sobrinha e um anjo de criatura, ainda tentou convencer Linda para que ela aceitasse uma divisão em três dos bens do casal falecido, mas ela resistiu e reafirmou que jamais aceitaria um níquel deles. Camila nunca deixou de dar notícias para a tia e de pedir paciência com Pedro.

Pedro se tornou frequentador da casa da irmã, abraçava e beijava Gabriela com carinho, só não a chamava de irmã. Muitas e muitas vezes ele a fitava nos olhos como se desejasse falar ou perguntar alguma coisa, mas nunca verbalizava o que sentia. Gabriela também nunca tocou no assunto dele ser seu irmão, jamais falou de sua mãe nem de Renato. Confiava que o tempo pudesse colaborar para uni-los definitivamente.

Um dia, Renato veio visitar a irmã em São Paulo e Pedro se encontrava lá. Ronick abraçou o jovem dizendo não tê-lo reconhecido, estava um rapagão. De fato, Renato tornara-se um homem.

Pedro estendeu a mão para ele e veio lhe dar um abraço. Renato virou as costas, não aceitando o cumprimento.

Pedro ficou desapontado, olhava para o jovem em busca de uma resposta para sua reação. Soltou a voz, que parecia estar presa na garganta:

— Renato, eu te fiz alguma coisa para me tratar assim?

— Quem destrata a minha mãe, me destrata! Se eu soubesse que você estava aqui, eu não teria vindo! Aliás, eu não sabia que a minha irmã o recebia em sua casa.

Saiu batendo a porta. Gabriela correu atrás dele e o alcançou.

— Renato, você está louco? Tenha calma, menino, o Pedro é nosso irmão.

— Nosso não! Ele pode ser seu irmão! Eu não vou tratar bem alguém que não reconhece nossa mãe como mãe! Estou admirado, vendo você conviver com ele como se nada existisse entre vocês dois. Tenha dó, Gabi! Eu vou embora, senão quebro a cara dele! Gabi, você é bem mais velha do que eu, mas, sinceramente, não parece. Onde já se viu, receber Pedro em sua casa? Ele te trata como se fosse uma empregada. Nunca te considerou como irmã. Eu não quero papo com ele!

Renato estava com a face ruborizada de raiva. Gabriela o abraçou.

— Meu querido irmão, não fale assim! Você realmente ainda é muito jovem para entender determinada situação. Renato, Pedro é nosso irmão, sim! Veja bem o que eu vou lhe dizer: nossa mãe padeceu o que somente a mãe de Jesus padeceu neste mundo. Porém, eu e você, não crescemos longe dela. Pedro cresceu acreditando que ela estivesse morta, não conheceu nossa mãe como mãe dele, de verdade. Nós dois tivemos nossa mãe o tempo todo do nosso lado. E ele? Não veja só o sofrimento da mamãe, veja também o sofrimento do nosso irmão! Ele teve a nossa tia, que o amou como uma mãe, mas não era a mãe dele. Você já tentou se colocar no lugar dele, Renato? Imagine, hoje, você descobrindo que a sua mãe biológica é outra mulher, como iria se sentir?

Renato baixou a cabeça. Ficou alguns segundos em silêncio e depois falou:

— Sinceramente, eu não sei. Como eu poderia amar outra mãe que nunca me deu amor?

— Então, pense no que eu lhe disse e reconsidere o que você fez. Vamos voltar, aperte a mão de Pedro, ele é seu amigo, independentemente de ser seu irmão. Não precisa falar nada sobre esse assunto, só seja amigo dele, você sempre se deram tão bem! Vamos lá, Renato, por favor, faz isso por mim?

— Tudo bem, vou fazer por você, não por mim.

— Ótimo, vamos lá! Fale com o Pedro e sente-se como um rapaz educado, nossa mãe te deu tanta educação, mostre o que recebeu dela.

Renato voltou, entrou e esticou a mão para Pedro e pediu desculpas por tê-lo tratado com grosseria. Pedro devolveu com um abraço e ficou feliz.

— Você cresceu um bocado, rapaz. Ainda é amarrado em filmes?

— Filme é a minha grande paixão! Eu ainda vou fazer um filme que se tornará o campeão de bilheteria.

— Eu não tenho a menor dúvida disso! — respondeu Pedro. Os dois começaram a conversar sobre filmes e nem se deram conta da presença das duas moças, que piscaram uma para outra e saíram, deixando os dois a sós.

No fim da tarde, depois de muita conversa e muita brincadeira, Pedro se despediu de Renato e combinaram outro encontro para breve. Ronick também se despedia. Foram para o carro. Na porta, antes de entrar, Renato acenou para o irmão, que o olhava com carinho.

Já a caminho de sua casa, Pedro virou-se para Ronick e comentou:

— Sabe de uma coisa? Eu adoro esse garoto! Desde a primeira vez que nos encontramos, ele me cativou, temos muito em comum.

— Ora, vocês dois tem uma mãe em comum. Aliás, Pedro, eu acho que você precisa procurar sua mãe e falar com ela. Não estou pedindo que você a ame, ou faça isso ou aquilo, mas acredito que vai ser bom para você, para o Renato, para Gabriela, para mim, enfim para todos nós.

Ele permaneceu em silêncio. Após passar alguns minutos, respondeu:

— Eu não sei como poderia tratar dona Linda, não sinto amor de mãe por ela. Eu guardo no coração a história que me contaram. Que a minha mãe tinha morrido em um acidente, cresci com essa ideia, não é fácil olhar para aquela senhora e acreditar que a minha mãe não morreu! Que toda história que ouvi sobre ela não era verdadeira. Eu quero, sim, me aproximar de Renato, quero e preciso dele e da Gabriela. Mas, de dona Linda, eu não me sinto bem, tenho algo fechado em meu peito. Gosto do senhor Roberto, não tenho raiva dela, mas também não sinto amor.

— Pedro, querido, sua mãe nunca exigiu de você o que não pode lhe dar. Este amor existe, meu querido, você apenas se distanciou dele. Aproximando-se de sua mãe biológica, a convivência com ela e o tempo vão lhe devolver o que foi retirado. Se dona Cândida estivesse aqui entre nós, ela faria de tudo para aproximar você de sua mãe verdadeira. Pedro, ela não o abandonou. Você sabe o que essa mulher sofreu, o que a vida a obrigou a viver, e ainda a obriga. Pedro, sua mãe usa uma identidade cujo nome dela é Linda, mãe de Gabriela e de Renato. E a dor de perder sua identidade como Camila? Você já pensou nisso? Não quero me meter em suas decisões pessoais, foi o que combinamos, mas me dói muito ver essa situação de injustiça, especialmente com uma pessoa como dona Linda ou dona Camila! Quando nos casarmos, vou ter uma sogra? Meus filhos vão ter uma avó? Vamos ter que continuar mentindo até quando? Sua mãe perdeu a memória por muito tempo, fez coisas que não programou e nem tinha consciência do que estava fazendo. Você cresceu acreditando que sua mãe estava morta, ela não te abandonou, Pedro! Já parou para pensar no quanto essa mulher sofreu? Você cresceu tendo do bom e do melhor e, pelo que ouvi falar, ela morou por muito tempo na ribanceira de um rio, sem nenhum conforto. Sabe o que é isso, Pedro? E o sacrifício que fez essa mãe ao descobrir a verdade sobre sua própria origem? Lembrar que tinha um filho, vê-lo à distância, não poder abraçá-lo. Pedro, vamos, se coloque no lugar de sua mãe: acordar um dia e lembrar que o nosso nome não é o nosso nome, que nós não somos nós e não podemos mais viver sendo a outra pessoa que existiu antes. Não é de deixar louco? Perdoe-me, meu querido, mas, eu precisava desabafar com você. Tento te compreender, você é um anjo, tem um coração imenso, mas me entristece você não entender o que a vida fez com você e com sua mãe. Não há nada o que perdoar entre vocês dois, nem ela pode te pedir perdão nem você a ela. É um caso de agradecimento a Deus.

Quando Ronick terminou de falar, sua blusa estava molhada de lágrimas. Duas lágrimas desciam dos olhos de Pedro. Andaram em silêncio por muito tempo. Ele pegou a mão de Ronick, a levou ao seu coração e agradeceu:

— Você é uma grande companheira, é o amor da minha vida. Nossos filhos não vão crescer ouvindo mentiras, eu te prometo, só fique do meu lado e tenha paciência. Eu preciso quebrar essa barreira que me afasta dela, eu sei que a pessoa que mais sofreu, que mais perdeu nessa história, foi ela.

*

Renato preparou o filme da viagem e falava com Pedro ao telefone, De propósito, convidou o irmão para assistir, dizendo que ali estava sua obra-prima. Combinou que levaria até a casa de Gabriela, onde todos poderiam assistir juntos. Pedro perguntou qual era o nome do filme e o garoto, sem pensar, respondeu: "Solidariedade Divina". Pedro estranhou o título dado ao filme, mas garantiu que estaria lá. Tudo o que pudesse fazer para ajudar Renato ele, com certeza, faria, tinha um carinho imenso pelo irmão.

Na casa de Linda, Judite havia transferido para Renato os cuidados que teve com Pedro na adolescência. Volta meia ela dizia em voz alta: "Meu Deus! Como é que dois irmãos que cresceram separados podem ser tão parecidos em algumas coisas? Renato, não tem uma santa vez que eu coloque um bolo com cobertura na mesa e você não suje a toalha! É igualzinho ao seu irmão Pedro. Vou começar a fazer com você o que eu fazia com ele: vou colocar um plástico por cima da toalha, pois você também derrama chá, suco, e suja com muito bolo!"

Renato, comendo sua fatia, rindo e olhando a sujeira que tinha feito na toalha branca, cutucou a empregada:

— E você conseguiu curá-lo?

— E vocês lá têm cura? Ele deve continuar sujando a toalha igualzinho como você faz aqui! Mas eu confesso: estou morrendo de saudades do meu Pedrinho...

Renato se levantou, foi para perto dela e, colocando os braços em volta dos seus ombros, perguntou baixinho:

— Quer mesmo ver o Pedro? Então, vamos para São Paulo. Vou me encontrar com ele no fim de semana na casa da Gabi.

— Será que a dona Camila não vai ficar aborrecida comigo?

— Em primeiro lugar, a minha mãe se chama Linda e ela já te pediu milhões de vezes para não ficar chamando de Camila. Em segundo lugar, desde quando a minha mãe te proibiu de ir aonde quiser, falar ou deixar de falar com quem você quiser?

— Bem, isso é verdade! Sua mãe é uma santa, meu filho, tudo o que eu sonho é um dia ver Pedrinho perto dela e de todos nós.

— Pois continue rezando, Judite, eu acredito que qualquer hora isso vai acontecer e o azar será todo seu. Já pensou que serão dois a derramar café, suco, chá e bolo na toalha da mesa? — disse Renato brincando.

— Eu não vou me importar! Quero lavar essas toalhas todos os dias ou forrar a mesa com um plástico maior, protegendo a toalha de vocês dois. Deus te ouça, Renato, Deus te ouça...

— Então fica combinado: vamos para São Paulo. Quem sabe você ainda não possa arrumar um namorado por lá? Não sei como você aguentou ficar viúva todo esse tempo.

— Renato! Meu Deus, que menino atrevido! Quantas vezes sua mãe já lhe pediu para você me respeitar?

— E desde quando isso é desrespeito? Você ainda é uma coroa enxuta, pode arrumar um coroa e se casar.

Judite deixou a sala resmungando, esse menino era terrível, mas ela nunca conhecera alguém com um coração melhor do que o dele. Apegou-se ao garoto que já não sabia dizer de quem gostava mais, se de Pedrinho ou de Renato.

Renato voltou do colégio e se prepararam para ir a São Paulo, ficariam na casa de Gabriela, como sempre. Linda recomendou juízo aos dois e eles se foram. Renato levava o seu filme para exibição naquele fim de semana.

A viagem foi tranquila e chegaram à casa de Gabriela e Marcelo.

Todos os convidados para a sessão de cinema já estavam lá. Antes de começarem, Gabriela chamou-os para se sentarem à mesa e fazer um lanche. Pedro derramou o copo de refrigerante na toalha da mesa. Judite, discretamente, olhou para Renato, que sorria. Então era verdade mesmo...

Voltaram para a sala.

Quando o filme começou a ser exibido, fez-se um silêncio geral. Ninguém falava, todos permaneciam quietos. Gabriela chorava, Judite e Ronick secavam as lágrimas, que não paravam de cair. Renato olhava para Gabriela com respeito e admiração. Estava sério. Vendo aquelas cenas, imaginava-se crescendo naquele lugar vazio, sem ninguém. Sua irmã nascera e crescera naquele fim de mundo. E sua mãe? Uma moça linda, educada, além de perder a memória, perdera uma parte de sua vida. Deixara o seu filho, uma vida de conforto e uma família. Como o seu irmão Pedro era ingrato! Será que depois de ver esse filme, ele pensaria no que sofreu sua mãe?

Como se estivesse ouvindo o pensamento de Renato, Gabriela, entre lágrimas, fez suas considerações:

— Renato, você pode não acreditar, mas essa fase da minha vida me deixou boas lembranças, eu era muito feliz. Recebia muito amor da nossa mãe, do meu pai e dos meus avós Jairo e Bernardina. Não posso reclamar, foi uma época que me deixou saudades. Não me recordo de sofrimentos. Passávamos privações, mas não me faziam falta, eu não conhecia o conforto da cidade. Nossa mãe, sim, sofreu muito, mesmo doente porque perdeu a memória no acidente, pois ela conheceu o conforto da cidade. Mesmo assim, ela resistiu a tudo e, graças a sua força de viver, nós dois estamos aqui.

Renato, olhando para Pedro, reforçou:

— Mamãe me contou tudo! Quando eu nasci, ela já se lembrava de quem tinha sido, mas não tinha como voltar. Tudo havia mudado em seu caminho, ela não tinha a menor chance de começar a vida de onde havia parado. O marido dela, Vítor, já estava casado com a nossa tia, já havia a nossa prima Camila, o nosso irmão Pedro já era um adolescente. Ela me contou que um dia foi até a porta do colégio ver o Pedro de longe e passou mal, um senhor a levou para casa. Meu pai te ajudou muito, Gabriela, nossa mãe me contou isso também.

— É verdade, Renato, sou o que sou hoje, graças ao Roberto. E minha mãe encontrou forças para continuar vivendo graças ao amor dele, nós devemos muito ao doutor Roberto — sorriu.

O filme terminou. Todos estavam silenciosos e emocionados. De repente, Pedro levantou-se, esmurrou a parede e começou a chorar. Ronick foi até ele e o abraçou. Gabriela trouxe um copo com água e açúcar.

Pedro sentou-se no sofá, ficou olhando para Renato e Gabriela. Parecia estar conhecendo os dois pela primeira vez. Minutos depois, chamou:

— Gabriela e Renato, por favor, sentem-se aqui perto de mim. Vocês dois viveram mais tempo ao lado dela. Depois que ela se lembrou de mim, alguma vez ela falou se me desejava perto dela?

Gabriela respondeu com agilidade:

— Pedro, a nossa mãe só não enlouqueceu porque conheceu Roberto exatamente dentro de um hospital. Foi ele quem deu suporte a ela para continuar vivendo. Desde o dia em que se lembrou de você, mamãe nunca mais foi a mesma, Pedro. Deus o colocou em nossa caminhada e ela passou a viver da esperança de que, um dia, você pudesse olhar dentro de olhos dela e chamá-la de mãe.

Judite ouvia encolhida no sofá, lágrimas rolavam pelo seu rosto. Pedro olhou para ela como quem pede socorro. A empregada levantou-se e foi até onde eles estavam. Colocando a mão no ombro de Pedro, ela ponderou:

— Pedrinho, eu te acompanho, filho, desde o seu primeiro mês de vida. Sei o quanto sua mãe te amou e te ama, Pedro! Você viu essas cenas que o Renato filmou? O que você pensa de tudo isso, meu filho?

— Que eu sou um tolo, um estúpido, um ingrato! — Levantou-se e perguntou: — Quem está disposto a me acompanhar? Vou até a casa da minha mãe, vou pedir perdão, quero voltar a ser seu filho!

Todos se levantaram e se entreolharam, surpresos. Ronick sugeriu:

— Não será melhor avisá-la?

— Não! Nossa mãe é mais forte do que nós todos aqui juntos. Quero abraçar a minha mãe do jeito que ela estiver. Como pude ser tão estúpido?

Todos resolveram ir para o Rio de Janeiro na manhã seguinte, bem cedo.

Em sua casa, Linda estava folheando uma revista. Roberto estava no hospital. Sobressaltou-se ao ouvir a chave na porta, logo cedo. "Devem ser Renato e Judite que estão de volta", pensou. De repente, ela viu entrando os seus três filhos juntos, atrás estavam Ronick e Judite. Foi um susto grande logo pela manhã. Ela sentia que alguma coisa estava diferente.

Pedro aproximou-se dela e ofereceu um ramalhete de rosas.

— Minha mãe, eu posso lhe dar um abraço?

Linda abriu os braços e seus olhos se encheram de lágrimas. Era como se o tempo tivesse voltado atrás e ela não tivesse entrado naquele barco.

— Meu filho! Meu filho! — dizia ela, abraçada a Pedro.

Todos choravam em silêncio.

Minutos depois, se sentaram. Pedro ainda estava sensível, olhava agora para sua mãe e sentia uma alegria muito grande em seu coração. Do outro lado da sala, estavam alguns amigos espirituais que também secavam as lágrimas, emocionados com o que acabavam de ver.

A cigana pegou a mão do marido e observou:

— Pierre, meu querido, Deus tarda, mas, não falha.

O velho Pierre secava os olhos na camisa azul. Leonardo olhava para Linda e pensava: "Seja feliz, meu amor. Neste mundo onde você se encontra, há tantas incertezas e desencontros. Mas, Deus está do nosso lado! Seja feliz, eu te amo e vou te amar sempre."

Cândida e Vítor choravam abraçados. Ela olhava para a irmã e dizia baixinho: "Meu Deus! Passamos tantos anos de nossas vidas acreditando que ela estivesse deste lado de cá e, na verdade, nós viemos primeiro."

Dona Bernardina e seu Jairo se aproximaram, Lourival e dona Laura também. Dona Laura queria chegar mais perto de Pedro e o senhor Pierre a puxou pelo braço.

— Não faça isso! Quer causar arrepios no menino?

— Não, eu só queria abraçá-lo! — respondeu dona Laura, muito emocionada.

— Laura, ele está muito sensível, sua aproximação iria causar arrepios e sua vibração iria aumentar ainda mais as emoções dele. Observar isto que está acontecendo já não é maravilhoso?

— Tem razão, meu amigo. Graças a Deus você é um ser equilibrado e nos guia tão bem.

O velho Pierre deu a sinal aos outros para que fossem saindo bem devagar. Antes de deixarem a sala, ele e a cigana, de mãos dadas, ficaram parados olhando para os encarnados. Renato, arregalando os olhos, apontou para a porta.

— Olhem! Tem um homem e uma cigana de mãos dadas ali na porta, eles estão olhando para nós!

Todos se voltaram, a sala estava em silêncio. Cada coisa no seu lugar. Gabriela aproximou-se do irmão e disse:

— Foram as sombras das cortinas Renato, não fique assustado.

— Vocês não acreditaram em mim, né? — gritou Renato, magoado. Realmente, não havia mais ninguém ali, mas ele viu nitidamente um casal de mãos dadas olhando para eles.

Linda voltou-se para o filho e concordou:

— Eu acredito que você viu mesmo o casal, meu filho. Essa cigana é Silmara, ela sempre me ajudou, eu também a vi algumas vezes na praia, ela usa um lenço amarelo no cabelo, uma roupa vermelha com detalhes amarelos, não é?

— Sim, é assim mesmo!

— E o senhor que estava com ela, como ele era?

— Ele usa bigodes e aparenta ter uns sessenta anos, muito simpático e a sua camisa é azul.

— Esse senhor é o bisavô de Pedro. Chama-se Pierre e a cigana é a bisavó. Os dois andam juntos, e, com certeza, nossa família toda esteve aqui reunida esta noite.

Judite convidou todos para fazerem uma oração. Enquanto ela rezava, de olhos fechados, via os visitantes espirituais no jardim, eles também faziam uma oração de agradecimento a Deus.

Terminada a prece, Judite comentou:

— Renato viu mesmo os senhores mais velhos da família e, junto deles, estavam dona Cândida, o senhor Vítor, dona Laura, seu Lourival e aquele casal da foto de sua cabeceira, dona Camila, seus pais adotivos. Eles estavam no jardim fazendo uma prece de agradecimento pelo dia de hoje.

Renato ajeitou-se perto da mãe e pediu:

— Mamãe, eu gostaria que você me levasse a uma dessas casas que cuidam dos espíritos. Eu vou confessar uma coisa para a senhora: tenho lido escondido, para não parecer careta, *O Livro dos Médiuns*. Cada vez que eu leio, parece que algo me chama para ler mais. Agora, eu vi esses dois espíritos bem na minha frente, eu acho que eles gostam de mim. Se eu puder ajudá-los, eu quero ajudá-los.

A mãe o abraçou, emocionada com a notícia da leitura.

— Oh, meu querido menino, o seu coração é do tamanho de um oceano, você já está ajudando nos trabalhos espirituais, graças ao seu empenho. Veja o que aconteceu hoje! Você trouxe um dos meus filhos de volta! Eu te amo, meu filho, e vou levar todos vocês em uma casa espírita. Hoje também aprendi uma lição: não se abandona quem se ama! Minha irmã cuidou do meu filho e o amou tanto. Com toda certeza, trabalhou muito para ver este acontecimento de hoje.

Pedro, abraçado à mãe e aos irmãos, completou:

— Hoje, eu não tenho mais dúvida alguma que os espíritos existem e estão por toda parte. E onde nossa mãe for, estaremos sempre ao lado dela. Certo, pessoal?

— Vamos para a cozinha, estou morrendo de fome! — gritou Renato. — Lá na casa da Gabriela ontem nós não comemos nada!

Informado da presença de todos logo cedo, Roberto deixou o hospital e voltou para casa. Chegou, abraçou e beijou a esposa, percebeu que os olhos dela estavam vivos e brilhantes. Pedro sentado perto dela. O médico disse, com sinceridade, a alegria de ver a história chegando a um final feliz. Declarou a todos que ele sofrera tanto quanto Linda, sem poder fazer nada, a não ser ficar do lado dela e rezar para que este momento chegasse.

Prepararam uma grande mesa com um café que se tornou almoço e lanche.

Foi um dia em que todos os envolvidos na trama de Linda, finalmente, começariam a dar um novo rumo em suas vidas. Conversaram animadamente quase o dia inteiro. Linda disse que ninguém iria embora dali. Daria um jeito de acomodar todos os visitantes. Eles concordaram. Gabriela, Ronick e Pedro voltariam para São Paulo no dia seguinte.

A emoção maior ficou por conta de Linda e Roberto, os dois ficaram de mãos dadas, conversando por muito tempo. Ele estava feliz, ela estava radiante e, mais tarde, os dois se amaram como nunca haviam se amado antes. Era como se um peso imenso tivesse sido retirado do ombro dos dois.

*

Eram exatamente seis horas da manhã quando Linda foi acordada por Roberto, que tocou-a nas costas. Ela virou-se e o marido disse:

— Linda, por favor, não se assuste. Pela minha experiência como médico, acredito que alguma coisa esteja acontecendo comigo. Estou com uma forte dor no peito. Se for a minha hora de partir, estou preparado e tranquilo, deixo tudo em ordem. Te amo muito, minha querida.

Linda acendeu a luz e, aflita, chamou pelo marido. Ele fechou os olhos e apertava a mão dela. Ela gritou por ajuda, desesperada. Pedro, que dormia no mesmo quarto de Renato, veio correndo. Gabriela e Ronick apareceram assustadas e se mobilizaram para dar o primeiro atendimento a Roberto. Ronick tomava o pulso de Roberto e Gabriela tentava um socorro de emergência. De repente, os três se entreolharam, Pedro estava pálido e Linda chorava encostada na porta do quarto. Ronick não sentia o pulso de Roberto, ele estava imóvel. Ela não conteve as lágrimas.

— Dona Linda, a senhora vai precisar ser forte. Ele se foi.

Infarto fulminante! Foi isso o que ficou constatado. Roberto nunca havia reclamado de nada, nunca demonstrou nenhum sintoma de doença, como poderia ter acontecido aquilo?

Pedro cuidava de Renato, o jovem estava inconsolável com a passagem do pai. A morte do doutor Roberto foi uma perda muito grande para o hospital e uma falta insubstituível para a família. Linda, sentada em sua poltrona preferida, chorava sem entender: "Justo agora, que nós poderíamos viver com alegria, com a família toda unida, Deus me leva o Roberto, o meu querido..."

Todos tentavam consolar e confortar Linda, que se mantinha em silêncio. Ficava horas abraçada a Pedro e a Renato, alisando os cabelos deles, sem nada dizer.

Enfim, tomaram as providências necessárias e fizeram o sepultamento de Roberto. Emocionados e chorando, a família despedia-se do seu corpo físico.

*

Três meses depois da morte de Roberto, Gabriela assumiu o lugar dele no hospital. Pedro e Ronick imploraram com Linda que ela voltasse para a mansão em São Paulo, que também era dela. Eles queriam casar, ter filhos queriam ter uma família, aquela mansão era grande e deserta para eles. Camila vivia na França, só se comunicava por telefone. Já era mãe de dois filhos e também pedia para a tia e o primo Renato que fossem morar na mansão.

Renato achou a ideia boa, ele queria ir morar com o irmão. Alegava que tinham a Judite para lavar as toalhas do café. Depois da morte do seu pai, aquela casa o entristecia. Lembrava que, nas poucas vezes que foi com Pedro até a mansão, se sentiu tão bem lá que parecia que alguém o convidava para morar ali. Ele queria se mudar, mas quem deveria decidir era sua mãe.

Depois de muito relutar, Linda chamou os três filhos para conversar.

— Meus filhos, eu sei que Roberto não vai mais voltar para esta casa. Gabriela já está casada, tem sua vida encaminhada no hospital. Se os meus dois filhos querem morar juntos, nada mais justo que eu os acompanhe.

Gabriela ficou feliz com a decisão. Ela sabia que sua mãe precisava retornar para aquela casa, ali estava parte de sua vida, ali ela sonhou em ver Pedro crescer. Isso não foi possível, mais iria ver os netos correndo pelo jardim, iria ver Pedro e Renato chegando e saindo todos os dias, com eles iria suportar todas as perdas de sua vida.

Tudo acertado, eles se mudaram. Linda retornava para São Paulo e para a sua antiga morada. Reginaldo também estava viúvo, os filhos dele estavam todos casados. Linda insistiu para que ele viesse ocupar a casa que outrora fora de dona Laura e seu Lourival. Afinal de contas, ele era seu irmão, ela o considerava assim. Ele aceitou, com a condição de ser o motorista de Linda.

Reginaldo passou a vivenciar a rotina da casa e começou a reparar em Judite. Eles já se olhavam de maneira diferente e Renato percebeu isso. Aproximou-se do tio Reginaldo, como ele chamava, e disse:

— Cara! Tome coragem e peça dona Judite em casamento. Além de resolver o seu problema, vai ajudar a resolver o meu! Não posso viver sem Judite. Quem vai arrumar a minha bagunça e a do Pedro? Quem vai trocar todos os dias as toalhas do café que eu e o Pedro sujamos? Não se preocupe, eu entendo de paixões, tenho certeza de que ela está apaixonada por você, vai por mim!

Reginaldo ficou corado e respondeu:

— Menino, como é que você pode falar desse jeito comigo? Dona Judite é uma senhora de respeito!

— Se ela não fosse uma senhora de respeito, eu não estava lhe dando esses conselhos. E não adianta querer tapar o sol com a peneira, mesmo porque vocês dois já não podem mais disfarçar que estão apaixonados. E não há nada de errado em estar apaixonado, eu já me apaixonei várias vezes, agora mesmo eu estou curtindo uma nova paixão. Eu, por enquanto, só pretendo mesmo é curtir as minhas paixões, quero mesmo é estudar e seguir a carreira do meu pai, eu quero ser médico. Ela quer seguir a carreira do pai dela, quer ser arquiteta. Quer saber de uma coisa, tio Reginaldo? Aproveite e seja feliz! Mamãe vai ficar muito feliz com a ideia de vocês ficarem juntos. E eu quero ser o padrinho do seu casamento!

Reginaldo coçou a cabeça, esse menino enxergava coisas que nem mesmo ele tinha coragem de admitir como verdades. Realmente, depois da morte de sua esposa Rosa, ele ficara muito sozinho, havia jurado não se envolver com mais ninguém. Mas, desde o dia em que conheceu dona Judite, alguma coisa dentro dele o chamava para perto dela. Algumas vezes, chegou a acreditar que nos olhos dela também havia um brilho diferente, quando os dois se encontravam. Mas, podia ser um engano! Será que Renato estava certo? Ia prestar mais atenção no comportamento dela, se notasse algum interesse, ele iria seguir os conselhos de Renato, iria tomar coragem e perguntar se ela gostaria de tomar um sorvete com ele.

Reginaldo acompanhava Linda nas compras. Além de motorista, ajudava em qualquer serviço em que fosse útil. Quando voltaram, ele parou para observar o jardim bem cuidado. Nas poucas vezes em que esteve lá, nunca tinha reparado na beleza dos detalhes daquela mansão. Linda se aproximou dele:

— Reginaldo, está pensando alto ou falando sozinho?

Ele virou-se, rindo, e respondeu:

— As duas coisas. Sinceramente, Linda, eu nunca tinha notado como esse jardim é bonito e essa casa tão grande! Você já esteve no canil?

— No canil? — lembrou-se admirada.

— Há uma ninhada de cachorrinhos, filhos de uma cadelinha chamada Raposa. Segundo me informaram, é uma história de longa data, essa geração de animais vem passando de pai para filho.

— Meu Deus! Como fui me esquecer disso? São os descendentes da cadela Raposa!

— Mas não era nisso o que eu estava pensando não, Linda. Eu pensava mesmo era no que Renato me disse sobre Judite.

— E o que o Renato te disse? — quis saber, com ar de riso.

— Que nós dois, eu e a Judite, podemos nos acertar na vida. O que você acha Linda?

— Sinceramente? Acho que vocês já não conseguem esconder o que estão sentindo um pelo outro. E eu aprovo totalmente a união de vocês dois. Judite entregou a vida dela ao meu filho, tudo o que eu puder fazer para vê-la feliz, pode acreditar, eu farei! A única coisa que eu exijo é ter vocês dois perto de mim. Sabe o exemplo da Raposa? Nós devemos seguir também, a família precisa continuar unida.

*

Os anos se passaram. Reginaldo e Judite continuaram na mansão, ao lado da amiga. Linda já era avó e contava os dias para receber a visita dos netos e ver todos juntos, correndo pelo jardim com os filhotes da Raposa atrás deles. Cada um deles era dono de um cachorro, Reginaldo tratava os animais com muito carinho.

Linda, sempre que olhava essa cena, dizia para o casal de amigos, Reginaldo e Judite:

— Vejam só o que é a vida, um ciclo que se repete. Aí estão Roberto e Jairo, meus dois netos, filhos da Gabriela e Marcelo. Meus netos de olhos puxados, Cândida e Vítor, filhos de Pedro e Ronick. E os parentes da Raposa também continuam conosco.

Renato chegou em casa, passou por Judite e não fez as brincadeiras que costumava fazer. Ele já estava formado, era médico e trabalhava. Um dia, assumiria o hospital do pai no Rio de Janeiro junto com Gabriela. Judite ficou parada na porta, olhando o que ele estava fazendo. Ele retirou o avental e jogou em cima do sofá. Ela olhou feio para ele e perguntou:

— O sofá é lugar de deixar roupa suja de hospital, doutor Renato?

— Desculpe, Judite, por favor, não pegue no meu pé hoje! Estou muito sensível, acho que vou chorar! — deitou a cabeça no ombro dela.

Judite virou-se, sacudindo os braços dele:

— O que foi, Renato? Aconteceu alguma coisa, meu filho? Fale, pelo amor de Deus, aconteceu alguma coisa com você? Não me esconda nada!

— Aconteceu, Judite, e eu nem sei como vou dizer a você, a mamãe, enfim a todos — ele respondeu com ar de seriedade.

— Jesus, Maria e José, fale logo, Renato. Você vai me matar do coração — ela se sentou com a mão sobre o peito.

— Calma, Judite! Não é questão de morrer e questão de nascer. Entendeu?

— Não, eu não entendi — falou ela, aflita.

— O caso é o seguinte: eu vou ser pai, entendeu? A Júlia está grávida! Isso é papel de um médico, Judite?

Ela se levantou com as mãos nos quadris.

— Não, doutor Renato, isso não é um bonito papel. Você, que é um médico, sabe tudo o que deve fazer para evitar filhos, me vem com essa cara de inocente dizendo que não esperava por isso. Espero que, pelo menos, esteja feliz com a mãe do seu filho.

— Judite, assim você me ofende! Você acha que eu ia ter filhos com quem, senão com ela?

— Bem, Deus sabe o que faz, quem sabe agora você tome juízo e pare de dar trela a essas moças desmioladas que ficam andando atrás de você.

— Judite, ninguém melhor do que você para testemunhar que eu não tenho culpa. O que posso fazer? São elas que me provocam, me procuram!

— Ótimo! Então, de hoje em diante, quando eu atender suas ligações, vou dizer: o doutor Renato não está, ele está com a esposa que espera um filho dele! Vamos ver o que vai acontecer, doutor Renato.

— Tudo bem, tudo bem, Judite, eu juro que vou tentar tomar jeito, mas estou dizendo que vou tentar. Não coloque meu juramento na sua lista de promessas, não quero me complicar com Deus.

Linda chegava com uma braçada de rosas nas mãos.

— Olhem que rosas lindas! Reparei que, a cada ano, as novas mudas do nosso jardim estão melhores. Parece que elas acompanham o nosso ciclo de vida. Por falar em ciclo, vocês viram que gracinha os filhos Camila? A menina é a cara da avó! Jesus, é mesmo olhar de Cândida!

Ela colocava as flores no vaso e falava com entusiasmo, mas reparou que nem Renato nem Judite se manifestavam. Olhou para trás e perguntou:

— O que aconteceu? Alguém pode me falar? Estão mudos?

Judite se levantou e revelou:

— Dona Linda, a senhora vai ser avó outra vez.

Os olhos dela brilharam e se encheram de alegria.

— Que notícia maravilhosa! Quem é desta vez, Gabriela ou Pedro?

— Nem Gabriela nem Pedro: é o Renato! — contou Judite, sem cerimônia.

Linda ficou parada olhando para ele: seu filho não era mais o seu menino, já era um homem. Abriu os braços e apertou Renato contra o peito dizendo:

— Meu filho, isso não é uma notícia ruim! Um filho é um filho! É um tesouro, você vai ganhar um tesouro, meu filho.

Renato deixou as lágrimas caírem dos olhos. Que mulher excepcional era sua mãe! Ela aceitava tudo na vida com uma sabedoria indiscutível.

— É, mamãe, eu vou ser pai. A Júlia está grávida, vamos programar o nosso casamento para daqui a dois meses. E fique tranquila, vamos nos casar porque queremos ficar juntos. Dona Judite, sossegue também. E pode dispensar todos os telefonemas femininos. Com mulheres, agora, só trabalho!

Renato e Júlia passaram a ocupar a casa da mansão onde Leonardo havia morado. A moça estava no quarto mês de gravidez. Uma noite, ela cochilava no sofá de sua sala e esperava por Renato, que estava terminando um plantão. Meio acordada meio dormindo, quase em transe espiritual, ela viu o rapaz da foto que lhe disseram ser Leonardo, antigo morador da casa, entrando pela porta da sala e sorrindo para ela:

— Você não imagina como eu sonhei em ter um filho! Neste mesmo sofá, muitas e muitas vezes me lembrava dos chutes de Pedro na barriga da Camila, perdão, dona Linda, sua sogra! E agora, vejo você carregando uma semente que também pertence a ela.

Em seu transe espiritual, ela quis saber:

— Por que você veio falar comigo? Esta criança não é seu parente. Nem eu nem o Renato somos seus parentes. O que você quer?

— Minha querida, quando estamos encarnados, perdemos a capacidade de ver, nos tornamos cegos espirituais.

Abrindo as mãos, ele deixou Júlia ver algo que parecia ser uma pequena tela com cenas de um filme. Dona Linda estava grávida, ele passava a mão sobre a barriga dela, os dois trocaram um beijo. Ela viu uma menina nascendo, depois crescida e, por fim, reconheceu: era ela! Andava entre os dois e os chamavam de papai e mamãe!

Júlia ficou estática, uma sensação maravilhosa a envolvia. Então era por isso que ela amava tanto dona Linda e não deixou que o retrato daquele jovem morador da mansão fosse retirado da sala.

Alguma coisa nele causava certa atração. Estava acordada, mas de olhos fechados. Sentia uma mão sobre o seu ventre, seu filho começou a se mexer. Até aquele momento, ela ainda não tinha sentido nenhum movimento do seu bebê, foi a primeira vez e uma emoção muito grande.

Abriu os olhos devagar, ainda viu aquele rosto angelical sorrindo para ela.

— Meu pai? — disse Júlia, calmamente.

— Fique com Deus, minha filha. Vou estar sempre olhando por você e sua mãe.

A luz desapareceu da sala, deixando um suave perfume de rosas. Ela sentou-se e ficou sentindo o aroma com as duas mãos sobre o ventre, agradecida a Deus.

Renato chegou e, encontrando Júlia nessa posição, jogou a maleta e se ajoelhou diante dela, perguntando se estava se sentindo bem.

Calmamente, ela passou a mão pelos cabelos de Renato e comentou:

— Sinta o cheiro de rosas que está nesta sala, meu amor. Eu nunca estive tão bem em toda minha vida.

Ele respirou fundo, a essência das flores estava espalhada na sala.

— As rosas estão exalando um perfume maravilhoso, e isso porque a janela está fechada — disse ele.

Rindo, Júlia pegou a mão dele e colocou sobre o seu ventre. Ele sentiu a criança se mexer, lágrimas caíam de emoção e alegria.

— Vamos chamar a mamãe? — Renato parecia uma criança. — Quero que ela sinta o neto dando os seus primeiros sinais de vida.

— Vamos sim, vamos chamar sua mãe até aqui, eu quero que ela sinta o neto se mexendo na barriga e também esse perfume maravilhoso de rosas.

Linda saiu andando devagar e atravessava os jardins para chegar à casa de Renato. Pensava em Roberto, ele seria avô, como iria se sentir feliz! Ele foi um companheiro e tanto, foi uma luz que Deus colocara em sua vida. Ele ajudou muito a sua filha Gabriela, ele realmente foi um anjo.

Chegando à casa de Renato, Linda parou na porta. Sentiu aquele aroma marcante, ela conhecia aquele perfume, era o perfume de Leonardo...

— Júlia, filha, que perfume é esse? É alguma essência que você comprou?

— A senhora conhece esse perfume, dona Linda?

— Sim, era o perfume que Leonardo gostava de ter dentro de casa, o perfume de rosas. Ele fazia questão de manter as flores por causa do aroma. Mas estou reparando e vi que você não tem rosas por aqui, é por isso que estranhei.

— Ah, dona Linda, é uma essência natural que recebi hoje, depois lhe contarei tudo.

Linda sentiu que havia algo no ar. Seu filho, chorando de alegria, pedia:

— Mamãe, coloque sua mão aqui! Comigo também foi assim, mamãe? Como se comportou o meu pai, quando me sentiu pela primeira vez chutando dentro de sua barriga?

Linda, rindo, se lembrava de sua primeira gravidez. Leonardo vibrava com os chutes de Pedro. Vítor não dava muita importância aos chutes do filho, mas, aprendeu a amá-lo e fez dele um verdadeiro homem. Sua segunda gravidez, por questões de cultura, o pai de Gabriela ficou feliz, mas não demonstrava com gestos a sua alegria. Já na sua terceira gravidez, Roberto se portou igualzinho a Renato, agora.

Os últimos meses de gravidez passaram rápido. Júlia teve um menino e escolheu chamá-lo Leonardo. Renato não se opôs e Linda adorou o nome de seu novo neto. Afinal, sua família trazia de volta os nomes de seus entes queridos.

A mansão tornara-se uma casa iluminada pelos sorrisos de tantas crianças. A família se reunia sempre, o jardim voltara a ser cenário das brincadeiras dos pequenos. Linda implantou em sua casa a prática do Evangelho no Lar, todos participavam. Além disso, semanalmente, ela, Judite e Reginaldo participavam dos trabalhos desenvolvidos em uma casa espírita. Ajudavam em todas as atividades: visitavam orfanatos, asilos, hospitais, faziam campanha para ajudar as famílias carentes, distribuíam cestas básicas e Renato atendia aos doentes sem nada cobrar, oferecendo os mesmos cuidados e atenção.

Sentada em sua cadeira de balanço, Linda já estava com quase oitenta anos. Já não podia enxergar o jardim como antes, mas sentia o perfume das rosas.

Pedro chegava com a esposa, ele estava com os cabelos grisalhos. Ronick brincava, dizendo que ele deveria pintar os cabelos, ao que ele respondia:

— Me orgulho dos meus cabelos grisalhos. Repare naquele quadro. Sou ou não sou parecido com o meu bisavô?

Realmente, ele era muito parecido com o bisavô.

Os netos de Linda cresceram, estudaram fora do Brasil e os mais velhos tocavam as empresas da família. Pedro e Ronick viajavam muito para o exterior, queriam que Linda fosse com eles, mas ela não tinha vontade de ir para aqueles lugares gelados.

Gabriela estava para chegar com a família. Ela também já era avó, estava trazendo o bisneto de Linda para uma visita. O bisnetinho recebeu o nome do pai de Gabriela. Linda alegrara-se com isso. A família havia crescido e expandira-se, mas o hábito de se reunirem pelo menos uma ou duas vezes por ano continuava. Isto era a prova de que o seu empenho pela união de todos valera a pena.

Reginaldo havia falecido. Judite e Linda faziam companhia uma para outra, passavam os dias conversando e relembrando suas histórias. Amparada em sua bengala, Judite questionou:

— Linda, se eu a chamasse de Camila, como iria se sentir?

— Eu? Acho esse nome bonito, mas, sinceramente, já não seria o meu nome de verdade. Sou Linda, mãe dos meus filhos, avó dos meus netos e bisavó do meu bisnetinho!

A enfermeira que acompanhava as duas, ouvindo a conversa, ficou preocupada. "Se elas continuarem falando essas coisas sem pé nem cabeça, vou ter que reportar ao doutor Renato. Isso pode início de algum mal da idade. Estão misturando as conversas", observava.

Dois anos depois, Judite faleceu. Na sequência, Linda também adoecera. Rodeada por toda a família, que lhe dava atenção dia e noite, ela não reagia mais aos tratamentos. Seus três filhos estavam ali. Júlia, a nora, lia o Evangelho em voz alta. Linda se preparava para fazer a sua viagem, parecia feliz. De olhos fechados, ela ouvia tudo: seus filhos falando ao seu ouvido, Renato chorando perto dela e Gabriela chamando a atenção do irmão.

— Renato, você é um médico. Ela pode estar ouvindo você soluçar, isso não é papel de um médico.

— Pouco me importa, Gabi. Eu quero chorar perto da minha mãe, aqui quem está chorando é o filho dela, não o médico. E eu sei que se ela está ouvindo, sabe que eu sou assim mesmo. Vou chorar muito a sua falta, vou sentir muito a falta da mamãe...

Linda riu intimamente, esse era o seu menino! Tinha vontade de acariciar os cabelos dele, mas a mão não obedecia. Queria falar alguma coisa, mas a boca não abria. De repente, viu Leonardo chegando com uma rosa na mão. Um perfume maravilhoso enchia seus pulmões, teve vontade de gritar o seu nome, mas ele lhe fez um sinal com a mão pedindo que ela aguardasse um pouco mais. Ele estaria ali esperando.

Leonardo sentou-se em uma cadeira em frente à cama. Logo entraram dois médicos espirituais, sorridentes. Aproximando-se dela, brincaram:

— E então, mocinha? Está pronta para partir?

Ela balançou a cabeça dizendo que sim. Leonardo piscou para ela, um dos médicos pediu:

— Fique calma e feche os olhos. Vai ser muito rápido, você vai sentir um leve choque, logo após, pode abrir os olhos, tudo bem?

Antes de fechar os olhos, ela ainda olhou para Leonardo. Ele tinha um sorriso doce nos lábios, estendia a rosa em sua direção.

Deitada em uma cama larga e lençóis macios, ela não tinha certeza se estava sonhando ou aquilo era real. Teria perdido a memória novamente?

Leonardo segurava sua mão e sorria para ela, um vaso com rosas coloridas estava ao lado de sua cama, o mesmo perfume que ela tanto conhecia.

Agora, também entravam no quarto Cândida, Vítor, seus pais carnais e adotivos, dona Laura e Lourival, sua inseparável amiga Judite, senhor Pierre e outras pessoas que iam cumprimentando-a com alegria e bondade, todos os rostos pareciam conhecidos.

Ela ainda estava confusa quando viu a cigana Silmara entrando no quarto e vindo em sua direção. Ela estremeceu. A cigana! Santo Deus! O que estaria acontecendo? Que sonho esquisito era aquele que, quando fechava os olhos, continuava vendo tudo?

A cigana chegou pertinho dela e disse carinhosamente:

— Bem-vinda, minha querida! Como quer que eu a chame? Camila, Linda ou outro nome de outra vida?

Dona Bernardina também se aproximou:

— Minha criança, você está entre nós! Desta vez, você não perdeu a memória, você voltou para casa.

— Mãe Bernardina, eu morri?

— Não, filha, você não morreu porque ninguém morre. Você apenas deixou o seu corpo físico e juntou-se a nós.

— Onde está Roberto?

— Ele está em campo de pesquisa, assim que puder, ele virá te ver. Você vai ficar bem, nós estamos aqui para ajudá-la.

Os espíritos ali presentes foram se aproximando um a um. Cada abraço era uma emoção, cada um deles lhe devolvia uma lembrança. A sensação era a mesma de quando ela tinha perdido a memória e, de repente, foi se lembrando de rostos, de lugares e de sentimentos.

A cigana tomou suas mãos e disse, com carinho:

— Meu neto Leonardo lhe fará companhia até você se adaptar ao seu novo corpo espiritual.

E, voltando-se para o rapaz, recomendou:

— Você se porte e se comporte, entendeu bem?

— Vovó, desse jeito você me ofende! O que acha que vou fazer com ela?

— Espero que faça o melhor — disse isso dando um olhar carinhoso para ele. Todos começaram a se despedir, prometendo voltar depois.

Linda pegou a mão de Judite e perguntou:

— Onde é que eu estou? Por que você não fica comigo?

— Você está na Colônia Sagrado Coração de Jesus. E se você deseja a minha companhia, eu posso ficar, mas vou ter que pedir permissão para ficar aqui. Quem, na verdade, vai ajudá-la a se recompor é o Leonardo, ele é o médico da Colônia.

*

Mais de vinte anos se passaram depois que Linda partiu para o mundo dos espíritos. Era um dia tranquilo e iluminado na Colônia, um grupo de desencarnados conversava animadamente.

— Linda?

Ela agora era uma jovem de uma beleza angelical, que não aparentava cerca de vinte anos.

— Quem me chamou?

— Eu!

— O que foi, Júlio?

— Você está sendo chamada no setor um, parece que um de seus filhos no plano físico acabou de chegar. Você está sendo chamada para ampará-lo.

— Claro!

Uma outra moça aproximou-se e, emocionada, solicitou:

— Linda, você me deixa acompanhá-la?

Era Judite, sua amiga de todas as horas e também remoçada.

— Sim, querida, pode me acompanhar. Vai ser bom ele te ver, mas, antes, localize o doutor Leonardo e o doutor Roberto. E não deixe de levar o irmão Vítor, a irmã Cândida, enfim, todos que puderem comparecer. É estranho quando os chamamos por estes nomes, não é?

Quando Linda entrou no quarto, um senhor de idade avançada, cabelos brancos, arregalou os olhos e abriu os braços, emocionado:

— Minha mãe, é você? Como está jovem! Onde é que eu estou?

Pedro retornava à espiritualidade. Antes de responder à pergunta dele, outros espíritos familiares já entravam no quarto também. O ancião falava nome por nome: "Meu pai Vítor, mãe Cândida, dona Laura, seu Lourival, Judite!" As lembranças e a felicidade de reencontrar pessoas queridas ajudavam-no a se recompor. Quando terminaram as visitas, ele parecia outra pessoa.

Doutor Roberto ainda ficou mais um pouco conversando com Pedro. Linda comentou com a amiga Judite:

— É uma emoção muito grande poder acompanhar nossos filhos e ver como eles chegaram até o fim de suas missões na Terra. E é gratificante para eles também poderem nos ver saudáveis e remoçados, inclusive conhecendo nossas outras encarnações.

— Você tem toda razão. Logo Pedro deixará esta velha aparência do plano físico para assumir a feição perispiritual que mais lhe agradar, mais jovem, mais moço. Como aconteceu comigo, com você e com todos. Uma pergunta: quem vai acompanhá-lo e ajudá-lo no processo de adaptação espiritual?

Linda pensou um pouco e respondeu feliz:

— Bem, achamos melhor entregá-lo aos cuidados de quem já foi sua babá na Terra, o que você acha?

— Linda, você está dizendo que serei eu?

— Sim, você mesma, Judite. Há alguém mais indicado para ficar com ele do que você?

A moça encheu os olhos de lágrimas.

— Meu Deus, que felicidade poder ajudar aquele a quem eu amo tanto! E pode ter certeza: se mil vezes tivesse que voltar à Terra, não escolheria posição de vida para ficar ao lado de Pedro, seja como escrava, avó, esposa, amante, filha ou sei lá o quê!

— Judite, você vai ficar ao lado dele para ajudá-lo e não para confundi-lo. Fique tranquila e sem afetações.

— Eu prometo, vou controlar minhas emoções e, desde já, agradeço a confiança depositada em mim. Conte comigo para qualquer tarefa que se fizer necessária.

— Mamãe? — chamou Pedro. — Eu sei que desencarnei, sei que deixei muita gente com saudades de mim. Quando a senhora desencarnou também ficamos tristes. Mas já estou feliz de estar aqui na companhia de vocês. Só não sei que lugar é esse...

Linda, alisando os cabelos dele, respondeu:

— Esta é a Colônia Sagrado Coração de Jesus, ela agora é o nosso lar, Pedro.

— Você está mais jovem, mamãe, mas eu a reconhecia em qualquer lugar. Eu é que estou diferente, não é?

— Está sim, meu filho! Você mudou para melhor! Eu também o reconheceria em qualquer lugar e em qualquer idade. Mas, agora, não se desgaste mais. Você vai ser examinado pelo nosso médico, ele vai aplicar passes que vão repor suas energias. Fique calmo, Judite vai te fazer companhia o tempo todo.

Pedro, rindo para Judite, perguntou baixinho:

— Vejo que aqui tem chás e sucos, eu vou me esforçar para não derramar nas toalhas.

— Ah, seu menino peralta! Pode derramar à vontade, a gente não muda nossos hábitos só porque deixou o corpo físico...

— Judite, você está mais moça também. Eu estou do mesmo jeito. Pelo visto, vou continuar um espírito velho.

— Calma. Pedro. Você acabou de chegar. Por aqui há muitas surpresas, é só ter calma e saber esperar.

Nesse meio tempo, entrava o médico.

— E então, meu caro, como está se sentindo entre nós?

— Como é o seu nome, doutor? — perguntou Pedro.

— Eu me chamo Artur, sou o seu médico.

— Engraçado, o senhor me lembra alguém. Não tenho bem certeza de onde, mas acho que o conheço.

O médico sorriu.

— Pedro, você vai aprender que, aqui na espiritualidade, sempre vamos cruzar com alguém conhecido. Somos viajores do tempo e já tivemos várias encarnações. Também acredito que já nos conhecemos em algum momento.

O médico, com bondade, explicou que iria ministrar passes em seus centros de força, ele iria se sentir mais fortificado.

— Sim senhor, doutor Artur, muito obrigado pela sua ajuda. Quem sabe não poderemos, em breve, nos lembrar de onde nos conhecemos, não é mesmo?

— Sem dúvida, amigo. Agora, você vai sentir um pouco de sono. Pode dormir tranquilo, Judite fará companhia. Qualquer coisa, podem me chamar.

Pedro adormeceu tranquilo. Suas feições começaram a mudar: sua pele ficou lisa, seu rosto corado e seus cabelos brilhantes. Não aparentava ter mais que trinta anos.

Ele acordou e sorriu de olhos fechados. Olhou-se e estava mais jovem e sadio. Pode ver também alguns rostos e cenas que passavam em sua mente como num filme. Estava, aos poucos, recobrando a memória de algumas encarnações.

— Obrigado, Senhor. Fui agraciado pela solidariedade divina. Obrigado por me trazer de volta à verdadeira vida.

Judite e Linda observavam a cena na porta do quarto. Lágrimas, em forma de agradecimento por aquele encontro, escorriam pelos seus rostos. A vida espiritual realmente era cheia de surpresas...

F I M

Leia os romances de Schellida
Psicografia de Eliana Machado Coelho

PELO ESPÍRITO
JOÃO PEDRO

Obras da médium Maria Nazareth Dória

FRUTOS DO UMBRAL
(ESPÍRITO HELENA)
NENHUM SER QUE PASSA PELO UMBRAL PODE ESQUECÊ-LO. NO CORAÇÃO DE TODOS QUE DEIXAM ESSA REGIÃO SOMBRIA, AO SAIR, O DESEJO É UM SÓ: VOLTAR E FAZER ALGUMA COISA PARA AJUDAR OS QUE LÁ FICARAM. ESSE FOI O CASO DE ROSA.

AMAS
– as mães negras e os filhos brancos
(espírito Luís Fernando – Pai Miguel de Angola)
Livro emocionante que nos permite acompanhar de perto o sofrimento das mulheres negras e brancas que, muitas vezes, viviam dramas seme-lhantes e se uniam fraternalmente.

LIÇÕES DA SENZALA
(espírito Luís Fernando – Pai Miguel de Angola)
O negro Miguel viveu a dura experiência do trabalho escravo. O sangue derramado em terras brasileiras virou luz.

AMOR E AMBIÇÃO
(espírito Helena)
Loretta era uma jovem da corte de um grande reino europeu entre os séculos XVII e XVIII. Determinada e romântica, desde a adolescência guardava uma paixão por seu primo Raul.

SOB O OLHAR DE DEUS
(espírito Helena)
Gilberto é um maestro de renome internacional. Casado com Maria Luiza, é pai de Angélica e Hortência. Contudo, um segredo vem modificar a vida de todos.

UM NOVO DESPERTAR
(espírito Helena)
Simone é uma moça simples de uma pequena cidade. Lutadora incansável, ela trabalha em uma casa de família para sustentar a mãe e os irmãos, e sempre mante-ve acesa a esperança de conseguir um futuro melhor.

JÓIA RARA
(espírito Helena)
Leitura edificante, uma página por dia. Um roteiro diário para nossas reflexões e para a conquista de um padrão vibratório elevado, com bom ânimo e vontade de progredir.

CONFISSÕES DE UM SUICIDA
(ESPÍRITO HELENA)
JOSÉ CARLOS PÔS FIM À PRÓPRIA VIDA. ELE VAI VIVER, ENTÃO, UM LONGO PERÍODO DE SOFRIMENTO ATÉ ALCANÇAR OS MÉRITOS PARA SER RECOLHIDO EM UMA COLÔNIA ESPIRITUAL.

A SAGA DE UMA SINHÁ
(espírito Luís Fernando – Pai Miguel de Angola)
Sinhá Margareth tem um filho proibido com o negro Antônio. A criança escapa da morte ao nascer. Começa a saga de uma mãe em busca de seu menino.

MINHA VIDA EM TUAS MÃOS
(espírito Luiz Fernando – Pai Miguel de Angola)
O negro velho Tibúrcio guardou um segredo por toda a vida. Agora, antes de sua morte, tudo seria esclarecido, para a comoção geral de uma família inteira.

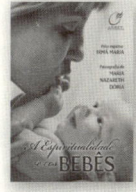

A ESPIRITUALIDADE E OS BEBÊS
(espírito Irmã Maria)
Livro que acaricia o coração de todos os bebês, papais e mamães, sejam eles de primeira viagem ou não.

HERDEIRO DO CÁLICE SAGRADO
(espírito Helena)
Carlos seguiu a vida religiosa e guardou consigo a força espiritual do Cálice Sagrado. Quem seria o herdeiro daquela peça especial?

VOZES DO CATIVEIRO
(espírito Luís Fernando – Pai Miguel de Angola)
O período da escravidão no Brasil marcou nossa História com san-gue, mas também com humildade e religiosidade.

VIDAS ROUBADAS
(espírito Irmã Maria)
Maria do Socorro, jovem do inte-rior, é levada ao Rio de Janeiro pela tia, Teodora, para trabalhar. O que ela não sabe é qual tipo de ofício terá de exercer!

Obras da terapeuta Lourdes Possatto
O caminho do autoconhecimento

Inteligência emocional e autoestima

Autoestima é o conceito que alguém tem de si mesmo. Significa também o crédito que alguém se dá. Embute conceitos como autovalorização, autorrespeito, autoconfiança, reconhecimento dos próprios valores e desenvolvimento de ações voltadas para o seu próprio bem-estar. É o que você vai aprender neste livro.

Relacionamentos positivos

Por meio de dicas e reflexões para estabelecer encontros autênticos, a autora nos ensina que, para ter equilíbrio pessoal e relacionamentos positivos, muitas vezes é necessário mudar de atitude e perceber a si mesmo, pois, ao se melhorar, tudo à sua volta melhora: afinal, o que enviamos, recebemos: o que plantamos, colhemos.

O desafio de ser você mesmo

Quem é você? O que somos nós? Na busca do conhecimento de quem somos de fato, ou do eu verdadeiro de cada um, é preciso focar em três palavras: questionamento, flexibilidade e autoconhecimento. É importante questionar para saber distinguir o que é nosso de fato daquilo que nos foi imposto.

É tempo de mudança

Por que somos tão resistentes às mudanças? E por que não conseguimos as coisas que tanto queremos? Este livro nos ajuda a resolver os bloqueios emocionais que impedem nossa verdadeira felicidade.

Por que sofremos tanto?

Os problemas fazem parte da vida e cada um é como é. A aceitação dos fatos é o primeiro passo para a reeducação emocional, um trabalho renovador para um processo evolutivo, rumo à felicidade.

Em busca da cura emocional

"Você é cem por cento responsável por si e por tudo o que lhe acontece". Esta Lei da Metafísica é abordada nos auxiliando a trabalhar a depressão, a ansiedade, a baixa autoestima e os medos.

Ansiedade sob controle

É possível deixarmos de ser ansiosos? Não, definitivamente não. O que devemos fazer é aprender a trabalhar com a ansiedade negativa.

Equilíbrio emocional

Neste livro, a autora nos ensina a conhecer nossos próprios sentimentos, atingindo dessa forma o equilíbrio necessário para uma vida emocional saudável.

Medos, fobias e pânico

Do que você tem medo? Medo de viver? Medo de morrer? Medo de doenças? Medo de que o mundo acabe? Saiba que esses medos são comuns e possíveis de ser tratados.

LÚMEN
EDITORIAL

Rua dos Ingleses, 150 – Morro dos Ingleses
CEP 01329-000 – São Paulo – SP
Fone: (0xx11) 3207-1353

visite nosso site: www.lumeneditorial.com.br
fale com a Lúmen: atendimento@lumeneditorial.com.br
departamento de vendas: comercial@lumeneditorial.com.br
contato editorial: editorial@lumeneditorial.com.br siga-nos
no twitter: @lumeneditorial